国家社会科学基金"十二五"规划年度教育学一般课题：新型农民学院创新机制实践研究（BJA140057）成果，主持人刘克勤研究员。

刘克勤◎著

农民学院
创新机制实践研究

中国社会科学出版社

图书在版编目（CIP）数据

农民学院创新机制实践研究／刘克勤著 . —北京：中国社会科学出版社，
2020. 1

ISBN 978 – 7 – 5203 – 1020 – 8

Ⅰ.①农… Ⅱ.①刘… Ⅲ.①农民教育—研究—中国 Ⅳ.①G725

中国版本图书馆 CIP 数据核字（2017）第 231957 号

出 版 人	赵剑英
责任编辑	喻 苗
特约编辑	范晨星
责任校对	赵雪姣
责任印制	王 超

出 版	中国社会科学出版社
社 址	北京鼓楼西大街甲 158 号
邮 编	100720
网 址	http://www.csspw.cn
发 行 部	010 – 84083685
门 市 部	010 – 84029450
经 销	新华书店及其他书店

印 刷	北京明恒达印务有限公司
装 订	廊坊市广阳区广增装订厂
版 次	2020 年 1 月第 1 版
印 次	2020 年 1 月第 1 次印刷

开 本	710×1000 1/16
印 张	22
字 数	346 千字
定 价	99.00 元

序　一

扎根乡土　正心问学

朱启臻[*]

呈现在大家面前的是刘克勤研究员的又一新作《农民学院创新机制实践研究》，这既是一项以农民教育为主题的大众化热点性研究课题，又是一部"扎根乡土、知行合一、守正出新、正心问学"地探索共建新型农民教育培训的命运共同体——新型农民学院的实践著作。

中国作为一个传统的农业大国，农业人口众多，在长期自给自足的农耕生产生活中，形成了耕读传家的家庭教养、敦风厉俗的宗族教化以及守望相助的村落共同体教育，从而积淀、延续和传承了悠久丰富的农耕文化和乡村教育。晚清以降，随着工业化和现代化的冲击，传统的自然经济迅速解体，农村经济社会发生巨大变迁，传统乡村教育体系也分崩离析。因此，自20世纪二三十年代开始，以晏阳初、梁漱溟、陶行知、黄炎培等为代表的乡村建设派致力于"文字下乡"推行新式农民教育，以改变传统农民的"愚、贫、弱、私、穷"。与此同时，以毛泽东为代表的早期中国共产党人也充分认识到"中国革命问题实际上就是农民问题""严重的问题是教育农民"，并在早期的农民运动和后续的革命运动中不断地开展农民政治教育、生产教育、文化教育等活动。新中国成立以后，各级政府高度重视农村教育，开展各种农民扫盲班，大力发展

---

　　[*] 朱启臻，中国农业大学农民问题研究所所长，中国农村社会学会副会长，教授，博士，博士生导师。

基础教育和职业教育，有效地促进了农村教育发展，为农村经济社会发展培养了大量合格的劳动者。

21 世纪以来，随着城市化、工业化的快速发展以及社会主义新农村建设的持续推进，农村经济社会发展发生了巨大变迁和转型，因此新时期农村教育也面临着许多新的挑战和机遇。特别是近年来，新型农民培养、农民工转移培训、新型职业农民培育以及新型农业生产经营主体培育等日益成为党和政府、社会各界以及广大农民共同关心的大众化热点性话题。在此社会背景下，各种关于农民教育培训的研究课题和研究成果不断增多。"文章合为时而著，歌诗合为事而作。"刘克勤研究员主持的 2014 年国家社科基金教育学一般课题的最终成果《新型农民学院创新机制实践研究》即为此类众多研究成果中的一部分，该研究成果提出了共建新型农民教育培训的命运共同体——新型农民学院的创新实践，为新时期农民教育提供了可资借鉴的新型路径。

与其他相关的农民教育类研究成果相比，这本《农民学院创新机制实践研究》著作的主要特色在于，这是作者长期"扎根乡土、知行合一、守正出新、正心问学"，探索"政府、院校、农企、基地、新农人五位一体"，共建新型农民教育培训的命运共同体——新型农民学院的实践性研究成果。该著作主要围绕新时期新型农民教育的需求目标，以丽水农民学院的创新实践为基础，从界定"新生代农民培养"的概念着手，以"云和师傅"案例开展讨论，建构了农民学院开展农民培养的新绩效指标和评价体系，并以创新驱动为核心探讨了新型农民学院的办学理念；围绕新时期新型农业生产经营主体的培养目标，以"丽水山耕""丽水山庄"等案例培训探讨了通过农民合作社的新形态和农业经营新组合等新形式有效培养新型农业经营主体；围绕农民学院开展的农民培养新样态实践示范，以农村工作指导员建设"沿坑岭头画家村"案例，总结了浙江经验中的科技特派员、农村工作指导员等高校服务新农村的新载体、新实践和新机制；围绕农民培养新案例的评估推广路径，探索性地提出了高职院校服务社区理想、创建城市会客厅、成为市民的学习社区，从质量控制指标评价农民学院的培训目标、创新机制服务新生代农民成长等实践路径。

克勤兄出生于松古平原的农民世家，其勤劳智慧的父母为其取名

"克勤"，就是期许其在今后的工作和生活中能勤能俭。克勤兄秉承耕读传家好家风，少儿时期学业之余的农田劳作、高中毕业后的乡镇基层工作以及后来长期在高校从事农民教育的领导管理工作，使其对于"三农"的关心和关注之情犹如其家乡的老酒一样随着岁月的沉淀发酵而越发醇烈，深感新时期农民教育培训之重要，从而激发其探索新型农民教育有效创新路径的勇气与豪情。在各级政府和领导的大力支持下，2012 年浙江省第二家农民学院——丽水农民学院正式成立。克勤兄兼任农民学院副院长，主要负责农民教育培训的管理工作，并于 2014 年主持国家社科基金教育学一般课题《新型农民学院创新机制实践研究》。在四年多时间里，克勤兄结合农民学院开展的新型农民教育培训具体工作，精心组织研究团队，开展了一系列系统深入的调查研究，取得了农民教育工作及课题研究任务的"双丰收"。

传统农耕需要历经冬藏、春播、夏耘等辛勤劳作，才能迎来丰硕的秋收之果。克勤兄历经三载的辛勤耕耘，其研究成果《农民学院创新机制实践研究》即将于金秋时节瓜熟蒂落而付梓面世。日前，克勤兄给我发来新著初稿，吩咐为其作序，草就上文，以期抛砖引玉，供各位方家品鉴赏析。

2019 年 6 月 16 日于中国农业大学

序　二

楼世洲[*]

约翰·厄普戴克说："当你在意把事情做好，或做得比原来好，任何事情都可以创新。"创新创业是时代的热词，对高校来说，改变可以是一种创新，变化会更加精彩。对新事物——浙江的农民学院来说，机制创新是最为重要的创新。

王阳明的《传习录》影响了几代人，致良知和知行合一是其核心思想。正如书中所说，我们读书人必须在事情上磨炼，养成诚敬的气质，这才可能以知促行、以行促知，最终达到知行合一的理想。我们当高校教师，边教书边研究，就是为了达到知行合一的美好状态。

习近平总书记说，人民对美好生活的向往，便是民众最大的良知。他提倡世界各国要建设命运共同体。从国与国的命运共同体，区域内的命运共同体，到人类命运共同体，体现了中国与各国合作共赢的理念，我们伟大的国家正提交出一份思考人类未来的中国方略。

浙江省在浙江农林大学基础上建农民大学，在各地级城市高校建农民学院，在各县级城市建农民学校，都是地方政府部门依托高校、科研院所联合举办的以培训新型农民为主要任务的联合体式创新驱动中心。

地方高校的教师与区域内最为广泛的群体——农民应该是不折不扣的命运共同体。刘克勤院长领导的丽水农民学院，与新生代农民成了休戚与共的联合体，这是他们服务社会、助力区域发展的最好案例。

---

[*] 楼世洲，浙江师范大学副校长，教授，教育学博士，博士生导师。

他们讨论的农民学院冠以"四位一体"的联合体学院，因为希望借助高校以外所有发展新生代农民的有生力量，组成命运共同体来共同发力，助推全面小康社会的建成。

命运共同体需要设定核心"朋友圈"。农民学院最为核心的"朋友圈"是一起成长的农民兄弟。在公共领域，应该用一套科学的公共决策机制来制定规则。当前，克勤研究员带领的团队关注与研究多年的"云和师傅"成了国家扶贫办七大典型案例，正在提炼学习推广的样本；多年来主抓的农村工作指导员扶贫项目"沿坑岭头画家村"，已经是中国乡村文明研究会十大典型案例，来学习取经的不少。

农民学院创新机制实践研究，重点关注新生代农民，与我研究的职业农民有很多的交叉。刘克勤团队从农民培养着手，提出了"新生代农民"的概念，并对农民学院培养农民实效的指标体系进行建构，用"云和师傅"案例开展讨论；然后是新型农民学院的办学理念，创新驱动是他的理想，以此展开的绩效指标和评价体系是全新的构架。探讨新的农业经营主体，是从新生代农民的工作领域谈创新，农民合作社的新形态经营组合遇到丽水党委政府新班子的高质量绿色发展新战略，以及针对全域旅游发展战略下的主旋律，农旅融合、文旅融合而产生的"丽水山耕""丽水山庄""丽水山游""丽水山养""丽水山戏"等"两山之路"发展样本，案例分析的维度确实可信。新样态实践示范，总结了浙江经验中的科技特派员、农村工作指导员等高校服务新农村的好载体，荔枝园范式是他们的农民学院运行机制创新的案例，是农民学院机制创新的主要内容。新案例评估推广，他从高职院校服务社区理想、创建城市会客厅、成为市民的学习社区谈起，从质量控制指标评价农民学院的一个观察材料，由一次次开班典礼上的培训目标、一次次学习活动的经验介绍入手，谈他们农民学院以创新机制服务新生代农民成长。

新生代农民研究一直有鲜活的话题，因为我们的农民学院在不断创新。农民学院办学是一个生态系统，以生态群落看待服务农民培训的三级学校，讨论如何分工、合作、融合？如何设定质量监控指标？如何进行评估？如何进行示范引导？等等，本书都给出了答案。

荔枝园范式是丽水农民学院运行机制创新的鲜活案例，其中有不同角度的案例，比如云和师傅、学习社区，都是活动的经验总结，特别用

"案例推广"的原生态呈现，问题明确，导向清晰，是真心希望被复制、被推广，真正造福更多的新农民。

丽水是中国农村综合改革的样本，是全国唯一的生态产品价值实现机制创新试点区，他们在全国扶贫改革试验、全国农村金融改革试点、农村产权制度改革、户籍制度改革等方面走在了全国前列。我到过丽水的松阳县、莲都区等不少地方，看到了敢为人先的许多创新实践，绿色发展的丽水样本将发挥更为重要的示范作用。

农村是希望的田野，关键是有更多的新生代农民热爱农村、热爱农业，有更多学者、科技人员，政府官员真正把"三农"当作事业，那么诗与远方的田野才是美好的家园。

我们都有这样的一颗心，我们都在做这样的行动。让我们一起努力！

是为序，与克勤团队共勉！

2017 年 5 月草于金华丽泽园

摘　　要

全国教育科学规划教育学国家级一般项目"农民学院创新机制实践研究"正接近尾声。在近三年的研究中，我们研究团队已经完成了文献综述、田野调查、专著写作和成果申请。基于目前国内外对于农民培训的研究，学者们描述在丽水已经试验成功的农民培训模式，并提出可以为全国各地效仿的农民培训新模式。

农民学院的成立是为了提升农民的技能。为了达到这一目的，国家级项目"农民学院创新机制实践研究"的学者们，希望研究出一种或几种路径来使农民培训更加有效。《新型农民学院创新机制实践研究》一书是该项目的成果。本书所展现的是农民学院成功的范例，这些范例将推广至全国，并将作为该项目成果主件之一。

"农民学院创新机制实践研究"的成果

一　研究条件

"农民学院创新机制实践研究"项目是基于浙西南城市丽水农民学院培训的研究为主要样本，辅之于江苏农林、广州农工商职业学院等涉农院校的培训实践。农业是丽水最重要的产业。丽水有80%的农业人口。丽水有很好的农业条件，习近平总书记的"丽水之赞"，102字高度肯定了浙江丽水市多年来坚持走绿色发展道路，坚定不移保护绿水青山这个"金饭碗"，努力把绿水青山蕴含的生态产品价值转化为金山银山，生态环境质量、发展进程指数、农民收入增幅多年位居全省第一，实现了生态文明建设、脱贫攻坚、乡村振兴协同推进。研究者们希望在丽水找到一个典型的农民培训模式并推广至全国。

二　农民学院的目标

农民学院策划成立是为了提升丽水农民的农业技术。在农民学院里，新技术是推动农业发展和调整农民收入结构的驱动力。在丽水，虽然农业是最重要的产业，但农业依然存在一定的问题。农业产品很难在市场上推销出去，一些农业企业和农业经营主体农业产品依然存在经营管理不善等问题。通过解决这些问题，建立起典型农民培训模式。农民，农业合作社，农业企业等可以通过这个培训获得市场的知识，管理的知识，并得到整体提升。

三　农民培训创新机制

创新机制就是利用所有有利的资源提升有效性。对于农民培训来说，创新机制是"破坏即创新"式利用所有有效的资源提升农民的能力并提升农业水平。因而，农民教育的创新机制需要来自政府的支持。此外，农民培训学员需要当地高校和研究院所的支持。有效结合这两种资源的优势，便可建议农民学如何创新机制。农民学院的创新机制是建立在市场导向原则、利益分享原则和互利双赢原则之上的。

在农民学院创新机制研究的理念下，农民是合理被培训的。我们在《农民学院创新机制实践研究》一书中比较了不同的农民培训模式，并指出目前农民学院培训存在的问题。在文中指出四种不同的研究方法并提出农民学院的有效研究方法。

针对当前国内高等教育绩效评价的价值矛盾、推陈出新的评价方法、指标之争，探讨由谁评、用什么方法评以及评什么的绩效评价构建思路，我们拟构建新型农民学院绩效评价体系。从新型农民学院评价需要出发，将评价理论与实践操作相结合，通过协商筛选，最终形成绩效评价体系，为新型农民学院办学绩效评价做理论建构。

四　农民学院的内在驱动力——新科学技术

新科技促进农民学院转型升级和农业创新。在这一理念下，农民是新型的农民，并可以分为几种类型。

要使科技运用于农业并作为驱动力，本地高校必须发挥作用。需要用新的技术来提升农业，同时新科技必须产业化。高校需要创建技术平台、寻找解决问题的研究方法、激活科技创新机制。

新生代农民作为科技的主要运用者是需要存续（养）的。学者们建议提升新生代农民的农业技术，解决新生代农民的心理问题，提升新生代农民的社会地位。同时，地方政府需要在文化建设和资金上给予新生代农民一定的支持。

为了践行新生代农民的存续机制，我们建议推广成功模式。例如，云和师傅模式，创新实验班和联合体产业学院。

五　先进的管理技术

我们为农业合作社及农业企业建议了先进的管理技术。只有运用先进的管理技术才能使农民，农业合作社，农业企业存续下来，这些管理经验技术包括先进的营销和物流等技术。

农业合作社给予农民信息支持和技术指导。我们发现，加入农业合作社的农民在农业合作社的帮助下，改变了收入结构并增加了总收入。然而，在大多数农业合作社经营管理中，营销渠道存在着一定的问题。不平衡的营销结构打乱了农业合作社的营销系统。农业营销渠道的管理存在着一定的道德问题。未来解决这些问题，我们提出缩短营销渠道，建立更对口的农业合作社，提升农业渠道营销的管理技术等方法。

我们还提出了对于农业合作社经营农产品的建议。引入波士顿矩阵，认为农业合作社的产品可以分为四种，金牛，瘦狗，明星，孩童，并且根据这些产品采用不同的策略。

农业合作社和农业企业要优化人力成本，提升农业人力资源质量，保持农业合作社和农业企业的活力。我们建议农业合作社使用O2O模型，即线上线下销售同时进行。

六　农民学院对于社会的支持

农民学院通过提供技术指导和科技特派员为社会服务。

作为农民学院的主要领导角色，地方高校需要做到"目标导向"，即找到支持当地农业的关键方法。当地高校建立"三农"教授服务团等教师服务系统，作为一个好的平台来支持当地农业。而地方高校对于本地农业的支持是尤为重要的。

科技特派员也是地方高校支持当地农业发展的好方法。因为农业合作社和农业企业需要技术。当高校教师加入到农业合作社和农业企业，可以加速农业工业化进程。这样的方式也可以鼓励人们去为农业贡献。

七　农民学院模型

成立农民学院是一种示范。我们希望在高校建立学习社区，生态学习小组等创新运行机制。

加入学习社区的人必须是掌握技术的人。高校老师在学习社区里一起讨论最新技术。学习社区也是一个大家共同学习新农业技术的地方。学习社社区中，老师的培训也是尤为重要的。因此，需要组织高校教师的培训。

引入"绿色生态"的概念，是要高校与时俱进，适应环境。因此，不仅高校环境要绿色生态化，教师的教学方法和教学效率也要生态化。

另外，该项目的学者们认为语言学习是十分重要的。因此，学者们提出了一个合适的农民语言培训的模型。这个模型包括了语言培训的内容，课程，评估等内容。

八　质量自治评估

基于教育质量评估新理念，对高校联合体学院的指标体系进行建构研究，旨在解决评估对象参与被动性和指标设置的"一致性"等高等教育质量评估理论研究需要突破的瓶颈。以两山学院教育质量自治评估工作为案例，创新高校教育质量内涵建设内容，探索符合时代特色的教育质量评估指标，推动高校新型学院建设。

目　录

导　　论

　　"农，天下之本也，民所恃以生也。"农民是农业的主体，是建设社会主义新农村的主力军。

　　习近平总书记指出："农村经济社会发展，说到底，关键在人；要通过富裕农民、提高农民、扶持农民，让农业经营有效益，让农业成为有奔头的产业，让农民成为体面的职业。"

　　我们农民学院的核心产品是农业人才的培养，在专著《柔性助推："云和师傅"劳务品牌》①的基础上，我们把研究的目光放在"新型农民学院"对新生代农民培养的机制创新上，以提高农民学院培训的实效性。

　　当前，工商资本正进军农村。资本控制权力是确保责权利相统一的公共决策机制，当市场不存在的时候，就需要其他协调机制。我们要通过创新制度安排，努力克服人为因素造成的有违公平正义的现象。我们要把促进社会公平正义、增进人民福祉作为一面镜子，审视我们各方面体制机制和政策规定。

　　我们研究的农民学院是指地级城市涉农高校成立的联合体式学院，成立的目的是为了服务区域，完成地方城市高职院校助推社区发展的努力。同时也是为了锻炼教师，推进教师教科研与学校专业建设的有机结合，以教科研的过程与业绩反哺专业建设，集聚教学资源，提高人才培养水平。其运行理念中有我们秉承的"创新驱动、守正出新、正心问学"

---

① 刘克勤、刘超：《柔性助推："云和师傅"劳务品牌》，中国时代经济出版社 2013 年版。

和实现"分类一流、多元共生"的理想。

我们研究与实践的新型农民学院是农业高等职业教育的重要平台，是整合"政校企农"四位一体的联合体学院。它旨在解决农村技术人才不足问题，促进农业产业化经营和产业结构调整，促进农民素质提升和收入水平的提高，丰富农村人力资源培养理论。在全面建成小康社会的进程中，新型农民学院综合发挥了促进资金、技术、人才、资源等要素的流转功效。

多维度分解新型农民学院性质如下：新型农民学院应该是学者教学（平台为主）、科研和从事社会服务工作的场所；新型农民学院还是保存、生产、传播区域知识与应用知识的组织；并且新型农民学院是研究"三农"、地方（区域）生态农业学问与农民增智的机构；新型农民学院也是政府主导，学校、企业、农业主等多元主体地位平等利益共享的联合体。

高职院校要有建成一片生态林的理想，2016 年中国科学评价中心、武汉大学中国教育质量评价中心联合中国教科评价网联合发布了中国专科（高职高专）院校竞争力排行榜。丽水职业技术学院（以下简称"丽职院"）在全国 1335 所高职院校中名列第 248 位；浙江省 49 所高职院校中名列第 17 位。评价主指标为办学条件、人才培养和学校声誉。2017 年浙江省推出重点校和优质校评定，丽职院被评为优质校第 18 位。每一所高校都有自己追求的合适的生态位，都有自己的理想与生态存续的方式。

经济生态化、生态经济化是浙江省全面建成小康社会过程中的定位，我们作为浙江的一所地级城市的高职院校，服务新生代农民发展，是生态涵养中的重要内容。我们提出了"五个一流"的办学目标，符合分类一流的思想。对高职院校来说，教学成果奖、社科基金等千分制衡量指标重要，办学过程中要坚守。但特色发展的选修课，如农民学院、职教集团也是为存续涵养加分。

丽水农民学院的办学主体是丽水职业技术学院，我是分管继续教育培训的校领导，同时担任丽水农民学院副院长的日常领导工作，属于执行院长或者说是常务副院长。我们研究团队申报成功并由我主持开展全国教育规划国家一般项目《新型农民学院创新机制实践研究》。项目组成员胡德华教授是我校继续教育学院的院长，兼任丽水农民学院的办公室主任。金华职业技术学院科研处处长王瑞敏教授所在的学院是浙江省重点校建设的龙头，他做着对比研究。我们打造的丽水农民学院样本，已经产生了较好的影响，全国各地的同仁认可度高，全国高职农业培训协作委多次来学习，并推荐我校为主任委员单位，正产生被复制、被推广的预想目标和效果。

在"十三五"发展中，丽水农民学院将弘扬创业创新精神，继续健全"长期与短期结合、本地与异地结合、集中与分散结合、学历与考证结合、培训与实际观摩实践结合"的农民培训教育体系，努力把丽水农民学院打造成为在全国具有更高影响力的新生代农民培训基地。

项目研究与写作过程中高级访问学者时的导师、中国教育科学研究院的陈如平研究员（也是本项目组成员），发起了中国新样态学校联盟，我是最先获邀参与者之一。全国的校长踊跃响应，500位教育工作者参与讨论并积极争取第一批成为实验学校。在2017年的春天开始建立示范校。

新样态学校与新型农民学院有许多相似处，学校的样态应如丛林的生态，有乔木、灌木、小草、野花、地衣、苔藓，有成为丛林主角的，也有点缀丛林的。无论缺了哪一个，丛林都显得不那么优雅。这与我不久前受邀发言的主旨不谋而合。我给莲都外国语学校中层干部培训读书会作的辅导报告，题目就是"建设一所温暖如家的新样态学校"，该校也有幸成为第一批新样态实验试点学校。

黄炎培在《实施实业教学要览》中给职业教育下的定义是："凡用教育方法，使人人获得生活的供给及乐趣，一面尽其对群众之义务，此教育名曰职业教育。"他认为职业教育的目的是为"劳动者文化、业务水平的提高""造就新型知识分子"。职业教育的原则有四大方面：手脑并用、做学合一、理论与实际并行、知识与技能并重。首届浙江省黄炎培职业教育奖2016年5月公布，优秀理论研究奖全省评了7人，本人忝其列中。浙江省中华职业教育社和浙江省成人与职业教育协会编辑的《事迹汇编》用《韦编三绝》介绍本人的业绩，有些汗颜。黄炎培是新中国职业教育的先驱，他的职业教育思想，对当前职业教育如何服务社会、服务平民，以及职业教育的核心能力达成都有很好的借鉴意义，这正是本书的切入点。他 2019 年被中华职业教育社推荐为浙江省第二次代表大会代表，也和我的研究相关。

经济发展新常态下中国提出了供给侧结构性改革，其重点是解放和发展生产力，用改革的办法推进结构调整，减少无效和低效的供给，扩大有效和中高端供给，增强供给结构对需求变化的适应性和灵活性，提高全要素生产率。

作为教育评估的核心，农民学院的工作要讲投入与产出的效率，要从生产端入手，重点是增加公共产品和服务供给，提高供给结构对需求变化的适应性和灵活性。对新农民的培训考虑供求不平衡，多从供给侧动脑筋。熊彼特认为，经济发展的动力是生产者以新的方式重新组合现在的生产要素。经济发展是创新打破旧均衡、推进新方式的"创造性毁灭"过程。吴声强调要重构人与商业的连接，共享经济时代，场景成为新商业模式指数级增长的关键词。①

新人类有许多新的经济生活方式，产品与服务更新迭代的速度，对于我们 20 世纪 60 年代出生的人来说，应对的招数不多。我们的研究对象培训学员是 35—45 周岁年龄段的新生代农民群体，他们驾驭市场变化的能力也不强。

我一直坚持正和博弈是高职院校产学研合作的重要指导思想，从"你和我"式的联合体走向命运共同体是新时代的新走向。凝聚产生力量，团结诞生奇迹。共建才能共享，共建的过程也是共享的过程。新型农民学院的成功就是要共建命运共同体。

创新驱动重在权制创新。创新是发展的新动力和新动能，但创新要产生正能量，需要革故鼎新、守成创新，更要守正出新。知行合一是新型农民学院的行动力表现。创建新型农民学院是一个边学习边实践、边思考边推进、边研究边创新的过程，实践行动是最好的知行合一。

我担任丽水市社科联兼职副主席十多年了，市社科联与省社科院合作完成编写的《绿色发展的丽水样本》《农村综合改革的丽水样本》《生态经济转型升级的丽水样本》《生态养生的丽水样本》《丽水·建设浙江绿谷》《科学发展观在丽水的实践》《丽水改革开放三十年》等丽水样本

---

① 吴声：《场景革命》，机械工业出版社 2016 年版。

系列当代发展研究成果，正越来越被建设全面小康撸起袖子加油干的丽水人民接受，正发挥着战略指导作用。2019 年丽山的"西山"发展大会更是吹响了高质量绿色发展的集结号。

在浙江省示范校建设过程中，本人负责主抓科研与社会服务平台，设立了丽水职业教育集团，与区域中职校合作，成绩显著。2017 年浙江省中职质量提升行动计划公布首批立项名单，包含 30 所名校，58 位名师和名师工作室，57 项品牌专业，57 个优势特色专业，19 个学习型城市，67 所现代化成人学校，66 个成教品牌项目立项，其中丽水职高成了浙江省省批名校，遂昌职高的谢芝兰的电子商务等 29 项榜上有名。

丽水农民学院成绩更为骄人，2017 年院校融合发展研讨会上，我们重点讨论了农民学院办学的四个核心问题。一是办班的意义问题：浙江省委、省政府提出的农村工作"三化"目标要求，即农业绿化、农村美化、农民转化。特别是农民的转化问题，我们认为培训是最基本的方法和途径。丽水市第四次党代会，就农民素质提升问题，提出培养"丽水农师""丽水巧匠""巧手丽人"。从培养这些精英农民、新生代农民看，农民学院的农民培训就是培育发展生产力。二是怎么办班问题：新生代农民培训供给侧改革的方法要与农民需求相结合，要提高师资水平、课程设计与产业的结合度；要三级办学体系融合办班，资源、师资、成果共享，融合联动办学。三是怎么样办好班问题：以"丽水农师"＋××，如加"云和师傅""松阳茶师"等品牌体系，老先进、新作为、真带动。围绕主导产业办班，做好农字与产业的结合文章，把农家乐民宿、丽水山耕作为重点。围绕创新转移办班，缙云月嫂、景宁月嫂就是转移就业办班的好例子，是在"丽水农超"培训品牌基础上的创新。四是理论联系实际问题，要真正学以致用，学用结合。实现江少伟副院长提出的每年"十万丽水农师大培训大转化大增收"的目标。

建设绿色家园是人类的共同梦想。"万物各得其和以生，万物各得其养以成"。我们生活与工作的家园被习近平总书记称为"绿野仙踪"。整个丽水像一幅天生丽质的山水画，一定要认真贯彻习总书记的指示"绿水青山就是金山银山，对丽水来说尤为如此"。丽水市委书记史济锡在《人民日报》发表署名文章说："始终牢记尤为如此的更高要求，切实加强生态保护，坚决守住生态红线；点绿成金，大力发展生态经济，着力打通两山通道；大力推进生态惠民，切实提高群众的获得感、幸福感；不忘初心，勇当践行两山重要思想的地市标杆和全国样板。"① 2016 年市委宣传部推出第二批重点文化创新团队的申请，我把"美途丽水"作为指导思想，实现立项。负责联系与落实的扶贫乡镇，松阳县枫坪乡高寮、钱余、小吉村到沿坑岭头画家村，8 年来从扶技术到扶产业，用艺术资源救活拟搬迁村，是精准扶贫的生动实践样本。

当前制约科学发展的体制机制障碍还是不少，我们农民学院要破除妨碍科学发展的思想观念和体制机制，使各方面制度更加成熟、更加定型。我们能做解剖麻雀的工作，试着实践与探索农民学院的机制创新，并以典型案例和推广经验的形式呈现，希望在中国样本浙江实践中是生动的、鲜活的。

职业教育是我国教育体制中的重要组成部分，是培养高素质技能型人才的基础工程。我们要上下共同努力进一步办好。我们要立志追求人无我有、人有我优、技高一筹的境界，让学生学到真本领，用勤劳和智慧创造美好人生。

讨论高职院校的产学研合作时我坚持正和博弈，推广农村劳动力培养实效提倡柔性助推，总结新型农民学院的存续发展该是生态涵养，其中教师的正心问学是需要坚守初心。我们以此为原点开展研究活动，开展生动的实践，我们坚信新型农民学院应该是造福全面小康社会建设的可推广的好样本。

近期讲学，题为"生态教育的丽水样本"，"两山"发展高质量绿色发展的主旋律，新任务来了。主编《丽水旅游文化丛书》和《"美途丽水"旅游文化建设丛书》，给中小学生态教育课程建设专题准备培训辅导，自然教育、云和的"六头旅游"、绿色发展读本等念头都冒出来了。从丽水农民学院的执行院长转岗交流到中国（丽水）两山学院执行院长，是迭代升级，任务更重要，使命更光荣。

---

① 《人民日报》2016 年 7 月 29 日第 13 版。

一　研究源起

科学就是不断拓展人类知识的边界。每拓宽一个边界就照亮一个领域，使人类从黑暗中走出来。从英国科学家尤因（Alfred Ewing）的这个观点出发，创新驱动发展是所有高校的良好政策选择。当然，他进一步说，人类在还能够掌控自己之前就先掌控了自然，先具备了掌控自然的能力。这个事件将要引起不可预测的后患。如何解决这个问题？法律、政策、机制、规定等都是供给方面的选择。比如高校的产学研合作，机制上该怎么协同是核心问题，是笔者持续研究的新起点。机制创新更是农民学院培养新生代农民的重要事件，机制创新是高校站在"十三五"新起点的再次出发。

机制创新，原始意思即企业为优化各组成部分之间、各生产经营元素之间的组合，提高效率，增强整个企业的竞争能力而在各种运营机制方面进行创新活动。企业机制包括利益机制、激励机制、竞争机制、经营机制、发展机制、约束机制等。

服务创新驱动高校需要解决体制机制难题。引用宁滨的说法，人才培养机制还需要告别象牙塔，用人机制还需要释放人才活力，科研机制还要强调协同创新。

2016 年 9 月 5 日习近平在杭州 G20 峰会上说，我们一致通过了《二十国集团创新增长蓝图》，支持以科技创新为核心，带动发展理念、体制机制、商业模式等全方位、多层次、宽领域创新，推动创新成果交流共享。我们决定大力推进结构性改革，为全球增长开辟新路径，全面提升世界经济中长期增长潜力。

二　国内外研究现状述评以及选题的价值和意义

（一）国内外研究现状述评

1. 国外研究述评

（1）农业职业教育政策研究。美国通过《美国教育法》（1993）、《柏金斯生计和职业技术促进法》（2005）规定开办职业培训班和完善农业教育、研究和推广体系。英国的《农业培训局法》、德国的《职业教育法》《培训条件总纲》等规定，通过法律保障农业职业教育所需的人力、物力和财力，改革和完善农业职业教育的管理机构和教育体系。日本20世纪40年代制定了《职业训练法》《职业能力开发促进法》和韩国80年代后的《农渔民后继者育成基金法》《农渔民发展特别措施法》等农业教育体制、经费来源和师资培训等从法律上提供了保证。

（2）关于农业职业教育发展模式的研究。Karen Levesque（2000）分析美国的农业职业教育模式特点和成功经验及制约因素和未来走向。Gisela Dybowski（2005）分析了"双元制"在德国职业教育体系中的地位功能、组织结构、经费来源及利益相关者的角色定位及相关利益。

（3）关于农业职业教育需求与就业的研究。G. Phelan（2002）提出不同类别的农户对农业职业教育与培训的需求不同。Achim Spiller（2007）发现职业教育的基本优势、农民对于农业职业教育培训的花费和机会成本、对供给的评价因素影响农业职业教育培训市场的需求。Jim Pratley（2008）提出农业职业缺乏吸引力是农业不好的公众形象导致的。

（4）国外绿色生态教育发展理念与实践。90年代后，学者们对教育生态学的研究从教育与环境的关系向纵深发展，侧重于微观的学校生态学研究，提出"学校是一个文化生态系统"的概念，以建立一个健康的生态系统，提高学校的办学效率。

2. 国内研究综述

（1）农民职业教育培训模式的研究。1991年，在国务院《大力发展职业技术教育的决定》指导下，推行农业职业教育与生产实践相结合，典型代表是农科教结合和三教统筹模式。2002年、2005年国务院先后两次颁布了《关于大力发展职业教育的决定》，指出在大力发展职业教育的同时，要加强东西部、城乡合作办学，促进东西部、城乡统筹协调发展，主要形式是订单培训模式。

（2）国内农民学院职业教育产学研合作研究。陈翔锋（2005）研究了体制、技术转移规律、动力机制、激励兼容机制和基本组织模式。徐梦（2012）开展基于供应链的协同机制研究。黄敏（2011）研究基于协同创新的大学学科创新生态系统模型构建。西南大学、西北农林科技大学、河北农业大学等农业院校提出了"石柱模式""杨凌模式"和"太行山道路"。

（3）农业高技能人才素质研究。对农业高技能人才素质的研究主要集中在以下三方面：农业高技能人才素质发展现状分析（黄季焜、胡瑞法，2000）；农业高技术人才素质偏低的原因（樊启洲、郭犹焕，1999）；农业科技推广人才素质提升的途径：分类培训、学校教育、自我学习（艾应伟、范志金，2005）。

（4）国外农业职业教育办学经验研究。研究主要集中在两个方面：一是从宏观角度对发达国家农业职业教育概况进行论述。戴洪生（2003）、李红（2008）分别分析了韩国及日本农业职业教育制度保障及资金投入、体系运作机制、课程设置和教师培训渠道等。二是从比较视角，对国外农业职业教育模式体系进行分析。石伟平（2009）总结了国际农业职业教育发展经验，提出农业职业教育发展的任务和职业教育城乡统筹发展的基本思路。

（5）农民学院模式研究。农民学院的农村职业教育模式研究和实践还在探索中，浙江湖州农民学院自 2010 年成立全国首家农民学院以来，通过实行政府主导，面向市场，建立校地合作、校农合作、校校合作等多元办学的机制，培养"四位一体"农民大学生，成为农民学院的创建典范。

（6）国内教育绿色生态学的研究与实践。我国教育绿色生态学研究始于台湾地区，方炳林（台）在《生态环境与教育》（1975）中研究了各种生态环境与教育的关系及对教育的影响的体系。还有贾锐的校园环境研究，郑燕祥关于教师素质的研究等。大陆教育生态学研究主要集中在教育的宏观研究到微观研究，已出版的偏重基础教育研究的有三本教育生态学专著（作者分别是任凯、白燕，1992；吴鼎福、诸文蔚，1998；范国睿，2000），高等教育生态学专著有刘贵华的《大学学术生态研究——基于生态学分析视角》（2005）。

3. 国内外研究述评

（1）国外研究述评。国外学者在研究农业职业教育领域时，倾向于在既定经济制度背景下和市场机制条件下，重点分析农业职业教育与经济、社会发展之间的关系，但相对于职业教育理论而言，西方国家针对农业职业教育的研究较少，大都与科学技术、农业经济、教育、社会发展等相关学科的研究交错在一起，并无专门的、独立的农业职业教育研究。

（2）国内研究述评。《国家中长期教育改革和发展规划纲要》发布以来，我国职业教育发展的侧重点更多倾向于城市，而农村职业教育发展比例过少，已有的农民教育办学机构基本上以短期技术培训为主，缺乏以个人综合素质提升为主的办学目标。有关农民学院研究还存在以下不足：农民学院的职业教育理论研究不足，研究方法单一，农业高技能人才素质培养缺乏针对性，农民学院教育实践典型案例不足。鲁昕部长在2014年职教工作会议上的讲话明确指出：要面向农民、新生代农民工积极发展多种形式的继续教育，这为发展农民学院创新机制研究提供了新的方向。

（二）选题的价值和意义

1. 选题意义

（1）现实需要。我国农业职业教育还存在一些亟待解决的矛盾和问题，突出表现在：第一，农业职业教育政府职能的缺陷。第二，农村成人教育结构体系的缺失。"新型农民学院"通过创新农民教育培训机制，培养新生代农民，为转变农业增长方式，调整和优化产业结构，发展农村经济，实现农业现代化起了积极作用。

（2）问题策略。"新型农民学院"作为农业职业教育的重要平台，建立和完善以学校、政府、基地"政校企农""四位一体"的"新型农民学院"联合培养新模式，充分挖掘和利用潜在的资源，实现对高技能农业人才的素质结构、进化轨迹、培养生态等问题的综合培养，实践与研究很有意义。

2. 研究价值

"新型农民学院"是联合培养高技能农业人才的重要渠道。以院校、政府、基地联合的"四位一体"为研究对象，进行新生代农民培养试验，寻找影响人才培养的要素及其关系；强化人才集聚和辐射效应，促进区域农业经济的可持续发展，带动区域经济社会的均衡发展。

三　研究的框架

（一）主要内容

1. 新型农民学院的办学理念研究

基于农民学院的"基地"举办新生代农民实验班，一方面由高职院校负责核心课程的指导，制定总体培养框架体系结构；另一方面农业高技能人才通过培训实践学习后，可以继续在院校的指导与合作中完成技能的提升与产业的创新。

一是运行机制创新：创办"基地"条件下的新生代农民实验班，满足个性化学习需求。二是实践载体创新：园林、园艺、绿色食品等专业开办"三位一体"创新实践班。高职生通过"二次招生"选学"农场主创新"班；"基地"人员通过"绿色政策通道"进"双元制"班；在农业龙头企业、农业新经营主体中试办"农业领军人才"班。三是营销模式创新：建立在技术创新、思维创意和现代网络营销模式之上，探索稀贵农业的产业模式。四是创业模式创新："企业、人才复制创业研究"通过校内跨专业联合，复制出一批企业"团队群落"和创业学生，并对不同的培养模式进行比较，观测与评估比较绩效。

2. 农业高技能人才胜任力模型研究

新生代农民素质研究从技术专长、分析思维、信息搜寻、团队协作、自信力、影响力、洞察力、主动性、成就欲、客户服务意识等要素来构建新生代农民的胜任力模型。

3. 农业高技能人才培养保障措施研究

（1）人力资源规划。一是保障机制研究；二是政策引导研究；三是社会环境支持研究。（2）招聘配置。（3）培训和发展。（4）继续教育培训机制。

4. 高校与区域协同生态研究

在绿色生态发展理念的引导下，通过市场导向，使专业落地区域经济，保持高效生态存养，形成优势特色的专业群落，在促进区域经济快速发展的同时，也反哺了高校产学研发展和专业建设。（1）发挥高职院校引导功能研究；（2）现代农业教育组织体制研究；（3）"四位一体"

联盟运行机制研究；（4）"四位一体"现代农业教育组织利益分配研究。

（二）基本观点

针对"新型农民学院"培养的高技能职业农民为研究对象，从个体的知识、技能、个性、信仰、价值观等关键特征来构建新生代农民的全面胜任力模型。提出推广试验方案，寻找新生代农民培养新路径。

（三）研究思路

在调查与访谈浙江省地级城市"农民学院"的基础上，运用教育学、农业经济学、博弈论等理论，评估农业高技能人才的培养情况。通过研究"四位一体"新生代农民培养模式的主体、基础、层次、组织载体、政府服务机制等关键因素，提出人才发展新模式，帮助"新型农民学院"整合优质资源，特别是产学研合作教育的新成果，提高"农民学院"的整体办学水平。

（四）研究方法

（1）文献资料法：参阅文献资料，依托农业经济学、博弈论等基本理论，剖析当前农业人才培养现状。

（2）调研法与实验法：问卷调查与重点访谈相结合，掌握农业人才培养情况及其发展创新的制约因素。选择比较样本，开设创新实验班，观测实验数据。

（3）迭代法：在数据的启发下产生各种想法，然后按照数据对这些想法进行测试，看看它们在证据面前是否经得起考验，然后再代之以新的想法，修订、测试、再修订，直至所有概念与证据契合。

（4）多因素分析法：运用数量经济学模型，实证分析农业教育组织体制成员利益分配的动因。通过静态分析农业人才培养现状以及存在问题，动态分析人才培养体制创新，推进新农村建设与农村社会事业发展。

（5）技术路线图（略）。

（五）创新之处

（1）绿色生态发展是城乡统筹发展的深化与递进。学校、政府、基地是职业教育绿色生态运行机制中的三个关键因子。

（2）"四位一体"协同创新联合培养新生代农民，助推农村人力资源发展，在应用技术本科改革的实践中有了新的衡量指标。

（3）走新型城镇化道路是城乡统筹发展的关键。通过与其他发达地区的数据比较以及丽水农民学院在省内外的影响力和学习交流活动，能够为"新型农民学院"提供人才培养的路径与政策设计参考。

（4）职业教育领域的大数据挖掘和迭代法研究，是实现城乡统筹农村人力资源开发的技术保障。在城乡统筹大背景下，通过对微观、个体层面样本（如云和师傅）进行全面客观采集和记录，得到传统数据分析无法实现的数据量巨大、非结构化、分布式、个性化和人性化鲜明的农村职业教育大数据。

第 一 章

新生代农民培养

第一节 农民培养

　　聚焦我国农民培养研究主题，分析其研究现状。研究发现，我国农民培养研究具有经济学、社会学、教育学的多元视野，研究者对农民持有"公共人""职业者""创业者"的多维目标形象假设，围绕农民培养影响因素、农民培养模式、农民培养机制等问题展开探讨。农民培养的后续研究还要以跨学科方式开展，采用多种范式的研究方法，考虑农民的主体认知，进行专业性的深度研究。

　　福柯指出，历史的首要任务是研究文献的内涵和制定文献……力图在文献自身的构成中确定某些单位、某些整体、某些序列和某些关联。[①]这表明，对知识成果的回溯研究重在寻找前后相连、交替、相互交错的类型，描述不同类型的范围及其关系。在这一方法论指导下，对我国农民培养研究相关文献进行挖掘和探索，尝试发现其关键问题讨论的背景和脉络、研究者关注问题的视角与焦点，分析我国农民培养研究的过去和现在，在此基础上拓展研究的未来与可能。

一　我国农民培养研究概览

　　"农民培养"是我国新近出现的研究主题。由中国学术期刊网络总库

[①]　［法］米歇尔·福柯：《知识考古学》，生活·读书·新知三联书店2007年版。

检索得知，最早文献可追溯至 1950 年《云南政报》刊登的文章《发动群众，培养骨干——呈贡县农民训练班经验初步总结》。此后，农民培养研究进入"沉寂期"，未取得重大突破和进展。

直至 20 世纪 90 年代，开始有研究者注意到这一研究主题，陆续开展相关研究。2005 年开始，农民培养研究进入"勃发期"。由图 1-1 可见，2007 年的红旗标志表明农民培养研究收录的文献量比之前增加 30% 以上，增长幅度显著；近十年来研究热度虽偶有下降，但文献成果总体保持上升趋势。这与中央颁布的"三农"政策紧密相关。例如，2005 年中央农业部公布 1 号文件要求"全面开展农民职业技能培训工作，广泛调动社会各方面力量参与农民职业技能培训的积极性"。2007 年，中共中央国务院颁布《关于积极发展现代农业扎实推进社会主义新农村建设的若干意见》文件，首次正式提出培养"有文化、懂技术、会经营"的"新型农民"。其后，《国家中长期人才发展规划纲要（2010—2020）》提出"加快培养农业产业化发展急需的企业经营管理人员、农民专业合作组织带头人和农村经纪人"。2012 年，中共中央 1 号文件《关于加快推进农业科技创新持续增强农产品供给保障能力的若干意见》提出"大力培育新生代农民"，次年有关文件再次强调"要转变农业经营方式，着力培育新型农业经营主体"。在一系列政策导向下，我国农民培养研究持续升温并于 2014 年形成高峰。

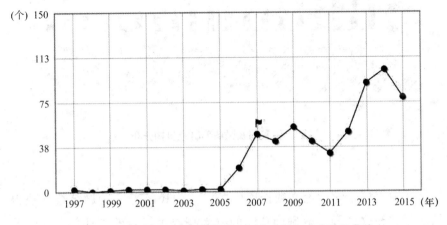

图 1-1　中国知网"农民培养"研究文献年度收录量曲线

为进一步聚焦研究主题，获取贡献价值较高的文献，在中国引文数据库中以"农民培养"题名（精确条件）检索到文献 161 篇。文献来源学科和机构人员分布如下：农业经济 86 篇（53.42%），成人教育与特殊教育 56 篇（34.78%），政党及群众组织 14 篇（8.7%），职业教育 7 篇（4.35%），农业基础科学 6 篇（3.73%），旅游 2 篇（1.24%），人才学与劳动科学 2 篇（1.24%），宏观经济管理与可持续发展、图书情报与数字图书馆、社会学及统计学、马克思主义、中等教育、高等教育各 1 篇（各占 0.62%）。

"农民培养"研究机构主要集中于我国农业类大学，其次是综合性和师范类大学。图 1-2 截取排名前 20 位的研究机构。由图 1-2 可知，湖南农业大学研究文献总数为 25 篇，远远高于其他机构。代表性研究者主要有刘纯阳（湖南农业大学，6 篇，4.14%）、贾兵强（郑州大学，5 篇，3.45%）、许喜文（华南农业大学，4 篇，2.76%）、易钢（华南农业大学，4 篇，2.76%）、朱启臻（中国农业大学，3 篇，2.07%）。

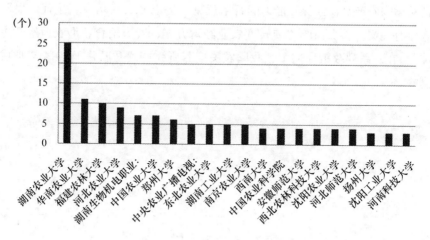

图 1-2 我国农民培养研究机构分布

在中国博士学位论文数据库中，以"农民培养"为题名检索获得博士学位论文 2 篇，分别为莫鸣的《新型农民培养模式研究》和彭希林的《新农村建设中培养新型农民问题研究》。在中国优秀硕士学位论文全文数据库中，以"农民培养"为题名检索获得硕士学位论文24篇（2007—2015年）。其中，问题对策研究20篇，模式研究1篇，政策研究2篇，思想研究1篇。在文献检索中发现，由于"培养"与"培训""培育""培植"等概念存在相似性，故把与此主题高度相关的博士和硕士学位论文也纳入文献检索结果中，尽可能全面掌握研究资料。

在编著方面，在读秀数据库中以"农民培养"为题名检索获得著作6部，以主题词检索获得著作91部。第一类著作以农民培养为研究对象，依据理论—实践的逻辑展开研究。主要有綦群高等著的《基于文化视角的南疆三地州新型农民培养》、贾俊民等著的《中国新型农民的培养与组织》等。第二类著作从农民培养的某一侧面和角度进行探讨，或把农民培养作为著作的某一章节。例如，朱启臻主编的《农村社会学》（第二版）在第二章分析了中国农民的主要特征，提出新型农民培养的类型和途径；赵君著的《当代中国新农村建设社会问题研究》第二章专门探讨了新型农民培养路径。第三类类似个案研究，用专门的切入点讨论农民培养，如刘克勤、刘超的专著《柔性助推："云和师傅"劳务品牌》。

二　农民培养的国际比较研究

研究者通过比较和分析，总结了不同区域和各个国家农民培养模式及其特点，从中获得借鉴经验，为解决我国农民培养问题提供有益启示。例如，李水山较为集中地描述和介绍日本、韩国、英国、法国、荷兰、美国、加拿大等国农民教育与培训体系。[1]

总体而言，研究者归纳出下述四种模式。

以日本和韩国为代表的东亚模式。该模式适合人均耕地面积低于世界平均水平，进行小型土地规模经营的农业生产状况；主要特点是政府主导和国家立法，实施多层次、多方向、多目标的农民培训。

以英国、法国、德国、荷兰为代表的欧盟模式。该模式适合以家庭农场为主要经营单位的农业生产状况；主要特点是政府、学校、科研单

---

[1]　李水山、赵方印主编：《中外农民教育研究》，广西教育出版社2006年版。

位、农业培训有机结合，实施农民职业资格证书制。

以美国和加拿大为代表的北美模式。该模式适合以机械化耕作和规模经营为主要特点的农业生产特点；主要特点是以农学院为主导，农业教育、农业科研和农技推广有机结合。加拿大的绿色证书培训模式被我国借鉴用于"绿色证书工程"。

以巴西和印度为代表的新兴经济体模式。该模式适合农业在国民经济中比重较大，农业人口众多，人口素质相对较低的状况；主要特点是采用农业学徒培训方式，农民技术培训与农业推广改革配合。

我国研究者依据国外农民培养经验，从培养保障、培养主体、培养机制等方面提出政策建议。例如，强调政府责任，呼吁加强立法和健全农民教育培训法规；完善经费筹措渠道和使用等制度；拓展农民培养主体，构建完整的农民教育培训体系；以多样灵活方式进行农民培养，制定可操作的农民培养质量监督机制等。

三　国内农民培养的本土研究

国内关于农民培养的研究视野具有多元性、研究对象具有多维性特征，围绕农民培养的影响因素、实施模式、运作机制等问题展开。

（一）农民培养研究视野具有多元性

我国农民培养的研究视野大致可分为三类：经济学视野、社会学视野、教育学视野。

从经济学视野出发的研究者大多倾向选择人力资本理论作为合理依据。农业经济学科中的农民培养研究相关博士或硕士学位论文在理论基础部分，均援引了舒尔茨的人力资本经典理论及后续修正理论，认为人力资源是一切资源中最主要的资源，人力资本对经济增长具有积极的促进作用；人力资本的核心是提高人口质量，教育投资是人力投资的主要部分。

从社会学视野出发的研究者着重从文化、社会政策层面探讨农民培养问题。张涛、綦群高等人参照文化学上对文化类型的划分，把农民素质分为智能文化、规范文化和理念文化三个层次，进而建构出以文化为视角的新型农民分析框架，为农民分类分层培养提供依据。①② 社会政策理论表明社会政策的利益关联性、行动和现代规则体系性、广泛参与性等特点，研究者基于该理论提出"要在农村社会政策行动过程中让农民有充分表达的机会，培养农民的公民意识"③。

从教育学视野出发的研究者关注教育学基本问题，聚焦农民培养课程与学习问题。唐智彬提出，新生代农民培养课程体系建构可从"现代农业技能、现代农业产业管理能力、现代农业素养"三类核心课程以及特色课程类入手，确定多层级的课程开发框架与项目课程的开发指导思想，形成多元协同的课程开发机制，创新系统化培养课程结构和"成果导向"的课程评价方案。④ 董春华指出，校本课程在农民培养中具有重要作用，可在国家课程基础上优化利用农工巧匠资源作为校本课程内容。⑤ 黄志坚使用社会化（Socialization）、外在化（Externalization）、整合化（Combination）和内在化（Internalization）4 种知识转化过程模式（简称"SECI 知识转化模型"）分析农民技能培养中的知识类型与学习模式。⑥

（二）农民培养研究对象具有多维性

通过文献梳理发现，农民培养的研究对象具有多种维度。在百度学术文献搜集中输入"农民培养"，所获关联研究图表明（如图 1 - 3 所示），大部分研究者采用与中央文件一致的"新型农民"（图中第一行）概念表述；"职业农民"（图中第二行）和"新生代农民"（图中第三行）概念使用近年来有逐渐增强的趋势。一般而言，"新型农民"已经成为具有共识性的农民培养研究对象表述。刘纯阳认为，新型农民培养的研究

---

①　张涛、綦群高、裴红娟：《文化视野下的新型农民培养研究视角及分析框架》，《宁波教育学院学报》2012 年第 6 期，第 107—111 页。

②　綦群高等：《基于文化视角的南疆三地州新型农民培养》，中国农业出版社 2012 年版，第 38—42 页。

③　包先康、朱士群：《论农民公民意识的培养：一种社会政策的视角》，《学界》2012 年第 6 期，第 40—47、282 页。

④　唐智彬：《新生代农民培养课程开发探究》，《江苏教育》2015 年第 4 期，第 20—25 页。

⑤　董春华：《基于农村校本课程视角的新型农民培养》，《中国成人教育》2012 年第 15 期，第 159—160 页。

⑥　黄志坚、吴健辉：《基于 SECI 知识转化模型的农民技能培养模式研究》，《安徽农业科学》2008 年第 36 卷第 17 期，第 7447—7448 页。

对象在外延上包括已经成为或者将成为农民的人，在内涵上是指"有文化、懂技术、会经营"的农民。[①] 新农民素质内涵包括文化素质、科技素质、经营管理、思想道德、身心素质等。但进一步分析发现，"新型农民"群体在不同研究者笔下呈现不同的目标形象，归纳起来可大致分为三类："公共人"目标形象、"职业者"目标形象、"创业者"目标形象。

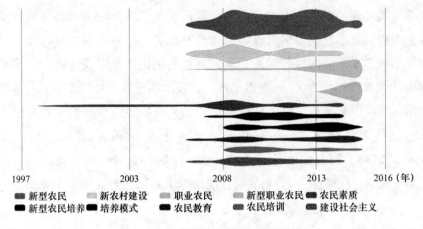

1997　　　　2003　　　　2008　　　　2013　　　2016（年）

🔳新型农民　🔳新农村建设　🔳职业农民　🔳新型职业农民　🔳农民素质
🔳新型农民培养　🔳培养模式　🔳农民教育　🔳农民培训　🔳建设社会主义

图1-3　我国农民培养多维研究对象

1. 农民培养研究中的"公共人"目标形象假设

研究者从"公共理性"维度切入，分析农民现有的素质状况与农民作为"现代社会合格公民"目标之间的差距。例如，包先康认为，当前中国很多农民缺失权责观和法律意识，政治参与具有工具性，存在集体合作的"善分不善合"的先天缺陷。[②] 无论是社会主义新农村建设还是农村生态文明建设，都需要培养具有参与农村社会公共事务能力的农民，也就是研究者建构的农民作为"公共人"的目标形象。在这一目标导向下，研究者提倡培养农民的公民意识、公民精神和公民能力，加强农民的权利和义务意识、现代规则意识、民主意识和参与意识的培养，从而

---

① 刘纯阳：《新型农民培养——一个理论分析框架》，《湖南社会科学》2008年第6期，第113—116页。

② 包先康、朱士群：《公民教育与新型农民培养》，《华南农业大学学报》（社会科学版）2012年第3卷第11期，第119—125页。

把农民培养成为推动农村基层治理转型、推进新农村建设的重要力量。

2. 农民培养研究中的"职业者"目标形象假设

由图1-3可见，"新生代农民"与"职业农民"同时被研究者使用。朱启臻认为，新生代农民是追求报酬最大化的市场主体，以农业为长期稳定职业，具有高度的社会责任感和现代观念。① 殷瑛认为，"职业农民作为经济学意义上的理性人，是从事农业生产和经营、以获取商业利润为目的的独立群体"②。由此可见，"新生代农民"与"职业农民"两者共同之处在于从"经济理性"维度阐明农民的"职业性"，研究者期望通过研究解决培养农民通过农业生产形成经济收益能力的相关问题。

在"职业者"目标形象追求下，另有研究者从"技术理性"维度切入，强调培养农民掌握现代农业生产技术和技能。较为典型的表述如"科技型农民"③ 和"生态农民"④，前者探索利用信息技术手段提高农民科技文化素质的方式方法，后者探讨培养农民掌握实施资源节约型农业与环境友好型农业生产技术模式的路径。

3. 农民培养研究中的"创业者"目标形象假设

作为"创业者"的农民也是农民培养研究的主要目标形象。与前两者相比，创业型农民具有"精英"色彩。研究者不仅预设这一群体具有较高的经济获益能力，而且他们的社会身份和地位也有所提升，因此又被称为"先导农民"。例如，蒋和平认为，创业型农民是发展现代农业的领头羊、生力军，或是农民专业合作组织的带头人，在整个农民群体的金字塔结构中处于顶部和高端位置。⑤ 翁标认为，创业型农民是指具有一定文化知识，拥有的一定经济基础和生产资料，掌握着一技之长，创业愿望强烈，在农村开辟生产领域和实施有效经营，实现自身利益最大化

---

① 朱启臻：《新生代农民与家庭农场》，《中国农业大学学报》（社会科学版）2013年第30卷第2期，第157—159页。

② 殷瑛：《职业农民教育培养模式的构建》，《职业技术教育》2009年第30卷第28期，第62—66页。

③ 王宇飞：《运用信息技术培养科技型农民》，硕士学位论文，南京师范大学，2008年。

④ 霍生平：《资源节约型、环境友好型农业生产体系中生态农民的培育研究》，博士学位论文，湖南农业大学，2011年。

⑤ 蒋和平：《培育创业型农民带动中国农业现代化建设》，《四川大学学报》（哲学社会科学版）2012年第3期，第102—108页。

的农民。[①] 与创业型农民较为相近的另一概念表述是"知识型农民",是指具有扎实的科学文化知识,以现代生产方式经营农业,具有冒险精神和创新能力的农村劳动力。[②] 在现实情境中,农村种植大户、养殖大户、营销大户、农民经纪人、小型农业企业家等都被纳入"创业型农民"概念范畴中。

（三）农民培养的影响因素研究

我国研究者运用实证方法,从不同层面分析了影响农民培养的因素,可归纳为三因素说、五因素说、八因素说三种类别（见表1-1）。

表1-1　　　　　　　　我国研究者对农民培养的影响因素分析

	研究者	方法	影响因素
三因素说	张海涛	因子分析、相关分析、回归分析	农村人才开发政策、农村人才开发培训项目管理、农村人才开发行为目标实现程度
	杨维国	Dematel 方法	非涉农产业的经济发展水平、农村户籍制度改革、农民对农业生产的总投入额
五因素说	李慧静	回归分析、因子分析	农业经济收益因素、农民教育培训因素、制度和政策保障因素、农民的职业化意识因素、农民的素质因素
	张亮	二元回归分析	年龄因素、务农为主因素、可接受培训时间、培训内容对农民的帮助程度、农民对培训的满意度
	霍生平	相关分析、回归分析	显性知识转移和人际信息交流、编码知识通俗化解码和隐性知识显性化、农民环境福利需求的激活、农民生态社会责任意识的唤起、农业技术经济效应的诱导
八因素说	彭希林	TN 法、Dematel 方法	农村人口数量、经营规模和农民人均纯收入、户籍制度、农村剩余劳动力、农民思想意识、政府教育培训投入、国家宏观经济政策、农民公共产品投入与农民国民待遇

---

① 翁标:《福建创业型农民培养研究》,硕士学位论文,福建农林大学,2009 年。
② 马婧婧:《知识型农民成长因素分析及培养机制研究》,硕士学位论文,吉林大学,2005 年。

由表 1 - 1 可见，影响农民培养的因素从外部可分为经济发展和社会政策两大类别。例如，人才开发政策、非涉农产业经济发展水平、农业经济收益、农业技术经济效应等。在社会政策中，户籍改革和农民培训政策是两大主要因素。从内部来看，农民自身因素如年龄、思想意识等方面具有重要影响。

（四）农民培养的实施模式研究

研究发现，农民培养的实施模式多样繁杂，研究者从不同角度加以归纳和区分。石火培等人根据培养主体不同，划分了企业培训、专业机构培训、示范教育和学校教育四种类型；管爱华根据办学方式不同，划分了"学校 + 基地 + 农户""学校 + 公司 + 农户""学校 + 产业协会 + 农户"、远程教育模式、"一校三教"模式。[1] 莫鸣根据新型农民培养对象、培养目标、培养方式、培养体系等方面的不同，区分了政府主导型、市场引导型和学者推动型三种，每种模式包含其他子模式。[2] 张亮区分了政府主导类、政企配合类、市场运作类三种模式。[3] 综合各类研究成果，依据各类机构合作关系进行重新架构和划分，如表 1 - 2 所示。

表 1 - 2　　　　　　　　我国农民培养实施模式分类

模式类别	模式	子模式
政府主导类	政学农联合	"政府 + 学校 + 农民"模式、"政府 + 学校（学习媒体平台）+ 农民"模式、"政府 + 学校（专家）+ 农民"模式、综合模式
政府与产业配合类	政产农联合	"政府 + 企业 + 农民"模式、"政府 + 培训机构 + 农民"模式、"政府 + 农业科技园区 + 农民"模式、综合模式
	政产学农联合	"政府 + 企业 + 学校 + 农民"模式、"政府 + 培训机构 + 学校 + 农民"模式、"政府 + 农业科技园区 + 学校 + 农民"模式、综合模式

[1]　管爱华：《社会主义新农村建设视野中的农民教育模式探析》，《濮阳职业技术学院学报》2007 年第 4 期，第 107—108 页。

[2]　莫鸣：《新型农民培养模式研究》，博士学位论文，湖南农业大学，2009 年。

[3]　张亮：《我国新型农民培训模式研究》，博士学位论文，河北农业大学，2010 年。

续表

模式类别	模式	子模式
产业主导类	产农联合	"企业＋农民""培训机构＋农民""农民专业合作组织＋农民"模式、"企业＋培训机构＋农民"模式、综合模式
	产学农联合	"企业＋学校＋农民"模式、"培训机构＋学校＋农民"模式、"农民专业合作组织＋农民"模式、"农业科技园区＋学校＋农民"模式、综合模式
非政府组织推动类	非政府组织与专家、其他机构联合	"乡村建设"模式、参与式培训模式、综合模式

表1－2中的"综合模式"是指该类别中混合的子模式。例如，在"政产农联合"模式的子模式中，还有"政府＋企业＋培训机构＋农民"或"政府＋培训机构＋农业科技园区＋农民"子模式等。

在政府主导类中，政府与学校共同完成农民培养活动。学校包括中小学、职业中学、技工学校、职业技术学院和高等院校等各层次不同的教育机构。新近出现具有创新性的模式是各级广播电视大学和远程教育机构支持和参与的远程教育模式。例如，浙江广播电视大学开展的"一村一名大学生计划"和"农民大学生培养项目"，各级政府和部门按照学员类别给予不同程度的经费资助，学校负责课程教学设计、实施、评估。①

在政府与产业配合类中，政府与产业机构共同提供农民培训服务。从国家政府层面来看，主要有"绿色证书"工程、"新型农民创业培植工程""农村富余劳动力转移就业培训工程"等。从地方政府层面来看，主要案例有福建省永定、德化、沙县三大区域的创业型农民培养行动。三个县的县政府发挥服务职能，依据本土产业优势制定和出台一系列支持性政策措施，联合行业工会、县农业培训办公室或创建农民培训基地，

---

① 王正东：《基于数字化学习的农民大学生培养模式研究》，《现代远距离教育》2010年第2期，第19—23页。

充分发挥农村资源优势，大力发展农业特色产业，通过农村产业发展带动农民创业。① 在建构政府、产业、学校多方互动关系，共同推进农民培养活动方面，新近出现具有创新性的模式是苏州农业职业技术学院创立的"五位一体"新生代农民培养模式。② 苏州农业职业技术学院依托现代农业校企（园区）合作联盟，实施专业链对接产业链工程，推进"五位一体"（人才共育、科技服务、人员互聘、岗位实践、就业创业），实现农业职业教育与新生代农民培养的无缝对接。

在产业主导类别中，产业发挥主导作用，联合其他机构开展农民培养项目或计划。在这方面表现较为突出的是河北定兴县案例。该县通过龙头企业来实现对农民的培训，促进农民的增收和龙头企业的发展。③ 另有研究者基于河北省 4 市 80 个村庄的调查提出"农业高校＋农业科技园区＋农民回乡创业"的培养模式。④ 该模式培养周期为两年，农业高校学习理论知识和农业科技园区做实验各分配半年时间，回乡创业一年并以创业项目作为毕业条件，最后由农业高校颁发相当于大专水平的结业证书。

最后一类是由非政府组织发挥主导作用。例如，中华职教社启动实施的"温暖工程"。另外，著名学者推动乡村变革，形成具有特色的农民培养模式。例如，我国学者温铁军建立的"乡村建设"模式。另外，一些国际性援助机构采用参与式培训模式开展农民培养活动。

（五）农民培养的运作机制研究

从宏观层面来看，农民培养的运作机制包括政府、市场、农民三大主体之间的互动，政策、土地、信息、资金等要素的整合与协同。吴易雄认为，农民运作机制可总结为"政府推动、部门联动、政策促动、市

① 翁标：《福建创业型农民培养研究》，硕士学位论文，福建农林大学，2009 年。

② 徐向明、尤伟忠、时忠明、束剑华、何钢、夏红、秦建国、肖海明、周军、袁卫明：《创建合作联盟培养新生代农民的探索与实践》，《中国职业技术教育》2015 年第 17 期，第 92—95、112 页。

③ 张亮：《我国新型农民培训模式研究》，博士学位论文，河北农业大学，2010 年。

④ 董淑湛、贾丽凤、赵鹏睿：《构建"三位一体"的新型农民培养模式研究——基于河北省 4 市 80 个村庄的调查》，《安徽农业科学》2012 年第 12 期，第 7542—7543、7546 页。

场带动、农民主动"的"五轮驱动"机制。[①] 从各要素角度出发，可细分为"项目支持机制、技术服务机制、信息服务机制、土地规模经营机制、财政支持机制、金融服务机制"[②]。从微观层面来看，农民培训包括动力机制、运行机制、保障机制、调节机制和评估机制五大机制。[③] 其中，培训动力机制包括导向、政策支持、改革创新、可持续发展机制；运行机制主要包含目标导引机制、过程控制、科学纠偏、优化协同，四个主要机制的运作构成了农民培训循环运行模式；农民培训保障机制包括思想、制度、组织、物质、环境和资金等方面，作为搭建培训基础管理平台的关键；调节机制包括信息反馈机制、激励约束机制、联席会议机制。

综合上述内容，可形成我国农民培养研究成果主题与结构（见图1-4）：

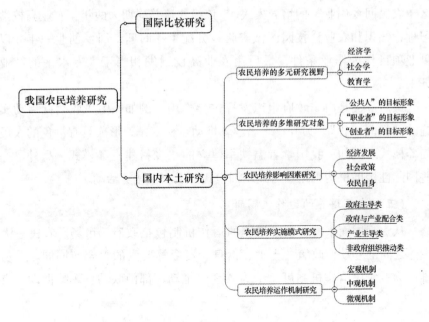

图1-4　我国农民培养研究成果主题与结构

---

① 吴易雄：《城镇化进程中新生代农民培养的困境与突破》，《职业技术教育》2014年第28期，第70—75页。

② 吴易雄：《新生代农民培养机制体制建设的研究》，《中国职业技术教育》2014年第36期，第47—51页。

③ 郝婷：《农民培训长效机制研究》，博士学位论文，西北农林大学，2012年。

四 我国农民培养研究存在的问题

综观国内关于农民培养研究，目前存在以下问题。

（一）研究视野局限于所在学科，还需以跨学科方式开展研究

我国农民培养研究视野主要集中于经济学、社会学、教育学，且集中于农业经济学科。究其原因，首先在于政策环境偏向支持经济学视野的农民培养研究。从 2003 年至 2015 年，中共中央、国务院颁布关于"三农"问题的 1 号文件，增加农民收入始终是不变的主题，作为各项政策的中心任务和基本目标。其次，农业经济学科的研究者极力主张把经济目的作为新型农民培养的首要和基础的目的，"把新型农民培养相关研究主要集中到经济学研究范畴中"[1]。但是，提升农民经济收入需要相应路径。舒尔茨指出，通过教育可以提高人的知识和技能，从而增加个人收入。这意味着，要同时从教育学与经济学两方面切入，才能更清楚地阐明提高农民生产能力的方式问题。另外，在我国工业化、城镇化、农业现代化背景下，农民素质是新农村建设的重要因素，是农村社会治理、城乡一体化建设的重要问题。这也意味着，农民培养研究具有交叉学科性质，要同时从教育学与社会学，或从管理学、政治学、人类学等学科视野切入，才能更全面地探讨培养农民公民意识与行为的方式问题。

综观当前农民培养研究，各学科之间研究成果共享不足。例如，在国际比较研究中，多数经济学和社会学视野的农民培养研究笼统介绍国外经验，参考文献雷同现象严重，直接引用外文文献的研究成果较少。很少有研究者在"创业型农民"培养研究中引用现有的创业教育研究成果，更鲜有研究者意识到农业科研的重要性，把"研究"作为农民培养的重要变量，大力引入和探索产学研、政产学研等模式。在培养过程与方法上，多数经济学和社会学视野的研究未能利用和吸收课程开发、教学方法、学习环境设计、学习评价等大量成熟可用的研究成果。反之，教育学视野的研究往往也局限于农民职业教育，未把产业结构、市场因素、社会需求作为重要变量纳入研究中。因此，农民培养研究需要以跨

---

① 刘纯阳：《新型农民培养——一个理论分析框架》，《湖南社会科学》2008 年第 6 期，第 113—116 页。

学科的方式开展，借此拓展研究者视野，建立市场需求（经济产业结构）、社会建设与人才培养之间的关联，夯实农民培养研究基础。

同时也可以发现，在经济学学科框架下所关注的农民培养核心问题，即宏观层面培训资源配置与微观层面农民个人收益和利益最大化两大问题涉及多方面的因素，需要借助其他学科知识和研究成果开展研究，从而获得系统性和整体性认识。比如，在资源配置中，涉及人从哪里来（"谁"可以培养农民）、地从哪里来（"哪些机构和场所"培养农民）、钱从哪里来（农民培养经费由何处筹集）、事情怎么办（农民培养具有哪些模式、机制、策略）等问题。农民个人收益增加包括显性方面的收入增加，以及隐性的职业和事业发展、文化素质提高等。针对不同维度和要素配置构成的问题域，可以采用跨学科方式研究以提供问题解决方案。例如，引入教育学中最新的创业教育研究成果，大力探索农民产学研、政产学研等模式，把产业结构、市场因素、社会需求作为重要变量纳入研究中，进一步厘清农民的经济收益、职业收入与培养培训方式的关系，为相关政策制定提供可靠的研究结论和依据。在培养成效方面，利用课程开发、教学方法、学习环境设计、学习评价等成熟可用的研究成果，进一步探索农民生产技能水平、人力资本积累及其收益水平的关系，由此形成有效的课程与教学培训体系。针对农民公民意识与行为方式问题，从管理学学科视野出发研究我国农村社会治理、城乡一体化建设背景下农民参与社会治理的观念与技能培养问题，探索农民文化素质提升的有效策略。

（二）研究方法多用思辨和实证，还需采用其他范式的研究方法

多数农民培养研究采用思辨探讨的方法，遵循问题—对策的研究逻辑，倾向于以"实践理性"总结相关经验、提出意见和建议。另有一些研究者遵循经济学研究范式，在博士学位论文中采用实证方法开展研究，进行数理统计分析和论证，为研究提供可信有效的证据。但其中也存在一些问题。比如，问卷调查并不能全面反映农民想法的复杂性及其潜在需求，未能揭示农民参与培养活动的动机深层原因等。因此，农民培养研究需要采用其他范式的研究方法。例如，研究者运用质性研究方法，在自然情境中对农民进行访谈和收集资料，在研究过程中与农民反复互

动，以生成性理解把握农民的意义建构，从而跳脱对农民"经济理性人"等单方面假设，扭转以往"忽视农民的内在要求、心理变化和学习要领，只把农民当作被动的'受体'"① 的局面。

实际上，已有研究者意识到这些问题并做了初步尝试。例如，莫鸣从村支书视角和村民视角出发，调查农民培养愿望、对政府免费培训项目的评价。假如研究能向前推进一步，在实地研究中收集"村支书"和"村民"的语料，对语料进行分类、归纳来揭示培养活动的多元性、地方性、整体性，探讨培养活动对于农民的经济、社会、文化等多方面的复杂个人经验，将可能促进研究者反思自身的研究"先有偏见"，反思研究对农民带来的"影响"，可以更深入地探讨现实情境中农民培养的可能方向。

（三）研究对象以理想构型为主，还需考虑农民的主体自我认知

随着我国城镇化进程推进，农村出现农户兼业化、村庄空心化、人口老龄化现象，"谁来种地"成为重要问题。这一问题在农民培养研究中转变为"谁来当新生代农民？"或"谁是培养对象？"的问题。为解决这一问题，研究者依据不同的标准划分传统农民和新型农民，体现了研究者主观建构的"理想类型"。依据韦伯的观点，理想类型存在于人的观念中，它没有概括也不力图概括现实事物的所有特征，只是为了研究目的单向概括了事物的一组或某种特征。② 在这些"理想类型"的边界和缝隙地带，往往存在模糊不清且值得探讨的问题，如"兼业农民"的认定与归属。

兼业农民是指依然种田的农民群体，但农闲时节会从事非农务工，以小规模的农户家庭经营形式进行农业生产。朱启臻认为"兼业农民往往对种地收入抱着可有可无的态度，影响了农业的产品贡献。因此新生代农民不应该包括'兼业型农民'"③。另外，陈胜祥认为，如果"兼业

---

① 李水山：《我国新农村新农民培养目标与模式研究》，《教育与职业》2009 年第 2 期，第 8—10 页。

② 周晓虹：《理论的邂逅社会学与社会心理学的路径》，北京大学出版社 2014 年版，第 36 页。

③ 朱启臻：《新生代农民与家庭农场》，《中国农业大学学报》（社会科学版）2013 年第 30 卷第 2 期，第 157—159 页。

农民"不算新生代农民，也就意味迟早要消灭他们，那么必然导致现代化的规模农业企业面临无"农户"可"加"的境况。① 因此，不能以其经营农业规模大小来定义他们是不是新生代农民。

解决上述争议的有效策略可能是摆脱研究者内部探讨的限制，从农民的主体认知、身份认同出发寻找答案。在这一策略导向下，研究要深入到农民群体中，探讨其对自身的处境、身份、生存方式究竟是出于外界制度环境的导向或限制还是自由选择，是属于"自愿类型"还是"非情愿类型"。唯有如此，研究者才能避免"一厢情愿"地把"专业大户和返乡农民工作为新生代农民培育的主要对象"，才能明确"未来谁会成为农业生产者"，也才能为农业的可持续发展寻求可靠的后备力量。

（四）研究内容停留在表面探讨，还需进行专业的深度研究

农民培养研究在内容方面体现了"大而全"的倾向。研究者往往全盘考虑农民培养研究涉及的各种复杂因素，提出政策制定、培养体系、保障措施等方方面面的建议。所谓的"对策"过于宏观且接近于常识，论证过程不仅缺乏必要的理论阐明和论述，也缺乏实证数据支撑和论证，最终只能"蜻蜓点水"式地泛泛而谈。

农民培养研究的专业性有待加强。例如，在农民培养的国际比较研究中，虽然对模式及其国家具体情况之间的适应性做了透彻分析，但多数研究并未对我国某省市或某地的适用条件和范围进行详尽分析，缺乏与本土解决方案、对策之间的对接和关联性说明，不免有"照搬照套"之嫌。在农民培养的影响因素研究中，不少研究者提出要制定农民培养的政策保障措施，但鲜有研究者使用相关理论工具深入分析农民培养的政策问题聚焦、政策议程设置、政策议题探讨、政策议案形成、政策最终颁布的全过程，厘清和解答农民培养政策的相关问题。在农民培养的模式和机制研究中，不少研究者总结了多种培养模式和机制，但鲜有研究针对模式和机制的普遍适用性开展进一步的实验或准实验研究。这方面还需研究者对各种培养模式的成效进行对比分析②，提升模式的理论性

① 陈胜祥、刘雅晶：《阐释"新生代农民培育"需谨防若干偏见》，《职教论坛》2014 年第 1 期，第 53—56 页。

② 李伟：《新生代农民培育问题研究》，西南财经大学，2014 年。

水平，并在此基础上建构科学的农民培养模式评价体系。笔者认为，农民培养研究可聚焦"培养价值""培养目的""培养路径""培养成效评估"四部分，从中深挖具有公共性的问题，以"小题大做"的方式探索和推进对农民培养的认识与实践。

　　注：本文的核心观点发表在《浙江社会科学》2016年第9期；人大复印报刊资料《成人教育学刊》2017年第3期。

案例1—1
丽水农民学院

　　丽水农民学院的创建过程体现了创新驱动发展的理念。新的历史发展时期，面对转变农村经济发展方式、建设幸福家园和美丽乡村的时代新任务，浙江省委、省政府提出全面实施"千万农民素质提升工程"。为了响应上级号召，加强丽水市农村实用人才队伍建设和新生代农民培育，促进农业产业转型升级，实现"绿色崛起、科学跨越"，2012年4月26日，由丽水市委人才工作领导小组牵头，市农办、市人力社保局、市教育局、市农业局、丽水职业技术学院联合创建丽水农民学院。

　　丽水农民学院秉承服务社会、引领"三农"的办学宗旨，围绕丽水市农业主导产业、特色产业和优势产业，相继开辟了超市经营创业、农产品经纪人、来料加工、农家乐经营管理、农家乐乡土导游、营林技师、庄稼医生、农村电子商务、农产品营销、村两委领导干部农村实用技术、各类农业生产实用技术、家庭农场主、"双元制"农民大学生学历教育等30多个系列的培训项目，在全市范围内构建起以"丽水农师"为首的"1＋X"农村实用人才品牌体系，创新"技能＋学历＋创业"培养模式，培育新生代农民。助推农业增效、农村美丽、农民增收，为打造富饶秀美、和谐安康的"秀山丽水、养生福地、长寿之乡"做出积极贡献。

　　丽水农民学院积极开展理论研究，总结培训成果，向国家商标局申请注册丽水"农超培训"商标。相继承担农业部委托课题"新生代农民教育培训机制探讨"浙江组的专项研究，浙江省社科联重点课题"构建浙江省新生代农民培训体系的路径研究"。项目组成员参与的"构建'专业—基地—农户'教学平台，培养创业型新农民"被评为浙江省教学成果一等奖、第六届高等教育国家级教学成果二等奖。

丽水农民学院以践行"丽水之赞"，服务乡村振兴为宗旨，以开发农村人力资源、培养农村实用人才、提升农民综合素质为使命，优化工作机制，创新培训形式，深化项目内涵，拓展服务内容，构建培训专业体系，推动培训管理标准化，成为全国有影响力的市级农民教育培训服务示范平台，为丽水"两山"转化提供了强有力的智力支撑和人才保障。

（一）主要背景

2011年，浙江省将"千万农村劳动力素质培训工程"提升为"千万农民素质提升工程"，提出要面向全体农民，培养农村实用人才的新要求。传统的农民培训，政府部门各搞各的，农民参加完这个培训参加另一个培训。政府要数据，农民忙培训。培训内容、组织方式、工作方法面临新挑战。如何把培训做实、做到位，建立完善的培训工作体系，成为农民培训的新课题。

2012年，丽水市委市政府提出"绿色崛起、科学跨域"战略总要求，大力发展"两山"经济。农旅融合、精品民宿、农村电商、生态农业、乡村春晚……在打开"两山"转化通道的进程中，丽水急需一大批活跃在农村主战场，懂技术、会经营、善管理的实用人才。丽水农民学院应运势而生。

（二）具体做法

1. 夯实办学基础，优化办学模式

健全运行机制。在探索中形成"市场导向、党政主导、学院运作、部门共建、各界支持、农民受益"的工作推进机制和运行模式。培训资金由市财政把关，培训项目由市农办统一管理，培训主题和具体内容由业务主管部门和丽水农民学院共同确定，并由丽水农民学院委托丽水职业技术学院继续教育学院具体组织实施，市农办和项目主办部门共同监管。

完善资源配置。构建起开放型教育资源为主体、农业产业首席专家（顾问）制度为支撑、专家教授为核心、丽水职业技术学院教学管理和市、县（市、区）农村实用人才示范实训基地、成技校、农广校为基础的教育培训资源优化配置机制。

搭建培训架构。采用"市级农民学院＋县级农民学校＋实训基地"模式，形成纵向连接市、县（市、区）、乡镇（街道）、企业（村）等四级培训网络，横向覆盖有关条块部门的农民教育培训组织架构。

丰富培训模式。健全长期与短期结合、本地与异地结合、集中与分散结合、学历与考证结合的农村实用人才培训体系。

2. 坚持项目引领，实现特色发展

精准对接需求，科学设计项目。学院以促进乡村人才振兴为目标，围绕"产业振兴、文化振兴、生态振兴和组织振兴"，深入调研，围绕基层需求和丽水特色，精心设计，推出乡村党建与基层治理系列、新型农业创业主体系列、农业产业提升系列、基层农技人员系列、农家乐民宿系列、农村电商系列、乡村春晚系列、农村教师系列、乡村非物质文化遗产系列、农村超市创业等10余个系列、115项培训项目，并定期动态调整，形成较为全面的培训菜单。

抓好示范项目，开展特色培训。学院在抓好常规培训同时，重点研发了一批具有丽水特色、系统规划的示范特色项目，助推行业发展。农家乐民宿系列培训，包括民宿创客、民宿管家、乡土导游、丽水山味四个项目，实现民宿"创、管、说"一体化，让"养在深山人未识"的绿水青山孕育出农民增收的"摇钱树"。乡村春晚4个100人才系列培训，培育了一批"会讲、会教、会组织、会导演、会主持"的乡村文化建设"五会"人才，掀起了丽水乡村春晚"千村竞秀春满园"的火爆热潮。

打造领军项目，促进培训升级。以乡村振兴领军人才高级研修班、农业硕士学历班、会计领军人才服务乡村振兴专项行动等领军项目为引领，促进从"培训"到"培育"的升级探索。领军项目，采用笔试、面试方式选拔，2.5－3年为一周期，分段学习、农学交替。领军项目学员想学、能学，培训内容坚持目标驱动、问题导向，培训形式采用课堂面授、圆桌论坛、标杆考察、外地游学、拓展训练和创业孵化相结合，有利于更系统全面培育人才。

3. 打通培训服务链，实现研训赛一体

加强前端研究。主要加强培训项目研究，推出年度重点培训领域研究项目，针对乡村人才培训的重点领域、新领域，开展培训需求调研和课程开发，提升培训项目的针对性和有效性。

提升后端服务。为巩固和展示培训效果，策划开展相关比赛和活动。举办乡村春晚农民原创诗歌朗诵会、"民宿与阅读"民宿业主沙龙、"丽水山居与山村振兴"创新发展论坛等活动，有效促进了学界与业界的深度交融，为丽水乡村振兴和"丽水山居"品牌塑造，带来了新思想、新理念和新启示。结合培训实际，与市、县农办合作，先后开展"丽水山居"民宿管家技能大赛、工匠传统泥瓦技艺大赛、丽水山居乡村旅游线路产品设计大赛等竞赛。通过资源整合，实现赛训一体，选手即学员，赛项变训项，先训再赛，以赛促训。

4. 加强质量建设，打造培训品牌

质量是培训的生命。丽水农民学院始终把培训质量放在第一位，坚持扩量提质并举，围绕"好课程、好师资、好服务"的标准要求，多措并举，致力打造乡村人才培训品牌。

加强师资建设。组建丽水市乡村振兴专家团，探索尝试金牌讲师实施经纪人管理模式，每年举办两期农民培训师资培训班，重拳打造丽水农民学院金牌讲师团队。

加强质量管理。设立品牌与质控专员，专人负责培训质量管理和品牌策划。引入学校教学督导力量，实现培训推门听课；购买"问卷星"培训质量评估系统，推进"培训班期期有评估数据，培训项目个个有质控报告"；

实施标准化建设。实施培训服务标准化建设，编写培训服务操作手册和质量标准。推进培训品牌内涵建设，实施品牌 CIS 导入，设计品牌logo 和应用标准。

（三）主要成效

一是为"两山"经济发展提供了重要人才支撑。丽水农民学院成立以来，累计举办各类培训 1000 余期，培训学员 80000 多人次，为丽水经济社会发展输送了大量的实用人才，为助力丽水"两山"经济的发展提供了重要的人才支撑。

二是为新时代农民培训创新提供了丽水样本。丽水农民学院牢牢扎根丽水大地，积极探索实践，实现了从常规培训向特色培训、从满足农民实用技术培训向满足农民精神文化生活培训的延伸，为新时代做好农民培训工作提供了丽水样本。《构建"专业—基地—农户"教学平台 培养创业型新农民》项目荣获国家优秀教学成果二等奖，《"新型农民学院"的创新机制实践研究》获得国家社科基金项目立项。中国乡村春晚研究院落户学院，《乡村春晚建设管理规范》获文化部认可，并面向全国推广。

三是成为讲好"两山"转化丽水故事的新窗口。立足丽水在"两山"转化方面的实践，围绕古村落建设、农旅融合、美丽乡村建设、丽水山居民宿建设、乡村春晚等主题，把丽水的经验做法转化为培训课程，面向省内外推广。近两年来，培训范围从丽水覆盖全省，并辐射全国，广东清远、广西富川、山西太原、江西抚州、云南红河州等地纷纷组团来丽的培训，累计承担市外培训百余期，成为讲好"两山"转化丽水故事的新窗口。

（四）案例点评

2018 年丽水成为全国首个生态产品价值实现机制改革试点市，丽水农民也迎来了绿水青山转化为金山银山的历史性机遇。丽水农民学院自觉肩负人才培养的重要使命，多渠道发力，全方位攻坚，用创新引领培训事业发展，打造一个有温度有深度有广度、闪耀丽水大地的农民培训品牌，为丽水"两山"转化人才培养立下汗马功劳，成为丽水"两山"转化的"黄埔军校"。

第二节　新兴农民

新兴（新生代）农民正成长为农民的主体力量，该群体的创业素质是加快城乡经济统筹发展和社会技术进步的关键。我们以浙西南新生代农民为样本，运用层次分析法和模糊综合评价法，讨论其发展现状、创业素质、存在的问题，并给出提高创业素质的存养建议，为其成长提供参考和借鉴。

农民创业素质是全面建设小康社会的重要元素。随着农业技术不断进步和农村可耕地的减少，我国农村的剩余劳动力越来越多。如何有效地发挥农村劳动力的创业主体作用，是解决"三农"问题的关键。"大力培育农业新型经营主体，加快推进现代农业发展"是党的十八大提出的新举措，有文化、懂技术、会经营是对新生代农民成为社会主义新农村建设主力军的新要求。在"归零翻篇开新局""大众创业、万众创新"的语境下，讨论新生代农民的创业素质和存养建议特别有意义。

一　概念界定

新生代农民目前学界还没有达成统一概念。"新生代农民"词源于"新生代农民工"。学界共识可有以下分类：按照时间来划分定义，即20世纪八九十年代出生的青年农民工，从时间上划分为"新生代"。按照时间、户籍和流动状态可把"新生代农民"定义为20世纪80—90年代出生，年龄在16岁以上，拥有农村户籍的农村人口（包括流动和留守）。[①]

在此分类基础上，笔者把"新生代农民"（简称"新农民"）界定为：出生于20世纪80—90年代，年龄在16岁以上，具有较高文化素养，受过相关职业教育和培训，具备一定现代意识和经营管理能力，并从事农业生产及相关经营活动的农村青年。本章讨论的新农民创业群体主要是指有一定创业基础、具备一定创业意向的16—35周岁的农民群体，农村生源的高校大学生不在讨论范围。

创业素质有较多的考察维度。国外学者较早开展研究，主要是从能力构成要素和理想心理状态两个维度分析。研究集中在创业者的知、行、意等心理及行为特征。主要包括以下关键词：理想、实干、决心、奉献、果断、热爱、周详、命运、金钱、坚韧及分享[②]，具备主动性和责任感，面对风险和不确定性，能够迅速适应各种变化的环境情况，追求卓越。

---

① 孙泽厚、曾文佳、孙云刚：《新生代农民人力资源能力结构及要素关系实证研究》，《华中农业大学学报》（社会科学版）2012年第5期，第56页。

② 杨中天、孙跃：《大学生创业素质与领导者素质比较分析》，《职业教育研究》2014年第8期，第18—20页。

国内学者对创业素质的研究主要集中在创业意识和能力构成两大方面，从创业心理素质和心理状态分析，认为创业素质包括创造性思维、法律意识、创业情意、个性、品德、心理素质等方面。[①]

笔者认为，创业素质是指创业主体为了收获利润和进一步持续发展，需要承担风险的开拓性活动的一种适应能力。它体现的是一种创新、实践能力。笔者讨论的新农民创业素质是指新农民在农业生产经营中创立新事业开拓新领域的实践活动能力。

二　新生代农民创业素质构成

在借鉴"人口素质指数"和"冰山模型"理论以及前期调研数据统计分析的基础上，笔者根据研究对象的特征，考察分析新生代农民的生活、就业、健康、专业技能、培训需求、心理等方面的指标。笔者拟建立新生代农民创业素质分析的一级素质指标为：身体素质特征（T_1）、专业技能特征（T_2）、职业需求特征（T_3）、经营管理特征（T_4）、心理因素特征（T_5）。

（一）身体素质特征

身体健康状况直接关系到个人的职业发展及国家或社会的经济建设，新农民作为社会主义新农村建设的重要组成部分，他们的健康状况必定引起广泛关注。相对于传统农民工和城市劳动者而言，新农民工作时长和劳动强度以及饮食卫生条件都存在较大的差异。因此笔者筛选 3 个指标进行描述。

（1）T_{11}：日均工作时长。平均每日工作时间长度，工作时间长短影响着身体健康状况。

（2）T_{12}：人均健康保健支出。这个指标可以衡量对健康状况的重视程度。

（3）T_{13}：人均营养支出。此项指标关系着人体的营养平衡状况。

（二）专业技能特征

个人专业技能水平的高低直接决定着他所从事的职业高度，也在很

---

① 秦虹：《创业精神与创业技能的结构构成分析》，《职教通讯》2002 年第 10 期，第 42—44 页。

大程度上影响着一个人的生活品质，专业技能是新农民创业所要考虑的重要因素。这里的专业技能不仅包括个体文化程度，还包括个体从事行业的专业技术能力、研究创新能力以及信息收集能力。具体描述如下：

（1）T_{21}：受教育程度。文化程度决定其在创业过程中是否拥有扎实的理论基础和广阔的视野及良好的辨析能力。

（2）T_{22}：专业技术能力。指在具备一定的专业知识基础上，掌握基本专业技能，达到工作岗位胜任力。该指标决定了在职业发展中的深远程度。

（3）T_{23}：研究创新能力。指在特定环境中，应用和利用现有各种技术知识、物资条件，改进或创造新事物，获得一定的有利于社会发展需求能力。该指标描述在创业发展中所处的高度。

（4）T_{24}：信息搜集能力。指对某专业问题有着强烈的求知意向和愿望，能从多渠道理解、获取、利用该领域涉及的信息能力。

（三）职业需求特征

人类社会出现了社会分工，就有职业需求。新农民在创业过程中对所从事某种职业存在着渴求和欲望，这是一种高于普通劳动就业的欲求，是具有强烈的自我价值实现的社会性职业需求，成为新农民创业行为积极性和主动性的源泉。笔者把新农民创业的职业需求特征分为三个指标。

（1）T_{31}：系统思考能力。指根据现有的资料，综观全局，把市场作为认知的系统，并掌握重点与核心，对市场变化可能发生的结果做出预测的能力。新农民在创业过程中，面对错综复杂的市场环境，该能力在如何辨析利弊上起着决定作用。

（2）T_{32}：市场响应能力。指根据市场需求变化，准确把握市场需求变化规律，预测到市场将对经营产生的实际影响，并敏锐地捕捉商机，适时做出行动响应的能力。这是新农民根据市场变化捕捉商机的能力指标。

（3）T_{33}：变化适应能力。指为了更好地适应现代农业发展变化，新农民应具备社交能力、团队合作、人际关系等诸多方面的能力。这是一项适应市场变化的综合能力的素质体现。

（四）经营管理特征

新农民在创业过程中，通过决策、计划、组织、控制、协调等管理手段发现并解决经营管理中存在的问题。此项特征包括以下几点。

（1）T_{41}：战略决策能力。指新农民在洞悉行业机会、竞争格局、企业能力等环境特征情况下，对有关企业全局性、长远性、战略性的重大决策问题做出有利于企业发展的决策。

（2）T_{42}：组织协调能力。指新农民为实现企业既定目标，控制、协调、激励、配合与融合企业各项活动资源的能力。

（3）T_{43}：计划与控制。指新农民根据企业发展的内外环境变化，设定企业未来一定时期内要达到的目标和途径，并运用一定的机制和手段，达到预定目标。

（五）心理因素特征

新农民在创业过程中，条件艰苦，劳动强度大，艰辛的创业环境冲击着他们的性格、情绪、认知能力及意志品质，也直接影响着创业经营发展的稳定程度。新农民心理素质指标构成如下：

（1）T_{51}：自信力。指新农民自信和开朗地对待人生，面对未来可能遭遇的困境和危难，保持积极乐观的心态，发愤图强，并激发出战胜困境的决心和勇气。

（2）T_{52}：心理自控力。指新农民能够克服年轻气盛、心理脆弱的弱点，理性自觉地控制自己思想感情和行为举止的能力。新农民的自控力是反映其心理素质成熟稳定的重要判断标准，也是创业成功的关键因素。

（3）T_{53}：逆商力。指新农民在面对外界压力下处理事务的能力。新农民在创业过程中面对环境复杂，工作强度大，缺乏人情味，而且还要承受创业失败的压力，挫折感、孤独感不断增大，只有具备较强的抗压能力才能提高创业成功率。

三　资料来源与样本分析

（一）资料来源

为了深入了解新农民创业素质的现状，并分析研究其创业素质的构成及影响因素，本节展开了对新农民创业素质现状的调研。本次"新生代农民创业素质调查"采取抽样问卷调查方式，调查主要对象为16—35岁的青年农民。调查内容主要涉及被调查样本个人及家庭基本情况、健康状况、专业技能状况、培训意愿、自我认知及心理状况五大类。问题包括人均工作时长、受教育程度、专业技术能力、市场响应能力、战略决策能力、组织协调能力、情绪控制能力、抗压能力等。

为了使所选样本具有代表性，本次调研对丽水农民学院 2015 年 1 月 1 日至 2016 年 1 月 1 日期间培训的新农民做取样调查。该样本含来自浙江省各地来丽水培训的新农民，具有典型性。浙江是我国民营经济发达省份，丽水又是浙江省农业大市，笔者特别加选几个县的行政村。如"云和师傅"活跃的具有代表性样本地区，农民创业积极性较高，产业化农业企业较多。共发放问卷 580 份，回收 562 份，排除不符合要求的无效问卷 28 份，回收率达 92%，为调查研究获得了第一手资料。

（二）样本分析

对新农民创业素质评价指标初步设计为两层：一级素质层（具体指标内容见上文 T_1—T_5）；二级素质层（具体指标内容见上文 T_{11}—T_{53}），通过层次分析法确定各指标权重，并请专家在调研分析的基础上进行打分，对构建的新农民的创业素质指标体系进行分析，试图达到新农民工素质分析客观化和科学化的目标。

为了达到指标的客观性和均衡性，笔者共选择 7 位专家进行打分，他们的研究领域涉及农民工职业教育、农村劳动力转移等方面内容。专家打分结果加权平均构造为判断矩阵，以 A 表示。

$$A = \begin{bmatrix} 1 & 2 & 7 & 5 & 5 \\ \dfrac{1}{2} & 1 & 4 & 3 & 3 \\ \dfrac{1}{7} & \dfrac{1}{4} & 1 & \dfrac{1}{2} & \dfrac{1}{3} \\ \dfrac{1}{5} & \dfrac{1}{3} & 2 & 1 & 1 \\ \dfrac{1}{5} & \dfrac{1}{3} & 3 & 1 & 1 \end{bmatrix}$$

同理得到二级素质评价指标 5 个判断矩阵 B_1、B_2、B_3、B_4、B_5，如下所示：

$$B_1 = \begin{bmatrix} 1 & 3 & 2 \\ \frac{1}{3} & 1 & \frac{2}{3} \\ \frac{1}{2} & \frac{3}{2} & 1 \end{bmatrix}; \quad B_2 = \begin{bmatrix} 1 & 2 & 4 & 3 \\ \frac{1}{2} & 1 & \frac{1}{2} & \frac{2}{3} \\ \frac{1}{4} & 2 & 1 & \frac{4}{3} \\ \frac{1}{3} & \frac{3}{2} & \frac{3}{4} & 1 \end{bmatrix}; \quad B_3 = \begin{bmatrix} 1 & 3 & 4 \\ \frac{1}{3} & 1 & 1 \\ \frac{1}{4} & 1 & 1 \end{bmatrix};$$

$$B_4 = \begin{bmatrix} 1 & \frac{1}{3} & \frac{1}{2} \\ 3 & 1 & 7 \\ 2 & \frac{1}{7} & 1 \end{bmatrix}; \quad B_5 = \begin{bmatrix} 1 & \frac{3}{2} & 2 \\ \frac{2}{3} & 1 & \frac{3}{2} \\ \frac{1}{2} & \frac{2}{3} & 1 \end{bmatrix}$$

利用 MATLAB 7.0 计算，得到矩阵的特征值和特征向量，根据最大特征根 λ，对上述判断矩阵进行一致性检验。

将判断矩阵 A 中每列元素正规化处理后得到矩阵 A_1：

$$A_1 = \begin{bmatrix} 0.4895 & 0.5106 & 0.4118 & 0.4762 & 0.4839 \\ 0.2448 & 0.2553 & 0.2353 & 0.2857 & 0.2903 \\ 0.0699 & 0.0638 & 0.0588 & 0.0476 & 0.0322 \\ 0.0979 & 0.0851 & 0.1176 & 0.0952 & 0.0968 \\ 0.0979 & 0.0851 & 0.1765 & 0.0952 & 0.0968 \end{bmatrix}, \quad 将 A_1 作正规化$$

处理得向量 $W = [0.4746 \quad 0.2631 \quad 0.0548 \quad 0.0987 \quad 0.1101]^T$

由最大特征根公式 $\lambda_{max} = \frac{1}{n} \sum_{i=1}^{n} \frac{(AW_i)}{W_i}$，得 $\lambda_{max} = 5.0729$。根据一致性指标公式 $C_1 = \frac{\lambda_{max} - n}{n-1}$，其中 $n = 5$，$\lambda_{max} = 5.0729$，则得 $C_1 = 0.018$。而阶数为 N 的判断矩阵平均随机致性指标 RI，当阶数 N = 5 时，$RI = 1.12$，查表得 $CR = \frac{CR}{RI} = \frac{0.018}{1.12} = 0.016 < 0.10$，表明矩阵的一致性是可以接受的，则 W 可为权向量。结果表明，新生代农民创业素质由强到弱程度依次是身体素质、专业技能特征、心理因素特征、经营管理特征和职业需求特征。同理，得二级评价指标 5 个判断矩阵 B_1、B_2、B_3、B_4、B_5 如下：

$$B_1 = \begin{bmatrix} 1 & 3 & 2 \\ \dfrac{1}{3} & 1 & \dfrac{2}{3} \\ \dfrac{1}{2} & \dfrac{3}{2} & 1 \end{bmatrix} \quad B_2 = \begin{bmatrix} 1 & 2 & 4 & 3 \\ \dfrac{1}{2} & 1 & \dfrac{1}{2} & \dfrac{2}{3} \\ \dfrac{1}{4} & 2 & 1 & \dfrac{4}{3} \\ \dfrac{1}{3} & \dfrac{3}{2} & \dfrac{3}{4} & 1 \end{bmatrix} \quad B_3 = \begin{bmatrix} 1 & 3 & 4 \\ \dfrac{1}{3} & 1 & 1 \\ \dfrac{1}{4} & 1 & 1 \end{bmatrix}$$

$$B_4 = \begin{bmatrix} 1 & \dfrac{1}{3} & \dfrac{1}{2} \\ 3 & 1 & 7 \\ 2 & \dfrac{1}{7} & 1 \end{bmatrix} \quad B_5 = \begin{bmatrix} 1 & \dfrac{3}{2} & 2 \\ \dfrac{2}{3} & 1 & \dfrac{3}{2} \\ \dfrac{1}{2} & \dfrac{2}{3} & 1 \end{bmatrix}$$

将判断矩阵每列正规化处理后，得到各自的权向量，具体如下：

$W_1 = \begin{bmatrix} 0.3781 & 0.3252 & 0.2968 \end{bmatrix}^T$；$W_2 = \begin{bmatrix} 0.4818 & 0.1465 & 0.02019 & 0.1696 \end{bmatrix}^T$

$W_3 = \begin{bmatrix} 0.5457 & 0.1815 & 0.2729 \end{bmatrix}^T$；$W_4 = \begin{bmatrix} 0.6335 & 0.1916 & 0.1739 \end{bmatrix}^T$

$W_5 = \begin{bmatrix} 0.2352 & 0.1621 & 0.4958 \end{bmatrix}^T$

新农民创业素质指标体系及相应权重见表1-3。

表1-3　　　　　　　　　新农民创业素质指标体系及权重

一级指标	权重	二级指标	权重
身体素质特征（T_1）	0.4746	日均工作时长（T_{11}）	0.3781
		人均健康保健支出（T_{12}）	0.3252
		人均营养支出（T_{13}）	0.2968
专业技能特征（T_2）	0.2631	受教育程度（T_{21}）	0.4818
		专业技术能力（T_{22}）	0.1465
		研究创新能力（T_{23}）	0.2019
		信息搜集能力（T_{24}）	0.1696
经营管理特征（T_3）	0.0548	系统思考能力（T_{31}）	0.5457
		市场响应能力（T_{32}）	0.1815
		变化适应能力（T_{33}）	0.2729

续表

一级指标	权重	二级指标	权重
职业需求特征（T_4）	0.0987	战略决策能力（T_{41}）	0.6335
		组织协调能力（T_{42}）	0.1916
		计划与控制（T_{43}）	0.1739
心理因素特征（T_5）	0.1101	自信力（T_{51}）	0.2352
		心理自控力（T_{52}）	0.1621
		逆商力（T_{53}）	0.4958

再设定模糊评价等级 $M = Mi = $｛优秀，良好，合格，不合格｝ = (1.0, 0.75, 0.50, 0.25)。课题组邀请了 10 位评审专家，依据收集调查资料，对丽水地区的新农民素质进行因素评判，通过整理、统计，形成以下专家打分评价结果（以身体素质特征为例），见矩阵：

$T_{11} = \begin{bmatrix} 1 & 5 & 3 & 1 \end{bmatrix}$,

$T_{12} = \begin{bmatrix} 1 & 3 & 4 & 2 \end{bmatrix}$,

$T_{13} = \begin{bmatrix} 1 & 4 & 4 & 1 \end{bmatrix}$,

计算各评价尺度的隶属度：

$r_{11}^1 = 1/10 = 0.1$，$r_{12}^1 = 5/10 = 0.5$，$r_{13}^1 = 3/10 = 0.3$，$r_{14}^1 = 1/10 = 0.1$，

同理，求得：

$$R_1 = \begin{bmatrix} 0.1 & 0.5 & 0.3 & 0.1 \\ 0.1 & 0.3 & 0.4 & 0.2 \\ 0.1 & 0.4 & 0.4 & 0.1 \end{bmatrix}, \quad R_2 = \begin{bmatrix} 0.2 & 0.3 & 0.3 & 0.2 \\ 0.1 & 0.2 & 0.2 & 0.5 \\ 0.1 & 0.1 & 0.3 & 0.5 \\ 0.1 & 0.3 & 0.3 & 0.3 \end{bmatrix}$$

$$R_3 = \begin{bmatrix} 0.1 & 0.1 & 0.1 & 0.7 \\ 0.2 & 0.3 & 0.3 & 0.2 \\ 0.1 & 0.2 & 0.3 & 0.4 \end{bmatrix}, \quad R_4 = \begin{bmatrix} 0.1 & 0.5 & 0.2 & 0.2 \\ 0.2 & 0.3 & 0.3 & 0.2 \\ 0.3 & 0.3 & 0.2 & 0.2 \end{bmatrix}$$

$R_3 = \begin{bmatrix} 0.1617 & 0.2426 & 0.3836 & 0.212 \end{bmatrix}$

根据模糊综合评价公式：$S = W \circ R$

$S_1 = W_1 \circ R_1 = [\,0.1 \quad 0.4819 \quad 0.3 \quad 0.1462\,]$,

$S_2 = W_2 \circ R_2 = [\,0.2 \quad 0.3 \quad 0.3 \quad 0.2727\,]$,

$S_3 = W_3 \circ R_3 = [\,0.1919 \quad 0.1919 \quad 0.1919 \quad 0.6337\,]$,

$S_4 = W_4 \circ R_4 = [\,0.2 \quad 0.3 \quad 0.3 \quad 0.2\,]$,

$S_5 = W_5 \circ R_5 = [\,0.2 \quad 0.2 \quad 0.2349 \quad 0.4962\,]$

归一化处理后得到：

$S_1 = [\,0.09702 \quad 0.4867 \quad 0.2921 \quad 0.1421\,]$,

$S_2 = [\,0.1864 \quad 0.2887 \quad 0.2507 \quad 0.2742\,]$,

$S_3 = [\,0.1587 \quad 0.1587 \quad 0.1587 \quad 0.523\,]$,

$S_4 = [\,0.2 \quad 0.301 \quad 0.2909 \quad 0.2\,]$,

$S_5 = [\,0.1768 \quad 0.1768 \quad 0.2077 \quad 0.4387\,]$

从 $S_1 = [\,0.09702 \quad 0.4867 \quad 0.2921 \quad 0.1421\,]$ 可得，新农民创业身体素质隶属度分别是：优秀（0.0972）、良好（0.4867）、合格（0.2921）、不合格（0.1421）。根据隶属度最大原则，可以得到丽水地区新农民创业身体素质特征为良好。

同理得出新农民创业专业技能素质为良好（0.2887），但仔细研究就会发现，该指标良好的隶属度与合格（0.2507）及不合格的隶属度（0.2742）接近，可知丽水地区新农民文化水平比较低，形势不容乐观。经营管理特征属于隶属度为不合格（0.523），遥遥领先其他隶属度，这说明丽水新农民经营管理能力亟待提高。而职业需求特征属于良好，比较乐观。心理素质属于不合格（0.4387），也较多领先于其他隶属度，故新农民的心理素质状况也令人担忧。

$$\text{隶属度矩阵 } R = \begin{bmatrix} S_1 \\ S_2 \\ S_3 \\ S_4 \\ S_5 \end{bmatrix} = \begin{bmatrix} 0.1 & 0.4819 & 0.3 & 0.1462 \\ 0.2 & 0.3 & 0.3 & 0.2727 \\ 0.1919 & 0.1919 & 0.1919 & 0.6337 \\ 0.2 & 0.3 & 0.3 & 0.2 \\ 0.2 & 0.2 & 0.2349 & 0.4962 \end{bmatrix}$$

根据模糊综合评价公式：$S = W \circ R$

合成运算后得 $S = [\,0.2 \quad 0.4744 \quad 0.3 \quad 0.2622\,]$

归一化处理得 $S = [\,0.1619 \quad 0.2423 \quad 0.3835 \quad 0.2121\,]$

在综合考虑评价等级 M、权重 W 等各方面因素基础上，丽水新农民创业素质隶属度为是：优秀（0.1619）、良好（0.2423）、合格（0.3835）、不合格（0.2121）。根据最大隶属度原则，得丽水新农民总的创业素质是合格的，但是仔细观察也可发现，创业素质隶属度合格与不合格的数值相差并不多，所以丽水地区新农民创业素质有待得到更高的提升。

（三）结果分析

新农民经营管理素质和心理素质状况亟待改善，专业技能特征和职业需求特征勉强处于合格状态，身体素质和文化素质比较乐观。

在影响经营管理素质的多个指标中，战略决策能力对创业起到了决定性作用，而逆商力在也在一定程度上决定着创业成功率的高低。在职业需求特征方面，新农民的系统思考能力与变化适应能力在创业中也扮演着重要的角色。

新农民身体素质相对比较乐观，拥有健康的身体条件是创业成功的基础条件。新农民有较年轻的优势，身体健康状况良好。但仅靠身体素质良好还是不够，创业需要健康的体魄和良好的心态。

专业技能水平与经营管理素质、职业需求素质、心理素质等密切相关。拥有较高的专业技能素养，相应的经营管理能力就会提高。职业需求的各方面素质配合就会更合理，同时较高的专业技能水平和经营管理能力也影响着新农民在创业过程中的视野和判断力，也在一定程度上影响着一个人的心理抗压力和身心健康。

四　新生代农民创业素质存养建议

新生代农民创业素质的存续与涵养需要政策供给，笔者从以下五方面提出决策建议。

（一）提高新生代农民职业技能水平

首先政府要充分调动多方投资主体各种资源，逐步加大对新农民职业技能教育经费的投入力度。加强对经费的使用与监管，专款专用，并且纳入政府的财政预算。逐步形成政府统筹，重点依托高校等各类教育培训机构和行业开展新农民职业技能培训、多方联合的长效保障机制。

其次，充分发挥县乡两级政府的主导作用，加大对新农民职业技能培训重要性的宣传力度，采取各种激励制度鼓励和引导新农民积极接受和参加职业技能培训，提高培训的内生动力。最后，做好新农民职业技能培训需求分析，并与市场需求紧密结合，合理设计和创新职业技能培训的课程体系和内容。根据新农民的特征，有针对性地选取培训方式、师资和教学模式，做好培训绩效评估和成本控制。

（二）提高新生代农民的社会地位

首先要拆除户籍藩篱制度这一新农民融入城市社会的主要障碍，剥离依附在户籍上各种不合理的差别待遇，是新农民在创业发展中社会角色市民化、身份平等化、增强城市归属感的重要举措。城乡户籍无差别是体现社会公平，实现公民平等，推进城乡一体化，促进新农民融入城市社区的必由之路。其次要完善社会保障制度，新农民在创业过程中要融入城市中，需要根据他们的特点，有重点、有区别逐步建立多元化的社会保障模式，稳步过渡到城乡统一的、规范的社会保障体系。最后，政府要拓宽新农民政治参与渠道，充分调动新农民参政议政的积极性，鼓励他们参与各种政治活动，增强新农民的政治、法律、民主意识，提高新农民的参政能力与水准。

（三）科学疏导新农民的心理问题

新农民都是年轻人，在思想和人格方面还处于发展和成型期，但在创业过程中所承受的压力超过了他们这个年龄段所能承受的范围，因此会出现烦躁、焦虑、自卑，甚至轻生的现象。所以群团、志愿者等社会相关组织要对新农民进行科学有效的心理干预，定期开展心理健康知识讲座和心理健康咨询，正向引导他们调整好心态。开通心理咨询热线，提供心理问题发泄渠道和新农民心理健康问题的解决办法，切实提高新农民心理健康水平。

（四）加大政府财政税收扶持力度

新农民在创业之初，需要大量的资金，但由于其自身信用度低，可抵押物少，融资渠道狭窄。政府应加大新农民创业财政税收的扶持力度，提高新农民资源性能力，给予新农民更多的创业空间。首先，政府要制定专门的创业扶持服务政策，设立新农民创业专项窗口。其次，制定税收优惠政策，给予新农民在营业税和所得税方面适当的优惠，减轻新农民创业负担。最后，政府要增加政策性融资，通过科技项目担保抵押与银行合作等对创业的新农民给予低息贷款和一定额度信用贷款，为新农民创业提供金融支持。

（五）强化创业文化建设

创业文化是一种影响力，它对新农民的影响作用不是短期实现的，而是通过思想的渗透作用，激发新农民的创业动力，并且通过同理心感染他人，具有很强的同化作用。政府要加大创业创新文化宣传力度，引导各方力量共同营造一种有利于新农民创业的文化氛围，大力弘扬创业文化。投资有风险，创业需谨慎，但也要让新农民认识到，虽然创业是一种风险性行为，只要拥有创业的激情，具备扎实的创业技能、坚韧的毅力、良好的心理状态，创业就能给新农民带来更多的社会财富，能实现其人生社会价值和抱负，使创业行动成为经济发展的助推器。

注：本文核心观点发表在《金华职业技术学院学报》2017 年第 1 期。

第三节　云和师傅

在调查浙江省云和县 168 个行政村的基础上，通过"云和师傅"调查与农民学院的实践，针对"云和师傅""云农高师"访谈、数据分析等研究中反映出的问题，总结政府学校基地联合培养新生代农民的实践经验，提出"五位一体"协同创新培养新生代农民的工作要点及促进策略。借鉴人口素质理论，对新生代农民培育提出一些新的看法和建议。

中国是一个传统农业大国，农民是社会主义新农村建设的主体，解决"未来谁种地"及"谁来种好地"的关键是推进新生代农民培育，他们与农业现代化发展密切相关，是实现农业强国的承载体。如何培育新生代农民是发展农业现代化、巩固农业基础地位、增加农民收入的重要举措，也是对十八届五中全会提出"大力推进农业现代化，加快转变农业发展方式"的积极响应。① 浙江作为经济发达省份，近年来新生代农民培育工作呈现良好的发展态势，农民综合素质得到不断提升，但伴随着发展，农业劳动力人口数量骤减、结构失衡、文化素质低下、劳动技能欠缺等老问题还没得到有效解决，农业副业化、兼业化、土壤生态环境退化等新问题却相继出现并不断困扰现代化农业发展。

丽水市的云和县近年开展"小县大城"战略，农民从各乡镇向县城集聚，同时云和县在丽水市的农村综合改革中以农村产权制度改革为核心，推进农业经营体系等方面的改革，试行农民带财产权进城，突破城乡二元结构的体制机制障碍。率先成为全国新生代农民试点县，其"云和师傅"劳务品牌成为全国样板。

一　协同创新培养新生代农民的重要意义

高素质农业人才是新时期发展现代农业必不可少的人力资源基础，农业职业教育作为新生代农民培养的重要渠道，其内容结构、组织体制、运行机制等创新问题在社会经济发展，尤其是农业现代化背景下成为当务之急。

培育高技能职业农民，在我国农业农村发生深刻变革过程中是一项新事物。党的十八大提出"大力培育农业新型经营主体，加快发展现代农业"，更是高职院校开展行动的重要助推力量。高技能人才是农业新型经营主体的基本构成单位和细胞，是发展现代农业的前提和基础。区域协同创新是现代经济社会发展的重要方式，是实施创新驱动发展战略的内在要求，也是高职院校服务地方，实现产学研合作教育的基本路径和有效抓手。

农业职业教育如何满足农业现代化与高技能农业人才需求，如何在农业人才培养中有效发挥教学、科研和服务职能，需要建立并完善以学校、政府、基地、新农人、农业企业"五位一体"的农业人才培养模式，充分挖掘和利用潜在的教育与实践资源。

食品安全、社区服务农业（CSA）、农业的永续发展等系列问题与新生代农民紧密相关。发达国家都十分重视农业高技能人才的培养，特别

---

① 童杰：《我国新生代农民培育的方向与支持体系构建》，《财经问题研究》2015 年第4 期。

是在新技术运用中如何发挥高技能人才的作用,有诸多的经验,可以为我们借用。浙江省云和县在新生代农民培育中也积累了一些经验,形成了"云和现象""云和经验"。在调查浙江省云和县168个行政村的基础上,针对"云和师傅""云农高师"访谈、数据分析等研究中反映出的问题,更好地总结推广"云和现象"和"云和经验",充分发挥涉农高职院校在培养新生代农民中的作用,分析案例,总结政府、学校、基地联合培养新生代农民的实践经验,供全国涉农高职院校培养人才参考。

二 基于云和师傅的新生代农民案例

"云和师傅"是从农民中培养发展起来,经培训考试获得技师以上职称的一批懂技术、会经营、有身价的知识技术型劳动者;是浙江省首个以人名命名、唯一一个省级著名劳务商标和质量名牌;是浙江省云和县农民生产开发的金名片。

这一品牌一直聚焦当代农民的致富能力,也代表了区域较为先进的一部分农民群体的形象。与国内许多贫困地区的农民、农业、农村的紧密联系,注定了它非常适合担负起新时期精准扶贫的使命和重任。为此,云和县作为全省创业致富带头人培育工程试点县,通过深化"云和师傅"品牌内涵,在云和师傅群体当中培育创业致富带头人,推动"云和师傅"劳务品牌向扶贫品牌转化。以打造"云和师傅"扶贫品牌为重点,通过健全培训体系,创新培训机制,加大激励力度等系列举措,全力推进扶贫创业致富带头人培育。

(一)打造云和师傅跨区域"扶贫品牌"的背景

1. 云和师傅"劳务品牌"创建情况

云和师傅是指具有云和县户籍,经培训考试获得技师以上职称,具备5年以上农业综合开发生产实践经验,遵纪守法,诚实守信,具有一定的示范带动作用,持有云和县人民政府核发的《云和师傅》证书的知识技术型劳动者。

云和师傅按从事专业划分为食用菌、茶叶、水电、玩具、建筑、商贸、饮食、种养、加工等9项专业技术类型。历经11年时间,云和共发展了 11 批、540 名云和师傅，后备云和师傅 6000 多名，其中食用菌 294 名、茶叶 42 名、电商 34 名、养殖 29 名、水果 26 名、中药材 24 名、商贸 16 名、玩具 10 名、民宿 16 名、其他 49 名。

云和师傅队伍具有以下特点：一是文化程度较高，100% 的云和师傅取得了高中以上文凭；二是生产技术精，100% 的云和师傅取得农民技师或中级职称证书，云和师傅的食用菌生产及菌种制作技术领先于全国水平；三是政治面貌较好，540 名云和师傅中有中共党员 165 名，占总数 35%。四是人数相对量少，仅占全县 6 万农村劳动力的 0.7%，但是精英层次人才较多，其中 114 名由市级相关部门认定为市级实用人才，352 名是县级实用人才。

云和师傅品牌发展建设经历了起步、发展、提升三个阶段。2004 年至 2006 年为初步建设阶段。在这个阶段着重做了四项工作：提出创建云和师傅品牌，广泛开展媒体舆论宣传，建立组织制定评核标准，上报国家审批劳务商标；2007 年至 2009 年为发展壮大阶段。在这个阶段着重做了四项工作：整合资源制定激励政策，加强培训促进队伍壮大，规范管理提升师傅素质，获批国家劳务商标提升品牌知名度；2010 年至今为品牌提升阶段。在这个阶段着重做了四项工作：创建与云和师傅相配套的留守农民劳务品牌云农高师，实施农村创业带头人"十百千"帮培工程，创新云和师傅协会党组织建设工作，开展公益帮扶活动，切实提升云和师傅创业创新示范带头能力。

2. 云和师傅品牌建设的成效

经过政府多年的扶持和引导，云和师傅逐步得到市场的关注和认可，市场信誉度和知名度不断提升，品牌含金量不断提高，取得了巨大的社会效益和经济效益。

一是打造品牌，从"默默无闻"到实现"全国闻名"，影响力不断扩大。通过多年的开发创业实践，云和师傅的社会知名度和信誉度不断提高。云和师傅的名声响彻大江南北，从西部的四川到东部杭嘉湖地区，从北上河南到南下广西云南，云和师傅受到当地干部群众的欢迎和尊重。云和师傅这个劳务品牌不仅享誉全国，甚至走出了国门，开始拓展海外市场。云和师傅不仅代表异地创业农民的技术，更成为了异地开发农民的信誉名片。云和师傅品牌建设的做法得到社会各界的广泛关注。

二是狠抓培养，从"卖体力"到实现"卖技术"，师傅价值不断提升。通过大力实施云和师傅素质提升工程、"十百千"帮培工程，充分利用"名师带高徒"和"传帮带"等培训模式，采用"政府买单"、"订单培训"等方式培养"土专家"、"田秀才"，集中优势打造云和师傅人才队伍。一批云和师傅被邀请为当地的技术指导员，四川、浙江淳安等地政府还派出人员邀请云和师傅参与技术入股或担任"政府雇员"。如四川宣汉县政府开出了100万元的年薪，专门邀请由10名云和师傅组成的专业技术团前往该县进行黑木耳生产技术指导。约有200余名云和师傅实现由"卖体力"到"卖技术"的转变。他们不仅自己致富，而且利用技术带动了一方百姓增收致富，自身价值也在其中得到不断显现，真正实现了华丽转身。

三是示范帮带，从"个人富"到实现"全民富"，农民经济不断增收。一方面加快了开发步伐，促进了农民增收。在"云和师傅"的示范引领下，云和县65%以上的农村劳动力实现转移就业，1.5万农民从事异地综合开发，足迹遍布全国29个省、292个县、3786个乡镇，带动全国各地特别是中西部地区100多万农民发展产业、脱贫致富。食用菌产业成为陕西汉中、湖北襄樊、河南商丘、四川广元和宣汉等20多个省、50多个地区的农业主导产业。

走出云和发展云和。2016年，云和师傅年经济效益达120亿元，缔造了一个朝气蓬勃、活力四射的"百亿产业"！云和师傅已真正成为云和农民创业致富的榜样和引领者。在云和师傅的基地示范、技术指导下，百余万中西部地区农民走上了脱贫致富奔小康之路。同时推进了返乡创业，推动了产业发展。一大批在异地综合开发中勇于拼搏、成就显著的云和师傅成了引领农民创业创新的农村实用技术人才后，纷纷回乡二次创业，将外地的资金、市场、技术大量引进云和，促进家乡经济发展。通过建基地、结对子、以师带徒、以资金技术入股等方式进行传帮带，把自己的知识、技术、经验等传授给周围群众，有力推动了云和县农业主导产业和特色产业的发展。食用菌总产量从5000万袋发展到7900多万袋，生态茶园面积从0.4万亩发展到2.27万亩，雪梨种植面积从1.5万亩发展到2.2万亩。

3. 云和师傅在精准扶贫中发挥作用

云和师傅在贫困地区产业发展和农民增收中发挥作用主要体现在三方面：

一是结对帮，提高贫困贫户造血能力。石塘镇云和师傅蓝小红，从1992 年开始就种植花菇，目前承包了 50 亩基地。61 岁的雷锡山患有慢性白血病，他在蓝小红的菌菇大棚里打工，干一些轻省的活计，工资是每天 150 元，加上养老保险。通过这样的结对帮扶，云和师傅为他们提供力所能及的就业增收机会，也能提高他们的造血能力。

二是基地带，低收入农户融入产业项目。元和街道李正凯，正凯地产中药材专业合作社理事长，元和街道云和师傅管理委员会副主任，中药材产业创业致富的第一人。目前他的合作社联系的种植药材专业户已遍及全县赤石乡、崇头镇、石塘镇、元和街道等"一乡两镇一街道"共380 余低收入农户，种植面积达 1500 余亩，为推动全县中药材产业发展起到了积极作用，同时也为全县中药材产业的经济发展起到了示范带动作用。

三是师带徒，全方位帮扶贫困户创业。师傅们为低收入农户产前提供种苗、资金等服务，产中提供技术指导，产后保证市场销路。如叶李先，是崇头镇栗溪村的云和师傅。他利用农民下乡转移后的闲置农田，组织村里 32 户农户成立"云深处"农产品专业合作社，其中低收入农户8 户，建成基地 100 亩，注册了 2 个梯田商标，生产"梯田老茶"、"梯田大米"、"梯田太子参"三个品牌系列农产品，年产值近百万元，人均增收 5000 多元。合作社因此被认定为丽水市示范性农民专业合作社，叶李先的家庭农场被省农业厅认定为省级示范性家庭农场。如今，合作社依托"云和梯田"旅游品牌，积极调整产业结构，投资 200 余万元，打造了一座集旅游、观光、休闲、体验为一体的生态农业观光园。观光园优先为低收入农户提供就业岗位 10 余个，低收入农户既可在合作社入股分红，又可到观光园上班领工资。

4. 云和师傅培育做法

一是搭建培训平台，让云和师傅"有术"。建立县乡村三级培训网络，把过去分散培训改为集中培训，把云和师傅培训学校、云和县职技校等 5 所学校作为云和师傅主要培育基地。县财政每年安排 110 万元专项资金用于农民培训和云和师傅培育。同时，聘任了 42 名各行各业的专家担任培训教师，组织力量编写出版了《云和师傅教育读本》、《新型农民培训系列教材》、《食用菌生产技能》等约 120 万字的系列培训教材。每年邀请既有丰富教学经验，又有很强实战经验的教授、专家等组成的讲师团，系统讲授国际领先技术、经营管理知识和各种实战技能，优化原有云和师傅队伍知识结构，改变云和师傅创业理念。每年选送优秀云和师傅到丽水农民学院等高校参加技能提升继续教育培训，截至目前已选送 194 名云和师傅进行培训。

二是搭建激励平台，让云和师傅"有位"。出台创业奖励政策。每年安排一定数额的创业奖励资金，用于创业补贴、创业奖励、创业培训以及创业服务体系建设。对云和师傅发展农业产业 10 亩以上或创建实体经济，给予创业扶持奖励资金 2000 元。鼓励云和师傅提升创业技能和文化水平，出台了大中专学历教育免费优惠政策。为解决好组团异地开发人员在资金上的困难，成立了兴合农信担保公司。深入开展云和技能大师活动，激励云和师傅树立典型、示范带动，形成学、比、拼、带良好氛围。每年召开春节团拜会慰问，评选一批优秀星级云和师傅进行表彰奖励。

三是搭建管理平台，让云和师傅"有序"。先后制定了《加强云和师傅品牌工作的若干意见》《云和师傅管理制度》《云和师傅证书颁发和管理实施办法》《异地综合开发管理制度》《异地特色产品安全生产管理制度》等 8 项规范性管理制度，系统有效地规范了云和师傅的管理。坚持每年与云和师傅签订行为承诺书，规范约束其行为，自觉维护云和师傅品牌声誉。积极创新工作考核，实施质量考评每月通报，并将品牌建设工作作为乡镇（街道）"一把手"工程，列入年终考核，确保品牌建设工作顺利进行。

四是搭建宣传平台，让云和师傅"有名"。向国家工商总局申请注册了 5 大类 50 个类别的云和师傅技术项目，云和师傅商标先后荣获省市县著名商标称号和质量名牌，切实提高云和师傅含金量和市场可信度。通过出版书籍、采编典型、创作歌曲、排演小品等形式，对云和师傅先进人物、典型事迹进行全面宣传报道，获得了多位省市级领导关注指导，切实提高云和师傅的社会知名度和美誉度。创建云和师傅远教网推介，搭建起网络宣传推介平台。

五是搭建服务平台，让云和师傅"有靠"。一是维权服务。及时为云和师傅提供法律援助，帮助其维护合法权益，解决各类大小纠纷案件300余件次，挽回经济损失近千万元；二是技术服务。先后20余次组建技术考察团，赴32个市县开展考察学习。通过电话、微信、农民信箱等方式，为云和师傅提供技术支持，帮助解决技术难题；三是留守服务。以乡镇劳动力援助服务中心为平台，携手"老李帮忙团"党员志愿服务团队，给留守父母和子女人员建立档案，实行跟踪服务，消除云和师傅外出的后顾之忧。

（二）打造云和师傅跨区域"扶贫品牌"的具体做法

"云和师傅"品牌历经11年培育完成了积淀成为名符其实的"乡土人才品牌"，为云和推动"云和师傅"品牌向"扶贫品牌"转化创造了可能性。云和把握时机吸收云和师傅"劳务品牌"创建经验的基础上，在"云和师傅"群体培育贫困村致富带头人，从制订政策、开展培训、强化服务、引导带动、责任考核等五方面开展创业致富带头人培育工作，基本形成"教育培训＋创业服务＋政策激励＋考核评估"的"四位一体"扶贫创业致富带头人培育体系。

1. 把握精准，构建教育培训体系

精准确定培育对象。按照"自愿报名、乡镇（街道）推荐、择优选拔"的原则，开展创业扶贫带头人培育对象申报建库工作。全县206名扶贫带头人培育对象（其中114名为云和师傅），通过层层筛选并正式建档入库，涉及茶叶、食用菌、中药材等8个传统农业产业，以及农家乐民宿、来料加工、电子商务等新兴致富产业。

精准建库审核低收入农户群体。为推动"云和师傅"品牌向"扶贫品牌"转化，云和率先根据低收入农户的收入及致贫原因，将全县低收入群体科学分为全县低保户与五保户、低保边缘户、因病和因灾、因学等因素导致支出大于收入的支出返贫型困难群体等3类，分别进行建库。开展扶贫创业致富带头人带动的低收入农户精准调查核实工作，对带头人带动的低收入农户进行精准调查与核实。

精准组织开展提升培训。云和在带头人培训的内容、模式及培训的模式上，充分考虑到扶贫的的跨区域性、跨行业性、扶贫的社会责任等因素，做出了有效的改进。一是建立多维性的培训模式。依托云和 5 所县级农业专业技能培训学校、13 个创业孵化基地、10 所乡镇（街道）农村实用人才培训学校以及农民网络学院等培训资源，率先构建起学校、基地、网络三维的分级培训网络。二是创新设置了分阶段统一制定培训工作计划，分层次统一签订培育工作责任状等"八分八统一"培训模式，使培训学员基本做到了责任、目标、制度"三明确"，为培育工作的顺利开展奠定了良好的基础。三是分层次培训。197 名培训对象分乡镇区域进行培训。其中创业能力集中培训和县外市场考察环节统一委托县农民学校组织实施。同时筛选报送 20 人参加省级培训教育。四是明确培训时间。培训时间为 20 天，其中集中培训时间 5 天，市场考察 3 天，特色活动 2 天，帮扶带动 10 天。五是培训内容精准。增设了扶贫责任、创业激情、创业理念、创业能力、扶贫政策和创业政策等方面课程。六是培训方式灵活。更多采取了导师辅导、基地实践、咨询答疑、考察学习、技能竞赛、互动活动等六种方式。七是实行学分制管理。学分制对培育对象参加有关培训学习实行量化管理，通过累计学分的方式，量化农民参加学习培训情况，形成扶贫致富带头人培育的长效机制。

农民网络学院补齐时空短板。浙江农林大学中国农民发展研究中心、浙江万企动力教育科技发展有限公司、云和县人民政府三方合力打造的帮助农民创业的网创平台——云和农民网络学院，足迹遍布全国 29 个省市，并在美国、巴西等海外国家获得发展，"云和师傅"群体全面接入网络学院线上接收受训作业。来自浙江农林大学、浙江大学等高校大量师资，他们成为学习培训、在线互动、在线考试等七大网络学院板块的构建者，授课内容包括农业产业、电子商务、旅游农家乐等已经本土化的200 多门课程。分布国内各地的云和师傅，特别是在云和师傅群体培育的创业致富带头人随时随地都能通过网络实现充电。出于实施跨区域精准扶贫的考虑，对这部门群体的学分做了特别的设置，增加了他们的责任感和使命感的同时，硬性的要求形成的第三方压力让创业致富带头人在行动上向"扶贫"项目倾斜。

2. 注重服务，构建创业带动体系

为发挥云和师傅这一庞大网络对云和师傅带头人精准扶贫的效能，

云和着手在全国范围内为网络配备创业导师、发挥联络站＋村＋基地的作用，并引导联络站云和师傅各级各地党组织开展与低收入农户的互动。

一是组建三级创业导师团，为跨区域精准扶贫提供技术支持。通过邀各知名高等院校专家，尤其是农业产业、农家乐民宿、电商等方面的专家，组成省、市、县三级创业导师团，10 支 63 人的浙江省专业导师队伍已见雏形。

二是打造"联络站＋村＋基地"示范典型，培育扶贫创业致富示范村。在确定的 88 个扶贫重点村中，挑选西弄、三门等 4 个扶贫带头人相对集聚的村，进行先行培育和重点扶持，将其打造成扶贫创业致富示范村。筛选出 13 个基础条件较好的作为农民创业孵化基地，制订了孵化基地管理制度，切实为低收入农户提供实训、指导、创业等服务。

三是创新活动载体，实现扶贫带头人与低收入农户深度互动。一方面采取"送"的互动方式。"送技术、送种苗、送岗位、送资金、送服务"五送方式，为社会各界与贫困村、贫困户搭建了一个直接交流、对接、资助的平台。另一方面采取"请"的互动方式。举办低收入农户帮扶大赶集活动。300 余位低收入农户代表参加了赶集活动，扶贫致富带头人在内的群体积极为低收入农户提供资金、技术等方面的免费项目，还推出大幅的让利活动，营造精准扶贫、精准服务的社会氛围。

3. 强化帮扶，构建政策激励体系

整合资源，出台政策。县政府专门出台了《云和县推进扶贫创业致富带头人培育工程促进低收入群体增收若干政策》，在金融贷款、带动低收入农户增收奖励、帮助就业、低收入农户创业补助等方面给予补助。县扶贫办专门制订了扶贫创业致富带头人产业贷款贴息，每人可享受 20 万元以内贴息贷款，按年利率的 3% 兑现。县农训办建立了与扶持政策挂钩的带动激励机制，按带动贫困户数量和增收脱贫效果给予相应的奖励。每带动一户低收入农户创业致富就给予扶贫创业带头人一次性奖励 200 元，个人奖励最高不超出 1000 元。同时还制订了低收入农户创业致富评定标准。县农办出台了云和师傅返乡二次创业优惠政策，进一步助力云和经济发展。

巧建载体，形成合力。整合经贸、妇联、乡镇等各方力量，开展形式多样的创业帮扶活动，共同开展精准扶贫工作。县扶贫办加大资金投人，开展种苗、农资入户活动，增加低收入农户发展动力和信心。县妇联加大来料加工示范点建设，吸纳更多的低收入群体，增加就业提高收入。各乡镇（街道）定期或不定期组织交流考察、帮扶签约仪式等活动，进一步营造帮扶氛围和优化创业环境，助力创业增收。县农业局利用电子商务和各类展览会开展农产品展示展销，帮助拓宽销售渠道。云和师傅协会则是通过开展百师扶贫助千家活动，通过建基地、结对子、师带徒等方式，在资金、技术、服务等方面帮扶带动低收入农户脱贫致富。

搭建平台，推介带头人。加大对中药材、雪梨、茶叶、食用菌等十个传统产业进行整合归类，通过各类市、县级联系处和乡镇联络站，积极向县外推介创业致富带头人。一大批"云和师傅"农村实用人才被邀请到四川、河南和本省文成等地参与技术入股或成为"政府雇员"，如宁夏回族自治区贺兰县开出 24 万年薪聘请"云和师傅"前往该县贫困乡镇进行食用菌技术指导，间接推动了一些中西部贫困地区的精准扶贫工作。

4. 建章立制，构建考核评估体系

成立组织，明确工作职责。专门制订了《云和县扶贫创业致富带头人培育工程实施方案》，对培育工程的目标任务、时间安排、措施要求等提出了明确的要求。在全省率先核定了 5 名农民培训事业编制，专门成立县农训办，并择优选聘 10 名乡镇（街道）专职农训办主任，在行政村组建农民培训转移工作站，全面构建了县乡村三级培训组织体系。进一步明确了县农办和各乡镇（街道）全面负责扶贫创业致富带头人培育工程。培训环节由培训机构负责组织实施，创业带动、考核验收由县培育办公室和乡镇（街道）全面负责，政策扶持由县农办负责制订及兑现。同时根据云和师傅创业分散全国各地，云和在四川、陕西、湖北等县市组建了 5 个县市级联络处和 62 个乡镇级联络站，为云和深化"云和师傅"品牌内涵，实现跨区域精准扶贫，打造国内优秀的可复制的"扶贫品牌"创造了先天条件。

明确要求，建立考核机制。一方面是针对政府部门的考核机制。将培育工作纳入县委、县政府重点督查工作，召开专题会议，层层签订了培育责任书，形成了县、乡镇（街道）、村联动的责任落实工作机制，从而确保了培育工作的正常有序推进。针对扶贫创业带头人带动低收入农户的考核机制，专门制订了带动低收入农户增收致富验收标准，执行帮带责任制度，切实将帮带 3 - 5 户低收入农户创业致富任务落实到位。要求扶贫创业带头人与低收入农户签订帮带责任书，确定创收项目，具体落实种子种苗、技术指导、项目帮扶、产品销售、资金帮扶、提供就业等六项措施，逐步增强贫困户自身发展能力，达到促进增收目标。年终，各乡镇街道按增收标准和帮扶措施，组织进村入户验收，合格后给予扶持资金兑付。

创新方式，引导帮扶带动。一是安置就业帮扶一批。充分利用扶贫带头人的经济实体以及公益性岗位等，优先安置低收入农户，切实帮扶一批创业就业。据初步统计，带头人已为低收入农户提供就业岗位 212 个，云和县累计安排近 150 个公益性岗位由低收入农户就职。二是产业发展带动一批。根据帮扶对象就业意向、身体状况以及经营环境等情况，扶贫带头人通过"五送帮扶"，为低收入农户发展农业产业提供了坚实的支撑。三是技能培训提升一批。县农训办整合最优的师资力量，为低收入农户提供免费的专业技能培训。根据低收入农户的实际情况，引导其重点选择一项最适合自己的创业技能，进行有针对性的专项辅导，确保每一户入库的低收入农户至少掌握一项适合自己发展创业的技能。

强化工作宣传。通过电视、报纸、网络等媒体，积极宣传开展扶贫创业致富带头人培育工作的意义和作用，进一步营造良好的培育氛围。在此基础上，重点开展了编写《扶贫路上的创业事迹集》，拍摄扶贫创业致富带头人助农增收侧记电视宣传片，编写 15 万字的"云和师傅"品牌建设文学报告、扶贫好事故演讲比赛以及评选十佳扶贫带头人等五项工作。

（三）"云和师傅"由"劳务品牌"向"扶贫品牌"转变带来的效果及价值

1. 返乡创业带动低收入农户脱贫效果明显。出台《鼓励支持云和师傅返乡二次创业若干政策》、《关于实施扶贫创业致富带头人产业贷款贴息工作的通知》《关于印发云和县扶贫创业致富带头人培育工程云和县创业孵化基地管理制度的通知》等新政，吸引大批云和师傅回乡创业，争当扶贫创业致富带头人，推动云和针对贫困村的精准扶贫。比如 1986 年出生的张建芬，从丽水市区回到云和崇头镇大垟村种植高山蔬菜，打造"白鹤尖"电商品牌，构建"基地种植＋农户种植＋电商销售＋产品深加工"的产业链，让百余名偏远村庄的农民重新回到土地。每片处于生产季节的田野间，也再现了张建芬记忆中的"生机勃勃"。

2. 云和师傅公益扶贫理念深入人心。推动"云和师傅"由"劳务品牌"向"扶贫品牌"转变，亮出"扶贫"牌，最明显的社会效益即加速"个人富"到"大家富"，强调"先富带动后富"。云和师傅协会组织云和师傅先后开展了"助学、助老、助贫"的三助公益行动、"百师扶贫助千家"活动、慈善公益基金等多个公益事业。在百师扶贫助千家活动中，师傅们采取"一带十"结对帮带形式，为社会各界与贫困村、贫困户搭建了一个直接交流、对接、资助的平台。

3. 加速云和师傅这一优质资源的国内流通。在云和师傅当中遴选扶贫创业致富带头人，云和师傅的"外聘"和"回流"都呈现加速的趋势，11万人口的云和县共有1.46万名农民走上了异地开发"淘金路"，65%以上的农村劳动力实现转移就业。在"云和师傅"的示范引领下，"云和师傅"扶贫品牌的转化在国内其它地方也已启动。在贵州省凯里市镇远县江古镇，作为扶贫创业致富带头人的"云和师傅"梅海斌因帮助指导当地606户农户从事食用菌种植，每户年增加收入5万元，当地政府为此奖励他60万元。

云和师傅从2008年成功注册国家商标，成为浙江省唯一一个国家注册商标的劳务品牌，云和师傅协会荣获全国科普惠农兴村先进单位，云和师傅品牌（劳务服务）荣获浙江省和丽水市服务名牌称号，云和师傅品牌（劳务服务）荣获浙江省和丽水市著名商标等。

在云和师傅群体当中培育扶贫创业致富带头人工作是一次"云和师傅"品牌由"劳务品牌"向"扶贫品牌"转化。云和扶贫创业致富带头人培育工作受到各方注目的同时，在推动"劳务品牌"向"扶贫品牌"的转化尚有三方面的难题需要破解。一是针对扶贫创业带头人的政策需要完善。对扶贫创业带头人产业选择上引导、资金支持，产业政策优惠措施、配套产业软硬件扶持等都需要完善。二是区域壁垒需要打破。云和师傅完成了原始的资本、技术、人脉等积累，也带动培育了国内很多地区的同类企业、竞争个体，激烈的市场竞争让国内一些地方筑起地方保护主义的围墙，云和师傅在一些竞争激烈的地方创业不能享受平等竞争的待遇，影响云和打造"云和师傅""扶贫品牌"的努力。三是低收入农户等、靠、要思想严重，创业意识和主动性都不强，为此开展创业扶贫致富带头人培育工作的同时，对低收入农户要进行"输血"和"造血"，提高他们的文化技术素养，转变他们的思想观念，驱动他们改变现状，也为他们提供必要的物质、资金援助，加大"送"、"请"互动方式，调动低收入农户积极性。

三　新生代农民培育存在问题

（一）农业劳动力结构失衡

党的十八届五中全会提出"大力推进农业现代化，加快转变农业发展方式"①。

现代化农业发展是一个集知识、技术、社会责任于一身的密集型产业，发展的关键在人才。目前，农业生产领域现有劳动力中，人力资源结构不平衡，农业现代化技能水平较低，农业生产领域的实用人才缺乏，对现有人才使用效率低下。笔者对家庭劳动力和从事农业的劳动力做了调研（表1-4），统计发现问题主要体现在两个方面：第一，农业劳动人数萎缩。在有效的2215例问卷中，每户家庭劳动力在4人以上的占94%，但每户从事农业生产的劳动力在3人以上的仅占19.5%。其原因一方面是城乡统筹过程中农转非劳动力的转移；另一方面是传统农业对农民特别是年青一代农民的吸引力远不如非农产业。另外我国现行的城乡"二元户籍制"对农民造成诸多社会不公平，造成农村劳动力的缩减。第二，农业人口结构失衡。参与问卷的农民男女比例为5：1，50岁以下的有1621人，约占到73.2%，其中26—45岁的占31.1%。说明新生代农民年龄已呈现年轻化趋势，但26—35岁年龄段比例不高，仅占7.5%。而且笔者在参阅文献资料时注意到，东西部地区在新生代农民年龄结构方面差别比较明显，老龄化现象在西部地区较严重。如陕西关中地区调研数据显示，50岁以上的约占36.97%②，而

---

① 童杰：《我国新型职业农民培育的方向与支持体系构建》，《财经问题研究》2015年第4期。
② 翟黎明：《农户参与新型职业农民培训意愿及影响因素分析——对陕西关中四市的调查》，《职业技术教育》2016年第21期。

浙江地区约占15%①。总的说来，新生代农民中人口结构不均衡，老龄化比较严重，新生代农民的比例不高。有研究显示，农户年龄在50岁及以上时，所经营的耕地规模与年龄呈负相关的关系，年龄越大，所经营的耕地规模越小。虽然改革开放以来，农业科技发展日新月异，农村生活水平、医疗水平也有很大提高，但当前的农业生产对体力的要求仍比较高，老年劳动力在体力和精力方面与青壮年相比仍有较大差距，他们只能从事小规模的农业生产。

表1-4　　　　　　　新型职业农民劳动力结构分布（部分）

项目	类别	人数（人）	百分比（%）
性别分布	男	1758	79.4
	女	457	20.6
年龄分布	25岁及以下	75	3.4
	26—35岁	166	7.5
	36—45岁	523	23.6
	46—50岁	857	38.7
	51岁及以上	594	26.8
家庭成年劳动力分布	4人以上	2082	94
	4人以下	133	6
	4人及以上	157	7.1
家庭从事农业劳动力人数	3人	275	12.4
	2人及以下	1783	80.5

（二）农民专业技能水平偏低

新生代农民的专业技能水平是现代化农业生产的关键因素，专业技能水平高低直接决定其所从事的职业高度，也在一定程度上影响着未来

---

① 朱奇彪：《基于新型职业农民视角的浙江省农民培训需求分析》，《浙江农业科学》2015年第10期。

农业发展。本节讨论的专业技能主要包括文化程度、专业技术能力、研究创新能力以及信息收集能力。在对 2215 份问卷分析中（表 1 - 5），小学及以下文化的约占 12.7%，且大多是 50 岁以上中老年的人；高中或中专文化的最多，占 46.7%；大专及以上的占 15.4%。数据分析显示，从总体水平上看，新生代农民文化层次进步明显，但与年龄结构相似，在学历结构上东西部差别比较明显。四川欠发达丘陵地区数据显示，劳动力群体学历在初中及以下的占 80.1%，大专及以上的仅占 4.1%。[①] 值得注意的是，新生代农民对其子女上学接受文化知识教育的态度。他们大多选择支持子女上完高中甚至大学，这也反映他们认识到文化知识的重要性。专业技术能力调查显示，几乎所有的农民都接受过专业技能培训。但在问及掌握技能的程度时，选择部分掌握有 61.7%，基本掌握的仅占 13.5%，说明农民掌握技能程度亟待提高。在选择培训哪些农业技能方面，选择出现多元化。涉及农业生产技术、市场信息、管理知识、创业技能、农业政策法规等方面。前三项最多，其中生产技术与市场信息需求比例达到了 93% 与 87%，显示农民在掌握职业技能和获得信息方面的欠缺。而选择创业技能的共 419 人，其中 40 岁以下的有316 人，反映了新生代农民对主动学习新的农业生产技术的积极性。但在创新研究能力方面，选择在从事农业生产经营活动中有创新行为的有161 人，仅占 7.3%，农民的创新能力有待提升。在农业信息获取方面，农民选择主要集中在邻居、亲友或者电视、广播、报纸，共占 83%，选择农业科技推广部门的有 34%；选择能及时利用有效渠道去了解市场信息的仅占 12.5%，选择不及时了解和很少了解的分别占 32.3% 和8.3%。可见，农民获得农业科技信息还缺乏有效的渠道，很多农民不善于利用网络等信息化手段获取外部信息资料，只能借助于传统的手段或者自己在实践中摸索。这就需要为新生代农民提供一些行之有效的渠道或方法以提高其在农业专业技能及信息方面的可得性。

---

　　① 白俊：《欠发达丘陵区培育新型职业农民：现实困境与路径构建——以西充县为例》，《河北科技师范学院学报》2015 年第 4 期。

表 1-5　　　　　　　　　农民专业技能调查（部分）

项目	类别	人数（人）	百分比（%）
文化程度	小学及以下	281	12.7
	初中	557	25.1
	高中及中专	1034	46.7
	大专及以上	343	15.4
专业技能掌握情况	基本掌握	299	13.5
	部分掌握	1367	61.7
	基本没掌握	549	24.8
专业技能需求情况	农业生产技术	2215	93
	市场信息	1927	87
	管理知识	1315	61
	创业技能	419	19
	政策法规	842	38
有效渠道获取信息及时性	及时	277	12.5
	不及时	715	32.3
	很少了解	184	8.3
	无有效渠道	1039	46.9

（三）农民管理经营和心理素质现状堪忧

在现代化市场经济发展潮流中，城市化和工业化发展强烈冲击着传统的小农经济模式，农业规模经营已经成为现代农业发展的主要模式。现代化农业要求农民适应市场需求，走农业规模化经营、产业化道路。这就要求农民不但具有生产者的身份，还要具有管理、经营、销售等方面的能力，能敏锐捕捉到市场信息并抓住机遇获取高额利润。更重要的是，还要具有过硬的心理素质，面对逆境，具备一定的抗压能力。

笔者认为，新生代农民在经营管理农业生产活动时应该具备战略决策、组织协调、计划控制等方面能力，以解决经营管理中存在的问题。

此外，在心理素质方面，要具备较强的自信力、自控力、逆商力等。在面对复杂多变的市场环境和可能遇到的困境与危难时，能承受高强度的工作压力甚至失败带来的挫折和孤独感，理性控制自己思想感情和行为举止，并保持乐观的心态。在调研中笔者分别对农民经营管理能力和心理素质进行了调查（见表1-6）。在是否具备一定经营管理能力方面，有52.3%的人认为自己能够适应激烈竞争的市场，42.4%的人选择不能适应激烈的市场竞争，选择担忧激烈市场竞争会给自己从事的行业造成威胁的有91.3%。在心理素质方面，选择经常感觉到工作压力的高达86.8%。在应对压力的方式方面，选择通过顺其自然调整的占52.5%，选择压抑的占12.2%，选择转移注意力的占27.5%，选择发泄的占7.8%。以上统计数据，一方面反映了农民现有的经营管理能力还不能适应现代农业的发展需要；另一方面也揭示农民在农业经营管理中，面临着较大的压力，但缺乏合理的应对方式。

表1-6　　　　　　　　农民管理经营及心理素质调查（部分）

项目	类别	人数（人）	百分比（%）
经营管理能否适应市场	能够适应	1158	52.3
	不能适应	939	42.4
	感到竞争威胁	2022	91.3
应对农业生产工作压力的方式	无所谓	118	5.3
	顺其自然	1163	52.5
	压抑自己	270	12.2
	转移注意力	609	27.5
	发泄	173	7.8

（四）现有农业规模经营弊端显露

随着生产规模的扩大，专业农户向专业大户转化已成为一种趋势，农业规模经营被看作发展现代农业、培养新生代农民的理想模式，得到大力推广。各级政府通过政策和资金的扶持，大力推广农业规模经营。

但是经过一段时间发展，农业规模经营的一些弊端初露端倪。

首先，农业规模经营的目的是实现规模效益，但由于土地通过流转而来，再加上其他农业生产资料，导致成本居高不下，甚至入不敷出。其次，在规模种植中，使用农药、化肥频繁，破坏了生态环境，导致土壤肥力退化。最后，农业生产具有较长的生产周期，市场需求可能发生变化，农产品在收获时可能并不符合市场需求，加上自然灾害的不可预测性等因素，规模经营抵御市场和自然风险未必像政府宣传的那样高效。2015 年，由于事先没能做好市场预测和规划，浙江丽水就出现果农将上万斤卖不掉的椪柑处理掉的现象。

四　新生代农民培育问题原因分析

（一）政策制度不完善

首先是城乡二元制的约束。城乡二元体制下，"农民"这一称谓已经改变原有的职业划分，变成一种身份的标签。在这个标签后面，农村在教育、就业、人口流动、医疗、社会保障等方面设施落后，农村生活水平低下，农民某种程度上成为"素质低、地位低"的代名词。越来越多的农村高素质青年通过升学选择留在城市发展，而出现了"农村人口逆淘汰"现象。在此次调查中，虽然农民都支持子女上学，但愿意让子女继续从事农业的仅占 7.8%，这也是现有农民整体素质偏低，优秀人才越来越少的重要原因之一。

其次缺乏相应的农民职教的法律法规。新生代农民培育工作是一项复嵌的社会系统工程，它涉及农业、科技、教育、经营管理、资本投入、法律等方面因素，需要政府在立法和政策上面给予支持和保障。但我国现有的《教育法》《职业教育法》《农业技术推广法》等与农民职业教育有关的法律法规中只是零星地对农民职业教育做出原则性、纲要性的规定，缺乏具体规定。虽然各地政府也出台了一些政策、文件、法规，但在农民职业教育的操作性、针对性、稳定性和连续性方面还不系统。

（二）农民封闭保守思想的禁锢

由于大量高素质农村优秀人才的不断流失，留守在农村的劳动力大多是低质化、老龄化的老人、妇女。我国城乡差别的地缘特征，很多乡村交通不便、公共资源匮乏、经济欠发达，这些留守劳动力与外界接触较少，信息闭塞、思想保守，在面对职业农民培育时，积极性不高，意识不足。在无参加培训意愿农民中，有11.4%的人满足于现有的生产生活方式，有21.3%的农民表示要看具体情况，这其中又有36.9%集中在文化程度、时间或费用原因。这说明农民培训积极性除了与自身培训意识有关，还受到文化水平、时间和资金等因素影响。而且笔者还注意到，在欠发达地区样本的比例更大。这些劳动力文化层次较差，整体素质偏低，观念相对守旧。自给自足小农经济意识较浓重，在现代农业生产经营活动中缺乏寻求市场、投身市场的主动性，缺乏参与市场竞争和基本社会公共事务的主动性与积极性，更不能充分掌握和利用现代科学技术、法律、政策来充实自己和应对复杂多变的市场，与新生代农民素质要求相差甚远。

（三）农民培育体系缺乏针对性

我国幅员辽阔，地大物博，受地理条件影响，南北气候差别明显，各地都有一些得天独厚的生态优势，农特产品特色鲜明，涉农产业分布广泛。因此，各地农民职业教育的内容也丰富多彩，培训涉及各项专业技能、职业需求、经营管理等方面。调查发现，农民的培训需求主要还是集中在种植业和养殖技术，选择此内容的农民占样本总数的40.3%。经营管理和市场营销的比例也有不少，说明农民对掌握某些种养殖技术，提高市场、管理能力都有迫切的要求，这些需要有扎实专业知识和丰富实践技能的师资来提供保障，但我们的培训教师大多没有农村基层或生产一线经历，虽然经过了开展新生代农民培育试点工作的相关培训，但多停留在理论上，实践经验不足。在针对一些特色农业的培训方面多是沿用或借鉴传统的培训模式，缺乏针对性。在培养方式上，最受农民欢迎的是现场实习或专家田间讲授示范，分别占44.3%和26.2%，课堂面授仅占15.2%，而目前新生代农民的培育方式主要还是课堂讲授。在时间和地点选择方面，现有的培训基本是集中培训一周左右，而农民更喜欢时间短、距离近、农闲时节的培训。78.3%的农民选择较能接受3天以内的培训，培训地点选择上则更倾向在村里或乡镇等距离近的地点。在面对复杂多变的市场和竞争压力方面，如何增强抗压能力还缺乏适当的应对方案和培训体系。可见新生代农民培育工作，虽然有着较为完整的规划方案，但对于不同的农产品还没有较为科学的系统性培训，特别是对一些地方特色的产品，随意性较强，缺乏专业化、市场化、职业化的指导，新生代农民培育效果不理想。

五　新生代农民培育建议

（一）　加快农村体制机制改革

马克思指出，生产力决定着生产关系变化的进程、方向和内容，是经济变迁的重要力量；而生产关系反过来也可以影响生产力的发展水平和状况，从而也可以对经济变迁造成影响。① 生产关系与生产力发展水平保持一致，将促进经济的发展。因此要加快对社会主义新农村机制体制改革。首先，改革城乡二元结构体制，完善社会保障体系。必须加快户籍制度改革，消除长期以来二元经济体制造成农民在人员流动、医疗、社保、教育等方面的诸多不平等，使农民成为一种职业的划分，而不是一种身份的象征，使农民真正从社会成员阶层转化为经济产业职业。积极推动城乡基本公共服务均等化、社会保障一体化，使农民能够专心从事农业生产经营。其次，确定土地流转和使用权制度。在城乡统筹背景下，随着农村大量剩余劳动力转移，农村大量土地荒废，如何集中使用这些土地是发展现代化农业的重要手段。

调查研究表明，家庭是否以务农为主与参加新生代农民培育意愿呈正相关。以务农为主的农民家庭，有参加新生代农民培育意愿的高达87.6%。因此要健全土地流转制度，将分散、闲置的土地集中在以职业农民为主的家庭手中，并确立他们的土地承包关系，使用权长久不变，为新生代农民的发展壮大提供空间。

（二）　建立健全新生代农民培育制度法规

新制度经济学认为制度是能够约束人们行为的一系列规则，包括经济规则、社会规则和政治规则。林毅夫的强制性制度变迁理论认为，由

---

① 鲁可荣：《社会主义新农村建设的动力研究》，《高等农业教育》2006 年第 7 期。

政府以法令形式推行的变迁，既可以以对现有收入进行再分配的形态出现，又可以出现在自发性的制度变迁之中。[1] 这一理论主要强调国家干预在制度变迁中的重要性，特别在正式制度的变迁中政府的作用尤为突出。

新生代农民培育需要各类制度法规的支持和保障。一方面，完善现有与农民有关的制度法规，对《农业法》《农业技术推广法》等与农民职业教育有关条款进行完善细化，明确规定各级政府及其他非政府部门在新生代农民培育工作中的职责；另一方面，通过立法，借鉴美国《农业法》的农民教育培训法律体系及"三位一体"教育模式，学习德国《职业教育法》《职业训练促进法》的职业教育体系及"双元制"培养模式，汲取日本的《粮食、农业、农村基本法》的培养农业继承人措施及按类别分层次的教育模式，通过学习借鉴发达国家经验，制定新生代农民培育的专项法律。同时要加快新生代农民认定标准的研究，按照国家职业技能要求，制定新生代农民的基本要求和建立资格准入制度，提高新生代农民的门槛，提升农民的社会地位，促进农民积极参与新生代农民培育、扩大农业生产经营活动。

（三）提升新生代农民的内生动力

培育新生代农民是发展现代化农业建设的现实选择，是农业可持续发展的紧迫任务，是新农村建设的重要基础，更与国家农业安全密切相关。朱启臻认为，凡是从事现代农业的生产经营者都可以成为新型职业农民，培育新型职业农民应该摒弃其身份标签，使之成为一个职业概念。新型职业农民的来源应该是多元化的，以正在从事土地耕作的农民为主，还包括打工返乡进行农业生产经营的农民优秀分子、愿意致力于农业的城市居民、退伍军人、大中专毕业生等。[2]

笔者认为，与其他行业劳动力年龄结构相类似，从理论上说，新型职业农民应当以新生代职业农民为主体，是出生于1977—1990 年，年龄在16—40 岁，科技文化层次和素养较高，受过相关职业教育和培训，具备一定现代管理意识和经营能力，并愿意长期从事农业生产及相关经营

---

① 鲁可荣：《社会主义新农村建设的动力研究》，《高等农业教育》2006 年第 7 期。
② 朱启臻：《新型职业农民与家庭农场》，《中国农业大学学报》2013 年第 2 期。

活动的青年职业农民。①

目前农村青壮年劳动力大量流失，农村人口老龄化严重，在实践中很难达到理想状态，提升新生代农民的内生动力成为解决问题的关键。作为理性经纪人，新生代农民必然要考虑成为新型职业农民的边际效益，只有边际效益达到其期望值时，新生代农民才会产生成为新型职业农民的内生动力。因此，必须积极创造条件，加大农村基础设施建设，缩小城乡差距，尽力扭转青少年厌农、弃农倾向。通过政策鼓励、引导、支持来提高他们从事农业的专项能力，吸引更多的优秀青年加入新生代农民队伍，新生代农民年轻化才能实现。

（四）夯实家庭农场作为培育载体的基础地位

传统的分散农户经营体制在现代化农业发展中制度缺陷问题日渐显露，而现行农业规模经营在工商资本的运作下作用局限在加工和流通过程，并且工商资本为追求高额利润，造成土壤退化、环境污染、农业发展不可持续。

农业的本质是公共产品，农业的特点决定了耕地的特点，也决定了农民与土地的关系及政府的责任。农户是最适合农业生产特点的经营单位和形式。《中共中央国务院关于加快发展现代农业进一步增强农村发展活力的若干意见》中，强调要"守住一条底线"，即保证农民土地承包经营权。因此，新生代农民培育的理想载体是家庭农场，家庭农场的成员就是职业农民。

朱启臻教授认为家庭农场应具有以下特点：一是具有一定规模，其下限是足以满足家庭成员基本消费收入规模，与传统的分散经营不同，下限规模对农户有较强的吸引力；上限是家庭成员在现有科技水平下所能经营的最大规模。二是以家庭劳动力为主，这点最契合农业生产所必须依赖的丰富经验和高度责任感，也是区别工商资本农场的雇工农业的最大特点。三是要进行工商注册，通过注册，家庭农场成为农业企业，稳定性高，便于识别。② 夯实家庭农场作为培育载体基础地位，能调动农

---

① 钟扬、刘克勤：《新生代农民的创业素质与存养建议》，《金华职业技术学院学报》2017年第1期。

② 朱启臻：《新型职业农民与家庭农场》，《中国农业大学学报》2013年第2期。

民的积极性，促进农业生产经营集约化、专业化、组织化；可以获得国家认可和政府的管理和政策支持；使土壤得到有效的保护和持续利用；使农业文化得到传播和传承。

此外，在以家庭农场作为培育载体的基础上，还要积极进行农业生产经营组织创新，成立新型综合型合作组织，打破专业限制，扩展合作社的生产、营销、金融、法律、保险等综合功能，探索解决农业生产经营规划、财产、品牌建设、继承等一系列问题的有效办法。

（五）创新新生代农民培育模式

社会主义现代化农村建设具有很强的实践性，由于农业生产的特殊性，新生代农民的培育也与其他群体显著不同，并且不同区域农业的生产条件、经营体系、生产模式都存在差异性，农民自身的素质也不尽相同。这就要求培育机构不但要具有办学经验和理论教学水平，还要具备走村、入场、下田、到户的能力，把农民培训开在田间地头，把新生代农民培育工作与家庭农场、农业合作社、农村社区紧密地结合，切实为农民解决生产经营中的实际问题。

新生代农民培育的重点目标人群是正在务农的农民，特别是年轻人，因此要积极推行《中等职业学校新型职业农民培养方案（试行）》，让在职农民在学制内通过学习，获得真正的农业生产经营能力，并且考试合格，可以获得中等职业教育学历，进而提高社会地位。

积极创新培育模式，从传统教育的"城市化""标准化"转变为"泥土化""地域化"。课程设置上，不仅有农业生产经营技能相关课程，还要开设农耕文化的教育，提升新生代农民对农业多功能性认识，实现传统农业文化和现代农业发展的和谐统一。在培养方式上，要充分挖掘本地资源，利用本地农村能人与农民典型开设能人课堂，即"土专家""田秀才"进行传授经验和实践指导；以家庭为单元开设家庭论坛，一方面请有经验的老农民传授传统农耕文化；另一方面家庭成员间也可以对现代农业生产管理技能进行讨论、交流、学习，真正提升新生代农民的综合素质。此外，伴随着农业产业出现的"互联网＋农业"新业态模式，要积极探索适合新生代农民特质的培育途径。

（六）建立完善的绩效评估机制

新生代农民培育是一种创新性教育方式，对其绩效评估也应该创新，不同于一般的教育评估。由于农业不同于一般产业，其公益性决定了农业的正外部性，而农业生产的长周期性和受自然、市场因素影响大，又决定了农业的弱质性。

笔者认为，新生代农民绩效评估应该包括以下内容：首先，评估的主体应该覆盖面较广，包括政府、培育机构、第三方评审机构、相关利益者，并且这些主体要与农业生产密切相关，能便利获取相关数据；其次，评估的内容应包括评估主体所代表的价值取向，涉及政治、文化、社会、经济、生态等方面，主要指标包括投入产出、生态效益、服务效益、教学质量、办学效益、学员满意度（包括技能提升、经营增收、幸福感等）；最后，评估方式要多样化，既有主观和客观、定性和定量结合测评，又有宏观和微观、静态与动态相结合的评估，还有单项和综合、实时和未来预测。此外，在评估管理机制上还要加强监督管理，建立信息反馈和长效跟踪制度。通过建立科学合理的绩效评估体系，使新生代农民培育工作在推行中不断完善提升，形成良性循环的长效机制。

六 培养机制创新讨论

地方高校的创新驱动发展，需要考量的因素非常多，但重点要考虑核心产品即高校培养的人才，对他们的价值塑造、能力培养、知识传授是第一重要的任务，也是学校发展的第一内生力量。

"五位一体"协同创新联合培养新生代农民，在本节的研究中与云和师傅等新农民是可替换的概念，这是助推农村人力资源发展的基本力量。地方院校在应用技术本科改革的实践中有了新的衡量指标，对完善农村劳动力资源指标体系有了新的比较维度。

地方高职院校要关注人才培养的平台建设，专业是重要的抓手。高职院校专业存养的核心事件与变革逻辑，笔者认为，"五位一体"式人才联合培养，协同创新是总方向，五个核心事件需要有机展开，这是国家社科基金研究团队研究的重点内容。

"五位一体"人才培养模式，是指"学校、政府、基地、行业、人才"在正和博弈思想指导下，开展联合体式区域协同创新的人才培养机制创新，这是农业高技能人才培养的主渠道。

　　我们以地方高校特别是有农林特色的院校为主要研究对象。学校以高职院校为主体，包括"校校企"、中高职衔接教育合作成员，如高校、科研院所、职业学校等，浙江农林大学、浙江林科院，以及上述中职学校。政府以县级政府为主，包括有基地合作的乡镇。如龙泉市、莲都区、云和县、松阳县、遂昌县、缙云县，以及大港头镇、新兴镇、城北镇、枫坪乡、北界镇、双溪乡等；基地包括两类：一是有形基地（指从事生态农业生产、服务的现代农业龙头企业、农业新经营主体、新农村建设示范基地等农业实习实训场所），如云和崇头风情旅游小镇（云和梯田）、莲都古堰画乡、松阳沿坑岭头画家村、遂昌北界红提专业合作社；二是虚拟基地（指高职院校的联合体合作对象），如丽水农民学院、丽水职业教育集团以及下设的联合体学院。

　　高技能农业人才培养是一项系统工程，需要院校、政府、企业、基地合力开展生态建设。高职院校是高技能人才培养的主力军，需要整合力量搭建培养平台，加强内涵建设，创新机制，组建专业群落，联合开展培养，从而使各专业在联合体中生态发展，这也是地方高职院校可持续发展的核心事件。

七　五点结论

　　我们已经进入一个以知识和创造力为核心竞争力量的资本时代。人才超越了土地和资本金成为生产要素中最重要的一部分。新价值创造靠的是能够产出高品质内容和创造出有真正需求的产品和服务的人才。

　　第一，人才只有在自主和自我驱动的状态下才能拥有最大的创造力。当前"优秀"被新定义为拥有很难被替代的知识或技能。在资本社会，出售资源、配置资源、掌握资本是核心事件，所以本节讨论整合资源，创新机制，依托新型农民学院联合体式开展人才培养是存养的重心。

　　第二，新型农民学院的培养目标、角色定位、工作路径、工作方式、价值认知等都在日新月异。高校有作为大学的保守组织特性，但我们还是希望学生们通过读书、实践获得更高、更稀罕的技能价值；通过爱思考、会做人、大量实践提高自己的动手能力。新型农民一旦从资源拥有者到资源配置者转化，就不用出卖技能，而是经营自己的思想和智慧，人身和经济都实现了自由，从而实现人格上的自由。

第三，新型农业人才群体已经具备一定的文化、眼光、魄力、创新力、机遇和资本。如果没有一定的文化素养、理想追求，以及对创新等问题的深刻理解，很难成为社会资源的配置者。

理念目标是高等教育创新的顶层设计，新型农民学院需要建设的联合体组织是基于平等地位的主体间的合作，是真正"去行政化"视域下真实的"你—我"式合作组织。在真实的共同体条件下，每个合作者在自己的联合中并通过这种联合获得自己的自由，这是衡量集体是否有意义的标准。

第四，高职院校在地级城市比较多，地方城市高校更需要搭建联合体式合作的载体，主动去联合政府、行业企业的力量，以此涵养专业，达成内涵发展的核心关切。同时通过机制创新，满足政府、社会公众、学校的基本利益诉求。

第五，企业元素与市场主体的博弈。高职院校的理论传统与技能开新，要融入企业元素。教师下企业锻炼是推广较多的"接地气"的培养模式。教师到企业开展服务和实践，能够改变教学过于重理论系统性、研究基础理论没有侧重理论够用等问题。高职院校要引导教师关注新技术新知识，多研究市场需求，多调查行业企业品质，多采集属于本专业的"围内知识"的数据等应用性研究或者说"立地式"研究。增强专任教师的行业气质，要在深度服务行业中耳濡目染，滋养存续，守正出新。

我们在全方位社会服务到"联合体"式社会服务两研究项目的调研时，发现贴近市场、服务企业要改"单兵作战"为协同创新，服务企业创新团队建设是好的举措。"专上学院"模式，比如当年办香港中文大学，强调专业性是很重要的，但地方高职院校的专业素养，更要关心"一专多能"，增强专业服务的拓展功能。

第四节　领军人才

一　立项的背景和意义

（一）选题的背景

从 2012 年农业部启动新型职业农民试点，全国各地新型职业农民培育工作呈现出良好的发展态势，农民综合素质得到不断提升，"有文化、懂技术、会经营"的新型职业农民不断涌现，大大地提升了农村社会及现代农业发展的速度和质量。新生代农民是未来社会主义新农村建设的主体，农业生产劳动力市场的主要供给者，因此培育新生代职业农民是发展农业现代化，巩固农业基础地位，增加农民收入的重要举措，也是对党的十九大中提出"乡村振兴战略"的积极响应。

丽水作为浙江省传统农业城市，近年来新型职业农民培育工作取得了巨大发展，培养了大批农业现代化发展所需的高技能人才，但是在发展的同时，我们关注到丽水地区农村劳动力人口总体数量还是呈下降趋势，特别是作为未来农民的主体及驱动力量的新生代职业农民——青年农业领军人才占比较低、结构失衡且文化素质低下，劳动技能欠缺，同时农业副业化、兼业化、土壤生态环境退化等新老问题也在不断困扰现代化农业发展。在我国人口红利逐渐消失之际，加大对青年农业领军人才的教育培训、创造新的农业人口红利至关重要。深入了解近年来丽水地区新型职业农民培养情况，考察、分析、发现新型职业农民培养过程中出现的一些问题和困难，为搭建丽水地区青年农业领军人才迭代融合培养模式提供一定的参考建议。

（二）选题意义

1. 现实需要

青年农业领军人才是新型职业农民的主体，也是特色农业产业人才的主力军和驱动力，更是新时期发展现代农业必不可少的人力资源基础。因此青年农业领军人才的培育作为现代农业高技能人才培养的重要渠道，其内容结构、组织体制、运行机制等创新问题在社会经济发展，尤其是农业现代化背景下成为当务之急。

2. 研究价值

本研究以浙江省农业特色明显的丽水市为样本区域，以丽水农民学院的新型职业农民培训为个案，对"农三师"培训品牌、家庭农场、丽水地区各农业培训基地学员等进行跟踪调研，并进行相关数据分析，找到青年农业领军人才培养元素间的关联性和藕合性，丰富现代农业高技能产业人才培养体制，服务区域特色农业的理论发展与实践开展，进一步提升农业人才培养水平。同时找出影响人才培养的要素及其关系，剖析农业产业转型、经济结构升级、农村劳动力培训的演化机制，找到实施新农村战略的需求取向，为政府确立农业人才培养的重点和方向提供参考。

二　文献综述

（一）国外研究现状和发展趋势

由于国内外农业发展过程和制度不同，国外基本没有像中国这样出现严重的新一代农民"断层"现象。因此，国外学者对这方面关注较少，大多数研究集中于现有农村人力资本及劳动力转移培训方面。

1. 农民教育培训的实践研究

发达国家对农民的职业教育有以下特点：（1）通过立法支持农民培训；（2）通过"间接"补助，优惠贷款等经济手段，鼓励企业和农民参加培训；（3）鼓励农业企业或牧场主培训市场竞争机制，通过公开招标和定期评估保证培训机构培训质量；（4）重视教师理论水平和实践能力提高，保证教育质量；（5）农民培训针对性、实用性不断增强；（6）鼓励社区协调合作，加强农民培训体系构建。

2. 农民职业教育需求与就业研究

国外学者通过各种农业工作周边因素基础上，发现不同类别的农户对农业职业教育与培训需求不同。学者们还提出农业职业缺乏吸引力是农业公众形象不好导致的。

3. 农民职业教育发展模式研究

发达国家农村人力资源开发教育模式各不相同，根据各国农业资源条件、地理状况、人口状况以及经济发展水平，代表模式有四种：

（1）美国模式。机械化耕作和规模化经营的农业生产，通过构建完善的农业科教体系，实现农业教育、农业科研和农技推广有机结合的农民培训模式。

（2）西欧模式。以家庭农场为主要经营单位进行生产，政府、学校、科研单位、农业培训网四者有机结合，通过普通教育、职业教育、成人教育等多种形式对农民进行教育培训模式。

（3）加拿大模式。主要是绿色证书教育模式。绿色证书培训工作由农业部门负责制定岗位规范、绿证管理、提供课程参考书籍以及培训期间的工伤保险；教育部门负责绿证课程的学籍管理与组织工作。

（4）东亚模式。以政府为主导，以国家立法为保障，借助不同层次和类型的培训主体对农民进行多层次、多方位、多目标的培训。

（二）国内研究现状和发展趋势

国内学者近年来对于青年农业领军人才的培养研究主要集中在新生代职业农民培育发展方面。

1. 职业培训的必要性研究

许小青、柳建华（2015）认为，随着城镇化的快速推进，进城的农民工普遍文化素质较低、缺乏职业技能、法律意识淡薄，难以适应城市生活，对其开展教育培训迫在眉睫。他们认为，内生和外生的需求，构成了农民工参与职业培训的主要动机。陈润生（2016）认为，我国农村劳动力综合素质仍普遍处于较低水平，同时也不具备与城镇建设相适应的职业技能水平，这严重影响了农村劳动力的转移。此外，随着产业结构的调整与升级，缺乏职业技能的农村剩余劳动力就业难度将日益加大。胡宝娣（2016）通过实证分析，发现农民工受教育程度和农村劳动力转移具有显著的负相关关系。单新华（2016）以农民工进城后的生活状况为出发点，探讨了农民工综合素质与接受职业培训关系。上述研究揭示了新生代农民培训的必要性。加快推动青年农业领军人才职业教育培训不仅是我国农业人力资本积累的有效途径，也是提升产品和企业竞争力的重要保障。

2. 新生代农民职业培训参与决策影响因素研究

韩秋黎、石伟平、王家祥（2014）调查发现，农民对职业培训可以提高技能水平普遍表现出较高的认同度，同时希望有机会能够参加职业技术培训提高自身的知识水平、工作技能。冯宪等（2015）在调查嘉兴农民工培训情况后发现，尽管农民工对培训是否改善了自己的工作境况持有肯定态度，但仍有11.3%农民工认为参加培训没有起到任何作用，其主要原因为培训的职业选择不符合实际需要，并且培训内容缺乏一定的针对性。赵秀玲（2014）从农民工主体的视角，探讨了工作性质、自身经济条件以及社会偏见对于农民工参与培训的影响，认为农民工由于经济实力偏低，参与培训的积极性较低。此外，农民工对城市生活缺乏归属感，并对自己将来发展缺乏信心，这些也都会直接影响到农民工参与职业技能培训意愿。韩云鹏等学者（2016）认为，由于劳动力市场实际情况以及潜在制度性因素，使得农民工即使参加职业培训，短时期内也未必能够给他们带来收入提高，这在一定程度上限制了农民工参与职业培训的积极性。

3. 新生代农民职业培训模式研究

从农民工培训的主体角度来看，目前我国新生代农民工培训模式主要存在以下四种形式。

（1）自发模式

自发培训，是农民在工作过程中发现自己无法很好地胜任自己的本职工作，为了能够提高自己的技能，积极地去向找有经验或有技能的师傅去学习，通过一段时间的学习和训练，他们就能更好地满足岗位需求。这种培训主要是新生代农民首先给自己确定好培训目标、学习内容以及预期达到学习效果而采取的培训模式。这种模式无论是在时间耗费还是资金成本支出都相对较少，可操作性强，而且能被很多行业广泛接受。

（2）政府主导模式

政府主导培训，是指政府及各职能部门推出的以工程或培训规划的形式对农民工进行培训的一种模式。例如农村阳光工程、绿色证书培训工程和农民科技培训工程等，这些都是政府主导的培训。在这些项目启动之前，政府都会去主动了解新生代农民的需求，并根据需求有针对性地制订相应培训计划，根据计划来组织实施，培训经费由政府承担。通过培训，农民学到了相应技能，这也为他们就业提供了有力保障。政府主导这种培训模式能充分体现政府在资源配置等方面优势，这不仅帮助了农民就业，也能在一定程度上保障了农民收入。

（3）职业院校主导模式

职业院校主导培训，是职业院校根据需求，制订培训计划，把有需求的新生代农民组织起来，对他们进行学历教育或技能培训的一种模式。职业院校首先对培训需求进行市场调查，根据调查结果制定相应的培训方案，并对方案组织实施后实施效果再进行评价。这种培训，它的培训费用是由政府、企业和农民来共同承担的。职业院校根据市场需求，制定相应的培训方案，并具体负责组织实施，由学校或邀请企业跟踪评价培训效果。由于职业院校在师资力量和教学条件等方面有很大优势，所以，这种培训模式能让新生代农民学到更扎实的技能，也能让他们在市场竞争中更具有竞争力。

（4）企业主导模式

企业主导培训，是指企业根据自身发展的需要，有针对性地对员工的学历、工作能力、工作绩效和对组织忠诚度等方面，有计划、有组织地开展培训。企业自己制订培训计划，然后由企业人事部门来负责组织实施，自行培训或委托培训机构培训，费用全部由企业承担。企业组织培训可以让员工能够根据企业需求在知识、技能、工作方法、工作态度以及价值观等各方面取得相应效果。通过培训，企业能更好地激励员工充分发挥他们的潜能，从而给企业带来明显效益提升。这样不仅让员工个人得到了发展，企业也能实现了效益。所以，企业主导培训能够真正地实现员工和企业双赢。

4. 关于新生代农民培训内容研究

崔铭香（2014）认为，我国农民职业培训内容未能契合农民群体的特点及实际需求，培训内容与实际需求之间存在严重脱节。高存艳（2015）通过对上海、江苏农民的调查，发现除培训经费投入等问题外，农民反应的问题主要体现在两个方面，首先是培训内容与实际需求脱节，缺乏针对性；其次是培训时间和地点安排不合理，影响了农民参与培训的积极性。金崇芳（2013）指出，农民职业培训应该结合农民工生活背景及工作实际。通过对职业农民进行补偿性学历教育、多样化培训方式，结合其职业需要，提高新生代农民参与培训的积极性。

（三）国内外研究述评

1. 国外研究述评

国外学者在研究农业职业教育领域时，倾向于在既定经济制度背景下和市场机制条件下，重点分析农业职业教育与经济、社会发展之间关系。但相对于职业教育理论而言，西方国家针对农业职业教育研究较少，大都与科学技术、农业经济、教育、社会发展等相关学科的研究交错在一起，并无专门、独立的农业职业教育研究，更不用说针对新生代农民职业教育。

2. 国内研究述评

国内研究已从不同角度对新生代农民教育培训做了大量研究，得出了不少相关的研究结论，也提出了很多很好的研究建议。这些结论和建议，不仅有助于社会对青年农业领军人才教育培训问题有一个更清醒的认识，从而采取有效措施，也为我们的研究提供了理论参考和实践指导。然而，这些研究在取得巨大进展的同时，也存在着一些不足和缺憾，主要表现在以下几个方面：

（1）研究就事论事居多。由于新生代农民教育培训作为一个社会问题提出时间比较晚，目前的研究就事论事就成了最为方便的选择，并且往往是局限于一个具体地区具体问题的解决，较少根据研究实际需要，进行深入细致系统研究。

（2）调查研究方式方法单一。现有对新生代农民工教育培训研究大多只是采用问卷调查来收集资料，而很少采用一些定性资料收集方法，比如访谈法、观察法、案例分析等等。由于问卷调查自身特点限制，一般仅能得到反映新生代农民教育培训普遍状况、表象的信息和数据，对那些潜藏在问题背后深层次原因却不太容易触及。况且，通过问卷形式所获得的调查资料，大多也只方便做定量数据分析，以这样数据支持得出的研究结论，其信度和效度很难得到保证。

（3）研究案例典型性不够强。现有研究针对新生代职业农民培养大多是个案研究，大多局限在一个企业、一个地区新生代职业农民教育培训，主要涉及经验总结、操作方式、实践成效等方面。对于新生代职业农民教育培训模式、作用机理等方面的比较研究，对典型模式的深度或比较研究较为缺乏，这不利于对各地实践进行对比分析，无法很好的为我国青年农业领军人才职业教育培训发展提供思路参考。

基于此，本研究在深度了解近年来丽水地区新型职业农民培育情况基础上，考察、分析、发现新型职业农民培育过程中出现的问题和困难，提出了推进青年农业领军人才职业教育培训新的思路和对策，为搭建丽水地区青年农业领军人才迭代融合培养模式提供一定的参考意见。

三　研究内容

（一）研究内容

伴随着新一代农民的成长，新生代农民正逐步取代老一辈农民，成为社会主义新农村建设的主力军，而新生代农民中精英——青年农业领军人才在新型职业农民培育及"实施乡村战略"建设中发挥着越来越重要的作用。从已有研究来看，现有数据分析很少将青年农业领军人才作为独立主体进行详尽分析，因此，很有必要将青年农业领军人才从新型职业农民群体中独立出来作为研究重点深入剖析。如何加快培养一大批有文化、懂技术、会经营的青年农业领军人才，为发展社会主义现代化农业注入源源不断的动力和活力，成为新代背景下我国社会主义新农村建设过程中必须尽快解决问题。

当前新型职业农民教育培训取得了较大发展，但仍然存在着许多问题，无论在培训规模、培训需求、培训内容，还是在层次和类别等方面都无法满足社会需求。基于这一基本现实，本研究拟在分析丽水地区青年农业领军人才培育现状及发展现代化农业对新型职业农民教育培训要求基础上，就当前青年农业领军人才教育培训存在问题、影响因素进行分析，进而提出改进青年农业领军人才教育培训的对策和思路。

（二）技术关键

本研究首先从丽水地区新型职业农民培育现状出发，阐述在新时代背景下加强城镇化进程中青年农业领军人才培养的必要性。

其次，通过调研数据勾勒出新生代农民工参与职业培训的基本概况，探讨新生代农民能够获得职业培训，最终成为青年农业领军人才关键因素。

另外，本研究利用调研数据，从微观角度出发，通过探索职业培训内容结构、组织方式，培训效果等方面情况，探讨青年农业领军人才培训参与决策影响因素，并对职业培训在收入提高、福利增加、职位晋升和社会地位提升等利益诉求方面的作用作出判断。这对分析我国青年农业领军人才职业培训参与现状的成因、优化职业培训目标导向、完善职业培训内容和组织形式、提高政府支持政策的针对性和有效性等具有积极意义。

最后，通过政府体系、培训内容与师资、培训组织方式与资金来源等方面为切入点，总结借鉴国外优秀职业教育发展中的成功经验，同时结合新生代农民职业培训发展现状，为构建具有中国特色青年农业领军人才教育培训体系提出新的思路。

四　研发目标

（一）主要技术经济指标

1. 对青年农业领军人才的概念界定。解释和定义青年农业领军人才是新型职业农民中的特殊组成，是实现乡村振兴的中坚力量。

2. 对青年农业领军人才教育培育现状进行分析。在充分调研丽水地区新型职业农民培育现状的基础上，以新生代职业农民作为青年农业领军人才的调研样本，进行研究分析，了解其培养现状。

3. 分析研究青年农业领军人才参与教育培训的影响因素。通过分析样本在收入提高、福利增加、职位晋升和社会地位提升等利益诉求方面的差异，研究青年农业领军人才参与教育培训的影响因素。

4. 提出青年农业领军人才迭代融合培育的相关对策。从政府体系、培训内容与师资、培训组织方式与资金来源等方面，总结借鉴国外优秀职业教育发展中的成功经验，同时结合新生代农民职业培训的发展现状，为构建具有中国特色的青年农业领军人才教育培训体系提出新的思路。

五　研究技术路线

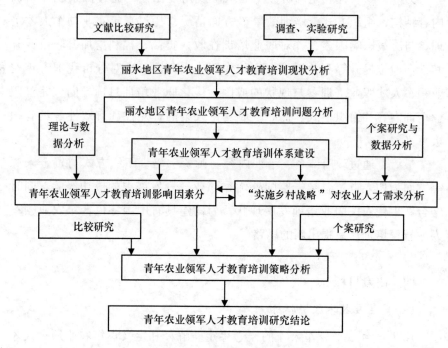

图1-5　研究技术路线

第 二 章

新评价体系建构

体系是指若干个有关事物或某些意识互相联系而构成的一个整体。农民学院的办学体系需要覆盖教育内容、教学行为。特别是基于新生代农民培养的课程体系，学校层面应该有哪些课程，哪些课程是可以通过共享实现的，都需要我们去探索。因为有什么样的课程体系，就有什么样的教学和什么样的教学体系。但是，对联合体农民学院更为重要的是产学研合作的顶层设计，我们研究评价指标与评估体系，就是对农民学院的办学绩效进行监控，这直接关系到学校的教育质量与办农民学院的初心。

第一节　创新驱动

地方高校是与区域联系最为紧密的创新组织，改革进入深水区，经济的转型和升级要依靠创新驱动发展战略。地方高校服务区域创新驱动发展，存在科研定位与创新导向、平台建设与创新驱动关系、政策激励与企业对接等问题。采用系统论、控制论等方法，提出地方高校要整合优势资源合理科研定位，通过共建创新平台模式，促进行业、企业创新发展；通过建设良好的创新驱动生态环境，运用系统失灵理论激活和控制高校的创新服务活动，达到高校有效服务创新驱动战略的目标。

2012 年，创新驱动发展战略首先在全国科技创新大会上提出。党的十八大报告中进一步强调要实施创新驱动发展战略，并明确提出"科技创新是提高社会生产力和综合国力的战略支撑，必须摆在国家发展全局的核心位置"。这标志着我国将逐步实现用创新驱动代替生产要素驱动。在我国经济发展初级阶段，普遍依靠自然环境、劳动力、土地等生产要素的消耗和整合来发展。随着经济发展速度的加快，依赖生产要素驱动发展的弊端日益显现，而整合各类生产要素，实现可持续发展的创新驱动发展优势不断凸显。地方高校作为提升一个地区文化软实力的主阵地、人才建设的主力军、科技创新的动力站，主动服务区域创新驱动发展，成为推动这一战略实施的强力引擎，是实现其转型发展的必然选择。

一　地方高校服务区域创新驱动发展的基本含义

地方高校服务区域创新驱动发展是指以高校中从事知识创新、技术研发的教研人员为主体，以科技创新为驱动力和服务重点，通过整合高校、企业、政府等各方资源，发挥地方高校人才培养、科学研究、社会服务三大功能的集聚优势，大力推进科教结合、产学研合作教育，为人才培养提供支撑，以加快转变区域经济发展方式为目标，通过科技创新成果转化，助推区域创新驱动发展的内涵式发展方式。

随着改革进入深水区，作为与区域联系最为紧密的创新组织，创新驱动发展已成为地方高校有为有位的重要抓手。地方高校必须在知识创新基础上，充分利用政府创新引导政策，实施自身与区域企业的有效合作，知识创新和技术创新的有效结合，技术创新与市场导向的有机结合，最大限度地发挥高校和企业技术骨干的创新能动性，实现企业的技术升级和技术储备。

实施创新驱动发展的根本任务是解决好两个关键点：一是"创新"，要大力提倡原始创新；二是"驱动"，要实现科技成果的商业化、产业化和社会化。[①]

地方高校服务创新驱动发展过程中要统筹科教、管理、机制和体制等诸因素进行多元创新，通过创新与人才培养融合、与经济发展融合，

---

① 陈勇星、屠文娟等：《江苏省实施创新驱动战略的路径选择》，《科学管理研究》2013 年第 4 期，第 103—107 页。

逐步将要素驱动转化为创新驱动，做到创新型人才培养与市场需求相对接，创新科技成果与商品化、产业化相对接，创新型管理与可持续发展的机制相对接。

二 地方高校服务区域创新驱动发展的若干问题

当前地方高校服务区域创新驱动发展存在的主要问题可归纳为如下几个方面。

一是科研定位与创新导向问题。定位不准确是目前地方高校科研活动的一大通病，大多地方高校没有根据本校教师科技创新水平进行总体的、战略层面的学校科研顶层设计和特色发展引导，科学研究和技术服务的突破方向不明确。从发展导向看，没有根据地方性高校的科研水平和特点进行科技服务创新驱动的引导，大多数教师根据自身兴趣与爱好在远离企业和市场的研究领域开展创新活动，在现有职称评定体系中进行科研和完成科研考核任务，不注重科技转化的引导，严重影响技术创新。

二是平台建设与创新驱动关系问题。地方高校投入大量资金建设的科技研发平台至今没有发挥其创新的主体作用。究其原因，就是平台建设是为了争取资源和名气。在平台建成后，没有人才的集聚，没有系统进行科技创新服务设计，没有系统思考平台运行策略和运行方式，造成了运行失灵的局面①，浪费了资金，减缓了服务创新驱动发展的步伐。

三是政策激励与企业对接问题。自20世纪90年代以来，我国各级科研管理部门制定、实施了100多项针对科技创新的政策法规，对高校科技创新的发展起了重要推动作用。高校自身制定的一系列科技创新激励制度与措施，也提高了高校教师的科研积极性。但一些激励政策导致了教科研人员片面追求量的增加，忽略了科研与行业、产业之间的实用性关联，忽略了科学研究对地方区域发展的指导作用，导致了专利数不断攀升而专利转化率持续低迷、高层次论文数增多但实际应用性不高等问题。

---

① 王瑞敏、滕青、卢斐斐：《影响高校专利转化的因素分析和对策研究》，《科研管理》2013年第3期，第137—144页。

三　地方高校服务区域创新驱动发展的路径选择

大学必须融入社会，因为大学存在与发展的唯一理由就是社会需要，但大学绝不能被社会世俗所同化。[①]地方高校是区域发展的"助推器"，需要比大学更主动"献媚"区域经济。建设联合体合作学院等创新驱动发展新平台，集成协同优势，迫切需要处理好上述问题与不足。

（一）完善以创新驱动为导向的科研定位

地方高校科技管理部门要在认真学习党的十八大精神和国家科技政策基础上，分析自身创新服务的优势与弱项，找到政策环境下企业需求与自身服务能力相适应的结合点，确定一个时期创新服务的重点，进行系统设计，科学合理定位科研。扬长避短，积极作为，不断拓展服务空间和创新领域，逐步成为区域创新驱动的有生力量，成为区域内某些领域的引领者。

（二）建立以解决问题为导向的创新驱动机制

地方高校要以体制机制改革为强大动力，着力推动科技与教育、科技与经济的紧密结合，进一步提升科技服务经济社会的能力。要综合运用规划引导、政策推动和项目牵引手段，在科研指导思想、评价体系、科教体制机制上实现三大转变。

一是科研指导思想上，实现从成果导向向解决问题导向的转变。通过评价约束和分配激励政策引导，鼓励科研人员深入行业、企业一线，面向生产实际中的关键技术问题，从之前的"为职称而研究"转变为"为攻关而研究"，多做有转化可能的"立地式"科研。

二是科研评价体系上，实现从追求量的扩张向追求质的提升转变。建立以创新质量和社会贡献率为主要导向的评价机制，更注重原始创新和解决实际生产需求的绩效，建立分类评价、开放评价机制。论文、课题、专利等不再简单量化，更趋向关注应用、成果转化、企业采用、政府部门采纳。

三是科教体制机制上，实现从分散封闭向协同开放的转变。充分释

---

①　眭依凡：《理性捍卫大学》，北京大学出版社 2013 年版。

放人才、资本、信息、技术等创新要素的活力，突破高校与其他创新主体间的壁垒，形成广泛协同的新局面。①通过"科技特派员""访问工程师""产业联络员"等政策推动科技人才向企业、基层流动聚集；把学校建成社区学习中心，开放科研仪器设备、图书信息资料，推动学校与企业深度融合。

（三）发挥平台在创新驱动中的应有作用

充分利用各地方高校已有研发平台，使之在运行中做到互动不失灵，切实为行业、企业创新驱动服务。

一是要引导好高校平台团队成员下企业的工作，充分调动或统筹做好政府部门提出的"1＋6"或"2＋5"企业兼职、挂职模式②，让挂职人员沉下心，从企业实际需求出发，直接或间接为企业创新服务。

二是平台团队成员与企业技术骨干合作，帮助企业建立新的高新技术研发中心，并争取成为市级、省级高新技术研发中心。与企业共同制订年度创新计划，确定目标任务，完成研发任务，服务企业的技术创新活动。

三是统筹全校研发力量，加入技术创新联盟体，为区域创新驱动活动服务。如浙江省教育厅为贯彻落实省委、省政府创新驱动精神，制订了浙江省高新园区产学合作对接专项行动计划，到2014年全省建设高校产学研联盟中心15个左右③，地方高校要思考如何积极参与到这一载体中，发挥好团队力量，统筹研发资源，加入联盟体创新活动中，提升创新驱动服务能力。

（四）激活创新驱动的运行机制

创新驱动机制是最重要的动力机制，只有不断完善创新驱动机制，才能保障创新驱动活动健康、稳定运行。要处理好政策激励与企业对接问题，关键是要形成稳定、灵活的创新驱动机制。创新驱动发展的效率和质量，很大程度上取决于机制的运行状态和运行生态，这一生态结构

---

① 《创新驱动发展：创新高校科技发展方式的转变——2012年度教育部科学技术委员会年会综述》，《中国高校科技》2013年第1期，第4—8页。

② 浙江省人民政府办公厅：《关于印发浙江省"八培增、两提高"科技服务专项行动总体实施方案的通知》，2013年7月18日。

③ 浙江省教育厅：《浙江省高新园区产学研合作对接专项行动计划（2013—2017年）实施意见》。

可用图 2 - 1 表示：

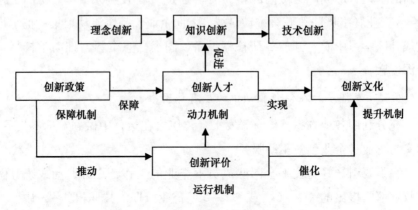

图 2 - 1　创新驱动运行机制结构生态

　　从创新驱动运行机制的内在结构生态图来看（如图 2 - 1），创新人才是动力机制，创新政策是保障机制，创新文化是提升机制，创新评价是运行机制。要素间互为作用、形成生态循环。创新人才是实现创新文化的基础，创新政策是孕育创新人才的保证，创新评价催化创新人才和创新文化的产生，创新政策推动创新评价的改革。创新人才推动理论、知识、技术的创新。多方形成良性互动循环，推动创新机制稳定、健康的运行。

　　创新驱动机制中的各环节之间连贯性强，关系密切。一个环节的实施通常会影响到另一个环节的推动。创新人才是动力机制，是第一推动力。人才是科学发展的第一资源、第一要素，是转型之要、竞争之本、活力之源。如何吸引人才、如何使用人才、如何培育人才是地方高校在创新驱动机制运行发展过程中的首要任务。有了创新人才才能促进理论创新、知识创新、技术创新。政策的创新不仅能"筑巢引凤"，形成国内外优秀人才向往和聚集的"磁场"效应，吸引人才、留住人才，还能最大效率地激发人才的潜力，为区域经济社会发展服务。同时，创新政策的推动带来评价机制的创新，进一步反映在创新人才的考核和工作效率上，能大大激发创新人才的工作热情和创造热情，发挥人才创新优势，催生、带动地方区域文化创新，形成良好的创新驱动发展氛围，助推区域经济崛起。

注：本文发表在《教育发展研究》2014（7），《中国社会科学文摘》2015（1），人大复印报刊资料《高等教育》2014（7）复印。

第二节 绩效指标

针对当前国内高等教育绩效评价的价值矛盾、推陈出新的评价方法、指标之争，探讨由谁评、用什么方法评以及评什么的绩效评价构建思路，我们拟构建新型农民学院绩效评价体系。从新型农民学院评价需要出发，将评价理论与实践操作相结合，通过协商筛选，最终形成绩效评价体系，为新型农民学院办学绩效评价做理论建构。

一 机制创新：新型农民学院的内涵与外延

新型农民学院是指地方高校整合多方资源，专业落地促进区域农业经济可持续发展并带动区域经济社会的均衡发展，地方经济社会又同时反哺高校产学研发展和专业建设，实现对高技能农业人才培养的农业职业教育的重要创新平台。是政府、院校、行业企业、基地、学员"五位一体"的联合体学院。

国内同时也存在新生代农民学院以及农民学院的概说，需要进行概念辨析。对新生代农民学院的解释立足新生代农民以及现代化农业的需要，而我们实践提出的新型农民学院不仅要满足新生代农民以及现代化农业的需要，更是立足区域经济发展的需要进行生态存养的区域学院探索。"新型"一词首先出现在国家关于新生代农民的政策文件中，其次在具体的实践项目上本节所探索的新型农民学院提供的不仅是培训体系和科研服务，还是积极构建大学生农民培养的制度。另外，就农民学院而言，新型农民学院强调"新型"，是在丽水农民学院、湖州农民学院、浙江农民大学等实体学院实践案例经验总结基础上，考察机制创新后实践的"新型"成果，旨在立足国家政策供给的同时积极探索学院办学新机制新形式。数据分析证明新型农民学院是以正和博弈思想为指导，跳出学校个体整合多方力量的同时发挥学校助推力量的联合体式产业服务学院，三个概念既密切联系又有着内涵区别。

借用眭依凡教授的大学定性、定位、定能理念①对新型农民学院做出三个方面的基本特征概括：一是从定性的角度分析新型农民学院应是学者教学（平台为主）、科研和从事社会工作的场所；新型农民学院还是保存、生产、传播知识与应用知识的组织；新型农民学院是研究"三农"、地方（区域）生态农业学问与农民增智的机构；新型农民学院也是政府主导、学校、企业等多元主体地位平等利益共享的组织联合体。二是从定位的角度分析，新型农民学院的直接服务对象是新生代农民，间接服务对象包括区域生态农业发展的社会责任以及服从国家地方政府安排的使命。三是从定能的角度分析，新型农民学院应当具有培养新生代农民、从事"三农"研究、助推地方生态经济发展、服务地方产业发挥区域农民内外价值的直接职能。

二 新型农民学院运行现状及问题分析

（一）新型农民学院现状

笔者结合市场营销大环境 PESTEL 分析模型及波特五力模型理论转化而得到新型农民学院的大环境分析图（图2-2）。

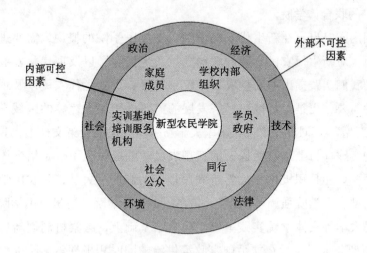

图2-2 新型农民学院大环境分析

① 眭依凡：《大学校长的教育理念与治校》，人民教育出版社2001年版，第11页。

新型农民学院作为社会组织的重要成员，与其活动的社会环境有着密不可分的关系，想要规避风险把握机会，就必须进一步对新型农民学院的大环境做出判断。笔者借管理学界较为成熟的 PESTEL 分析模型及波特五力模型对新型农民学院的宏微观环境进行转换。PESTEL 分析模型指出任何组织都存在于政治、经济、社会、技术、环境、法律的宏观环境下，且宏观环境是企业不可改变的影响因素，波特五力模型则提出了供应商、企业内部门、营销中介、顾客、社会公众、竞争者等直接制约和影响企业营销活动的力量和因素。其中，宏观分析模型所提出的大环境分析理论相对符合新型农民学院，这里直接获取政治、经济、社会、技术、环境以及法律作为新型农民学院的外部大环境，高职院校与普通高校相比更强调技术性，因此笔者认为六大环境应处在同样重要的地位。微观环境的理论需要进行全面的转换，如企业微观环境分析中的供应商在新型农民学院所处的地位应是家长以及家庭成员，企业内部门可以转换成学校内部的组织部门，营销中介在新型农民学院的角色更像各类实训基地、培训就业服务机构，顾客在新型农民学院中相当于学员、政府的角色，社会公众与企业中所扮演的角色是一致的，竞争者主要指提供类似服务的学校。

服务"三农"是十多年中央一号文件提倡的发展目标，培养新生代创业农民是新型农民学院的主要任务，从政策环境分析，发展新型农民学院是当务之急。内部可控因素，涉及联合体组织的成员，目标一致，齐心协力实现多赢是主流思想。外部不可控因素，虽然经济新常态下，面临的困难更加多元与复杂，但是农村富余劳动力转移，更好的更高质量的就业创业是发展的主线。综上，新型农民学院的发展环境是良好的，当然也有问题存在。

1. 新型农民学院基本情况

经过网上检索、与涉农林院校的访谈，特别是参加全国农业协作培训委的交流后，笔者了解了全国高校办农民学院的情况。下面从办学机构、组织机构、办学类型、特色项目进行介绍。

浙江省是当前举办农民学院的典型区域。湖州农民学院作为农民学院实践第一家，2010 年由省农办、浙江大学农生环学部、湖州职业技术学院联合办学。开展学历教育、职业技能教育、创新创业教育，培养高端复合型农村领军人才。随后，丽水农民学院、衢州农民学院、金华农民学院相继成立。2013 年 12 月浙江省委、省政府在浙江农林大学和省农科院等科研院所成立浙江农民大学。开展实用人才培训、创业人才、新生代农民培育，农民大学生项目、成人高等教育是其特色。省外较为典型的是江苏农林职业学院在 2011 年办的农民培训学院，省农委和宿迁市政府共建、市农委管理。开展中短期农业培训班、农业专业学历教育。"学校＋企业＋农户"新型办学模式是其特色。

新型农民学院培训工作起步普遍较早，前身都在各省市担任相应的农民或成人培训工作，浙江省按照"省级设立农民大学、市级设立农民学院、县级设立农民学校"的农村人才培养思路，在已有湖州、丽水、衢州、金华农民学院办学实验点的情况下继续推进新生代农民培养工作，并成立浙江农民大学，形成基于高校与科研院所合力的全国第一个省级农民大学。各市级农民学院更是作为农民学院实践先锋，积极探索基于新生代农民、服务"三农"研究的发展方向，形成了一系列丰富的成果。

2. 新型农民学院个案分析

浙江省第一所市级农民学院是湖州农民学院，学院工作由学院管理委员会领导、市本级和三县分院统筹管理，依托湖州职业技术学院进行办学。四位一体农民大学生培养项目成为农民学院新发展方向，并形成了政府主导、多元主体参与的农民办学体系。农民教育方面更是强调探索结合地方结构的多层次教育类型，在技术推广工作中探索多方资源整合模式，为地方农业产业和新生代农民培训服务。[①] 为调动学员积极性进行培训模式创新与探究，在课程设置上侧重实用与产业需求，并编制完成了湖州农民学院的乡土教材，为落实理论与实践服务，在后期服务中形成跟踪指导，对优秀潜力学员更是不断给予支持与表扬推广。[②] 在学院特色品牌中包含了大学生计划，各类地方产业实训基础，并在此基础上形成了特色农产品"银杏果晶""湖羊产业""康源"牌黄桃等湖州地方

---

① 王柱国：《"四位一体"农民大学生培养实践研究——以湖州农民学院办学实践为例》，《高等农业教育》2013 年第 7 期。
② 焦淑明：《湖州市新生代农民培育对策的研究》，硕士学位论文，浙江大学，2014 年。

农业品牌。

丽水农民学院是继湖州农民学院后浙江的第二家农民学院。2012 年至今新型农民学院进入创新发展时期，学院进行了双元制大学生培养工作探讨、"三位一体"人才培养模式探析、正和博弈联合体学院建构、进乡入户精英师资建设等创新活动，并积极整合多方资源开展分层次多样化的培训模式研究，如关注农民产品的 O2O、新农业经营主体和"丽水农民超市"劳务品牌打造，帮助农民增收的同时开展非物质文化遗产的保护项目，多方面的有效工作得到政府和社会的认可。在资源开发利用上展开正和博弈多方合作办学工作，形成了政府主导、学校培养、行业企业参与的联合体合作办学实践。构建了"政府 + 教育集团 + 行业企业"的人才培养合作机构。在助力区域农业经济发展上打造了多个"云和师傅""松阳茶师"、农村创客、乡村讲解员等系列的劳务品牌，助力以中药材、茶叶、水果、食用菌、蔬菜为主的生态精品农业，并结合丽水经济转型特色进行了"公社食堂"农家乐、"柿子红了"民宿、"白鹤尖"现代农业精品园区等生态旅游产业提升与新创工作。在创新培训模式探索中为满足各类农民培养需要形成技能培训、创业创新培训、学历教育为主导的培养模式，构建了"北界红提""城北猕猴桃"等多个生态农业教授服务基地（平台），鼓励"三农"一线师资"站在村头开讲座、拿起枝条作讲解"。打造亲农、尊农、为农的丽水精英农师服务团队，脚踏实地地为农民和地区经济发展做贡献。

两所学院在"三农"研究上分别承担了多项"三农"课题，如湖州农民学院先后申请了多项省市级课题，丽水农民学院承担了国家社会科学基金"十二五"规划课题和农业部课题，分别获得多个教学研究奖项，受到政府、同行和媒体的关注。获得好评的同时还不忘对外开展双向的沟通交流，互相学习探索有效的新生代农民培养经验。

在社会服务体系上新型农民学院除了在教育培养上整合多方的资源去满足服务农民提升需要，更是不忘对每一批培训学员和学历教育学员进行跟踪服务，让直接受众群体对学校工作给予反馈，通过问卷和回访探索有效经验与不足之处，形成双向互动友好发展的服务亮点。

（二）新型农民学院存在主要问题

1. 人均资金不足

新型农民学院的成长离不开领导和社会的关怀，但多年的实践经验中仍然面临人均资金不足的问题，新型农民学院的生源群体广泛，能够全面承担农民转移培训是学院努力的方向。在探索的道路上我们不仅要提高现有农民技能文化，更要紧跟时代的需要提前储备高技能现代农民，学历制的农民大学生和本科学制的农民大学生培养，提供大众化教育的同时培养一批精英学者农民。另外因群体差异跨度大，需要在培训和培养模式上多样分类，如"千里送教情暖丽商"特色活动，都大大增加了投入。资金的投入到位是新型农民学院做大做强的重要保障。

2. 生源差异性大

我们面对的农民群体与普通学校的生源不同，学员之间文化差异巨大。高中文化比例低，初中占比高。基础文化差异同时又影响了农民的思想层次。在实践教学中存在部分学员小农意识强，只顾眼前利益。虽然培训食宿提供并免收学费，但参与培训的主动性积极性不强，学习纪律不强，阻碍了农民培训进度和效度。因此宣传与实际成果是我们说服农民的有效措施。另外生源巨大差异性与农民创业工作岗位区域分布广度，对新型农民学院办学提出了更高的工作要求。

3. 深度服务力度不够

新型农民学院为积极服务新农村发展，组建了以产业特派员、农村工作指导员以及科技特派员为主体的"三农"教授服务团队。他们服务示范基地建设、新产业培育的同时，走乡进户进行数据采集。在"田野作业"社会调研过程中我们发现区域农民的特色产业及问题，比如食用菌从业农民是技术性农师，他们的工作难度和技术含量与农民工大相径庭。青瓷等丽水"三宝"从业者需要解决技术技能积累与传帮带工作，现代学徒制面临新短板。为学员解决难题，为教学整合有效的资源，各方形成友好互动，实践工作深受当地政府和老百姓的欢迎。另外开展积极有效的社会调研是把握新一轮培训市场与机遇的有效方法，做好前期的社会调研有利于进行市场和农民意愿的有效结合，设计的培训项目更"接地气"。新型农民学院在不断的实践发展过程中，仍然因为师资和人力的约束条件，深度服务无法满足学员需要。

4. 理论研究不足

对照整个职业教育以及农民教育的研究成果，相应的质量保障体系显然在农民教育中还没有得到足够的重视。虽存在少数绩效评价的研究成果，然而就学校自检的绩效评价体系还尚未建构，在质量保障体系上更是缺乏相关的理论研究。新型农民学院的研究团队主要由本项目负责人以及课题成员构成，但课题成员在学校往往肩负多项职责，是兼职研究员，严重影响着理论研究的进度与深度。就新型农民学院理论研究的内容来说，主要集中在创新实践理论研究中，包含合作办学、人才培养、培训机制、品牌建构等主题内容的探讨，有关质量保障的研究还不够完善。

5. 培训人员的重复性与受惠面的局限性

新型农民学院作为示范培训项目的示范性培训院校，在培训项目与培训对象的选择上设有一定的产业要求，全市能够参与培训的人员在相同项目的情况下随着时间的推移，会在一定程度上重复，相应培训内容将不能满足培训需要，学员构成的特殊性将影响农民学院日后的培训工作，如何提升农民参与的积极性、扩大农民培训的受惠面都是农民学院一线工作直接面临的挑战。针对双元制学员的学习情况发现学员自主学习主动性不强，不能有效将所学用到自己的工作中，资金费用不足，难以满足办学成本的增加，一定程度上影响高层次教学的质量。

三　新型农民学院绩效评价体系构建需厘清的核心问题

（一）新型农民学院绩效评价由谁"评"

绩效评价构建文献中，存在"经济属性"还是"社会属性"，"判断"还是"回应"[①]，"社会本位"还是"个人本位"，"统一指标"还是"相对指标"等绩效评价的不同声音，那么教育绩效评价的核心问题到底是

---

① 戚业国、杜瑛：《教育价值的多元与教育评价范式的转变》，《华东师范大学学报》（教育科学版）2011 年第 2 期。

什么？笔者认为当前学校绩效评价的矛盾均始于评审者的价值观选择。[①]
当前主要包含官方（政府）、社会（公众）、校内评审人、学员评价等四
类绩效评审者，不同的评审者代表形成不同的评价价值取向。

办学绩效评价主体应该是主办者，为达到公平公正的目标可以有中
介性的第三方。从宏观层面看，委托培训主体政府职能部门如农办、农
业局、人劳社保局及其委托机构是评审者主力量。从中观层面看，用人
单位如行业企业、基地、合作社及其委托方是主评审者；从微观层面看，
培训的客体如学员及其委托方是评审者。

新型农民学院绩效评价的目标包含目标检验与发展的需要，是我们
多年办学实践过程中自我诊断的需要，进行评审者价值整合有利于掌控
教学绩效评价的混乱局面。解决途径可以按照实践性、主体性、功能性
的原则对四者价值取向进行整合，以期达到确定主体性的同时多元呈现
各类价值的要求。

实践性要求新型农民学院所选择的评审者应能够满足实践操作的要
求，可以获取相关的数据资源；另外要求所选择的评审者能够将国家以
及农业教育相联系，能够把握国家和农业未来的发展趋势，因此以学者
为代表的校内评审人应首当其冲是新型农民学院评审者的主体。

主体性的原则要求综合考虑各评审者价值取向的表达，关注其他三
类评审者的需求，通过主体性的体现达到激发教育活力，调动相关群体
对学校绩效评价的热情。因此，在确定以校内评审人为主的基础上，要
充分调动其他评审者的主体参与性。

功能性原则是指新型农民学院评审者的选定要发挥绩效评价的功效，
选择的评审者个体或是组织应能够发挥出学校绩效评价的作用，学校绩
效评价应满足个体和社会发展功能的统一。

因此，新型农民学院评审者组合中将采用校内外合作的方式，坚持
以校内学者型评审者主导，其他三类评审者有效参与的合作方式，进行

---

① 杨彩菊、周志刚：《第四代评价理论对高等职业教育评价的启迪与思考》，《中国职业技
术教育》2012 年第 10 期。

多元呈现的价值取向的整合。①

（二）新型农民学院绩效评价用什么方法"评"

归纳总结前人的教育绩效评价方法的研究成果，是新型农民学院绩效评价方法立足过去把握未来的有效途径。从绩效评价方法的优缺点出发，辩证地看待和吸取适合新型农民学院的绩效评价方法。现在已有的绩效评价方法及其优缺点对比如表2－1所示。

表2－1　　　　　　　　已有绩效评价方法优缺点

方法	优点	缺点	使用范围
AHP层次分析法	多目标、多层次	容易受评价者主观影响	基本采用
泰勒目标评价理论	方便操作	不能保证目标的正确性	基本采用
投入—产出理论	经济分析	教育评价不适用	多人采用
三重盈余理论	生态效益与社会效益	操作性不强、不完整	少数
CIPP评价理论	诊断性功能	缺乏价值判断、操作性不强	少数
第四代评价理论	共同建构	耗时、折中价值	部分

1. 宏观层面评价方法构建

借助层次分析法与投入产出以及目标评价理论的组合，形成以投入产出为总衡量目标的层次分析结构是新型农民学院绩效评价体系的初步构想。然而想要构建一个完整的新型农民学院绩效评价指标体系，层次分析法并不能完全符合要求，只有与多种方法补充完善才能从宏观的趋势上步步细分与填充具体的指标内容，因此笔者将选取两种主要方法作为新型农民学院绩效评价的方法去把握绩效评价的整体内容。针对投入产出的缺陷将结合三重底线理论以及CIPP评价理论进行修正，对AHP层次分析法的问题可以借助第四代评价理论进行修正。

2. 中观层面评价方法构建

新型农民学院绩效评价将认同目标以及第四代方法的优势，充分把握泰勒目标评价理论的操作性优势，利用第四代评价理论的协商回应优

① 崔国富：《新农村与城镇化建设视域下农村教育综合改革研究》，中国文史出版社2014年版，第5页。

势去改善目标正确与否的缺陷；针对第四代评价理论的缺陷，泰勒目标评价理论的目标性以及操作性可以缩减时间成本。就其价值折中的问题，笔者认为在评审者的多元价值呈现的安排中肯定了新型农民学校绩效评价的主导价值，这也对第四代评价理论进行了内容的限定与补充。因此新型农民学院的评价方法将结合两者的优势互补来进行绩效评价的体系构建过程中的指引。

3. 微观层面评价方法构建

投入产出理论在迁移到学校绩效评价的过程中，存在着多种缺陷。如投入产出理论侧重绩效评价的产出，忽视中间的过程绩效评价；CIPP理论则在评价要求上提出了过程评价、发展性评价等内容[①]，可以有效地对投入产出的不足进行补充。另外，投入产出在其产出的指标上存在争议，三重盈余的评价方法打破企业经济绩效评价的唯一指标，然而在新型农民学院绩效评价的具体指标运用上，笔者认为可以借鉴三重盈余方法的思想，结合更为贴切的新型农民学院大环境因素进行绩效评价体系建构的有效迁移，补充完善投入产出方法的不足。另外已有研究中绩效评价在评价过程中往往忽略投入部分的评价，笔者认为投入部分是必不可少的，只有通过自身的对比，才能避免学校个体绩效评价起点不公平的缺陷。[②]

（三）新型农民学院绩效评价"评"什么

文献选择范围说明：本章以农民学院绩效、高等教育绩效、职业教育绩效为搜索词进行检索，选取知网前 20 页内容，得到相关检索内容农民学院绩效 1 篇，高等教育绩效 47 篇，职业教育绩效 29 篇（表 2 - 2）。在已有文献的基础上找到有效数据 43 份，对于农民学院绩效数量少数的情况进行范围放大，对于其他数量较多的以范围收缩为主。不能保证全面的统计分析，旨在可行的基础上对已有的数据进行收集。

统计数据显示在相应数据范围内有效绩效指标构建体系文献共 43 份，按照年份的数量可以看出，教育绩效指标评价的研究正在逐年递增。

---

① 蒋国勇：《基于 CIPP 的高等教育评价的理论与实践》，《中国高教研究》2007 年第 8 期。
② 骆徽：《我国高等教育公平指标体系研究——基于 CIPP 评价模式的视角》，《教育发展研究》2012 年第 11 期。

在指标的选择上，其中将投入产出作为一级指标的有 17 份，不包含单项的产出指标。提到过程指标的同样占了 17 份，投入产出过程的指标在教育绩效评价中使用频率较高。另外，财务维度、顾客维度、核心内部流程维度、学习与成长维度的一级指标和教学、科研、社会服务的一级指标各有 7 份。经济绩效、社会绩效、生态绩效作为一级指标的有 2 份。另外，在指标的个别统计量上存在其他类型的指标，如学习绩效、基地绩效等内容，其自身的限定性数量较少。43 份绩效评价内容中 16 份指标构建体系拥有测评结果，27 份指标构建属于理论建构（表 2 - 2）。

表 2 - 2　　　　　　教育评价基础下已有文献指标使用统计

	年份	数量（份）	一级指标	数量（份）	有无测评	数量（份）
43	2002/03	1/1	投入产出	17	有测评结论	16
	2004	1	包含过程的指标	17		
	2007	2	财务维度、顾客维度、核心内部流程维度、学习与成长维度	7		
	2008	3	教学、科研、社会服务	7		
	2009	1	经济绩效、社会绩效、生态绩效	2		
	2010	4	立项指标、成果指标、延伸指标	1		
	2011	4	学校管理、教师教学、学生学习	1	无测评结论	27
	2012	5	个人教育收益、组织教育收益、社会教育收益	1		
	2013	6	办学效率、办学成果、办学效益	1		
			学习绩效	2		
	2014	6	基地绩效指标	1		
	2015	8	办学条件、教育管理等单项指标	个别		

从具体的指标内容来分析，除去表 2 - 2 大量采用的固定指标，其中个别统计量表中相关利益者还提到了农民学员、教师教学、学生学习、服务对象评价、顾客维度、个体和组织等指标。在外部产出中指标也包含了教育输出、学习与成长评价、经济绩效、社会绩效、生态绩效、科研、教学、农民的经营能力提升、新技术采用项数、农业收入提高、组织化程度等各项内容。可见相关利益者的态度正逐渐被教育绩效评价采纳，并且在产出的指标设置中也可以看到除教育成绩外的其他因素的测评。

四　新型农民学院绩效评价体系构建说明

（一）新型农民学院绩效评价体系的留白与模糊性

教育绩效指标与管理界的绩效指标有相同之处，也存在较大的不同，学者专注绩效指标的研究，可以看到绩效在迁移的过程中无论是指标的理论还是评价的理论都在不断地更新。探寻适合的有效的方法一直是研究教育绩效学者们的出发点。我国绩效评价体系正在探索阶段，可喜的是通过学者们的努力，正有缺陷地发展着。另外，绩效评价是不同时代的产物，面临着多元的价值主体冲突，不同的价值观选择不同的绩效测评方向和要求，因此绩效评价在构建测评的过程中都不是中立的，是评审者价值建构过程。其次指标的概念在跨界过程中呈现多种不同的解释。已有研究中邬志辉在概念研究中就指出："教育指标作为一种研究工具，它可以服务于多种多样的目的，从不同的视域或目的出发，就可以形成不同的认识。"首先在概念上很难形成一个共识性的定义，其次指标的模糊性，两者都容易引发对绩效评价的信度、效度的质疑。[1]和所有学者一样，创建一个最优最全最适用的评价指标是我们的初衷，然而随着深入的研究，发现绩效指标不仅仅是产出与可测量的数据的汇总，教育的绩效指标拥有大量的隐形产出，考虑可操作性，所选择的指标可能并不能直接确定或者完全确定教育效果，完全的无置疑的教学绩效评价几乎是

---

[1]　邬志辉：《教育指标：概念的争议》，《东北师大学报》（哲学社会科学版）2007 年第 4 期。

不可能建构的。[①] 因此，我们初拟的新型农民学院绩效指标评价体系是有留白的绩效评价，并不是一个闭合的评价体系；同时绩效指标评价系统是个模糊系统，带来"模糊"的统计结果。尽管现有的绩效指标评价有其缺陷，但是通过绩效测评检验学校办学情况，可以有效激励学校可持续发展与保持优势改进不足，故此，坚持完成新型农民学院绩效评价体系构建。

（二）新型农民学院绩效评价体系建构路径

1. 理论建构

借助文献学习，分别从绩效评价、教育评价、绩效指标、教育指标等相近的关键词组出发，发现有关农民学院绩效评价的研究只有少数，且以农民专业合作社的形式居多，并不符合新型农民学院的绩效测评要求。农民学院以及高等职业学院绩效评价的研究也不多。扩大搜索范围得到我国绩效评价的讨论主要集中在普通高校绩效评价，在此认知上找寻各类学校绩效评价的文献，从价值混乱的绩效评价问题中找寻纷争起源，分析四类主要评审者的价值观，解决由谁评的价值冲突。

2. 方法筛选

在已有成果的基础上归纳总结学者在绩效评价中所提出的各类方法，从学校办学目标和宗旨出发确定新型农民学院绩效评价的目标。在绩效评价目标的基础上结合各类方法的优缺点，筛选最适合可用的绩效评价方法。确定总体采用投入产出的代表性绩效理论，结合 AHP 层次分析法的多目标理论、CIPP 评价理论的过程评价、三重盈余的社会责任扩展理论、第四代评价理论的协商优势，形成投入产出为总框架、多目标多方法结合的评价方法组合。

3. 指标筛选

具体的指标选择上，从已有文献的数据统计中发现绩效评价指标的趋势，借鉴指标的定性与定量相结合和可操作性的要求，参考范远江绩效评价的概念，从实践层面和理论层面对新型农民学院绩效评价进行实践与理论的基础架构，确定重要目标层和下一级指标层。借用相关利益

---

① 冯晖、王奇：《高等教育绩效管理体系探析》，《中国高等教育》2012 年第 7 期。

者和外部产出指标的同时结合新型农民学院大环境，最终在投入评价内容选择师资力量、物力资源、财政资源为下一级指标。内部过程绩效选择组织管理类、教师、学生等下一级指标。外部产出确定经济指标、社会绩效、生态绩效、政绩绩效、文化绩效等下一级指标，相关群体满意度确定为政府认可度、社会公众美誉度、学员满意度、成员满意度等作为下一级指标。

从文献争议出发，沿着解决由谁评、什么方法评、评什么的三个问题的主线，采用循环图形凸显整个建构路径与循环的紧密联系的过程，新型农民学院绩效评价指标是多种理论互相影响、多元主体多种价值冲突的建构过程。

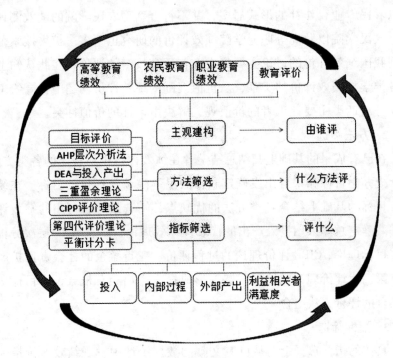

图 2 – 3　新型农民学院绩效评价体系建构路径

（三）新型农民学院绩效评价表讨论

表 2 – 3 是在谁评、用什么方法评以及评什么的路径思想下所构建的评价体系，该体系期望结合定性与定量的测量手段，包含了主观的满意

度评价和客观的数据测量指标。立足学院发展的愿望由校内外评审人牵头，多方利益相关者参与评价的组织形式。采用宏观、中观、微观的评价组合方法，结合新型农民学院外界大环境和具体评价理论与实践的指标建设，选择具体的评价指标。

将绩效评价划分为投入部分、外部产出部分、内部过程绩效、利益相关者满意度四级目标层。并在投入部分设置人力、物力、财力的二级评价指标。外部产出综合考虑相关的外部大环境，初步设置社会、生态、文化等指标。内部过程绩效主要由目标合理性、理念创新度的管理指标、教师学历、技能提升率、学生毕业就业技能提升度等指标建构。利益相关者通过新型农民学院的相关利益者分析最终确定为政府、社会（雇主、家人、同行）为最具有亲密度的社会群体和学员、员工的满意度的测评指标。此外，表 2-3 坚持半封闭，采用留白评价方式，主要用于体现学校特色及创新等指标。欢迎专家、学者修改和补充。

表 2-3 新型农民学院绩效评价

绩效	准则层	一级指标	二级指标
投入	学生输入		生源学历成绩、生源技能
	师资力量		学历水平、技能情况、研究情况
	物力资源		
	财政资金		资金落实情况、实际支出情况、财务管理情况、会计信息情况
外部产出	社会绩效	农村经济发展的贡献	富余劳动力转移情况、增收情况、实训基地增加减少统计
		社会事业建设的贡献	创业情况、品牌情况
	生态绩效	环境保护	绿色农业情况、增减污染情况
		资源利用	土地利用情况、水电利用情况
	文化绩效	科研成果	
		专利	
		学校获奖/批评	

续表

绩效	准则层	一级指标	二级指标
内部过程绩效	管理运行	目标情况	目标合理性、完成进度、完成质量
		理念更新情况	组织机构、组织制度、监督管理、财务管理
	教师指标		技能提升度、学历提升度、获奖/批评
	学生指标		获奖/批评、就业率、学历提升度、职业技能提升度
	其他		招生增长率、学校规模变化
利益相关者满意度	政府	政府认可度	
	社会公众	社会公众美誉度	雇主满意度、亲属满意度、同行满意度
	成员	成员满意度	行政人员满意度、教师满意度、合作者满意度
	学员	学员满意度	教学质量评价、课程内容满意度、服务质量评价、培训效果认可度
留白指标			

新型农民学院办学主体多元，主体间的核心诉求不一致。办学目标差异度大，特色项目可比性小，绩效评价的定量指标特别是迭代分析难度大。人才培养模式、教学、课堂、评价等高校的教学巡查指标度量困难。社会满意度、生态绩效、文化绩效、社会绩效的考评更是起步阶段。可复制、可推广的绩效评价体系需要进一步探索与实践完善。

　　注：本文观点发表在《教育发展研究》2016（2）。

第三节　评价方法

　　我们在构建新型农民学院绩效评价体系的研究中发现，基于机制创新的绩效评价需要处理四对关系，落实三项核心内容进行价值取向的控制，并从评审者"多元呈现"的组织层次构思和评价方法

"优势互补"的组合构思创新评价体系。

一　新型农民学院绩效评价体系四对关系

我们创新与实践的农民学院，是政府、院校、新农业组织等共建的集培训与学历教育于一身的联合体式创新组织，作为组织共性的几对关系首先需要界定。

"经济属性"还是"社会属性"。组织的经济属性还是社会属性争论起源于企业社会责任之争。企业社会属性之思形成了影响范围较大的利害相关者理论和三重盈余理论为基色的企业社会责任理论。受该理论的影响，许多学者在不同的领域就绩效评价达成了共识，即任何组织或个体绩效评价应包含经济属性和社会属性，继而引发了学校绩效评价属性的探索。学校绩效评价起源于高等教育机构资源竞争的需要。在学校办学环境资源紧张和经济下行压力下，舆论与公众的力量日益凸显，学校不可避免地改变以往资源竞争的需要从资源配置和教育声望为主的绩效评价内容，延伸到社会属性的探究。[①]研究者已经认识到用经济学概念的绩效去评价高校是不科学的，并在对学校绩效评价的社会属性中加入了生态等其他社会属性指标，还提出了基于满意度的社会属性测评。但已有研究中绩效评价的社会属性的具体指标并没有得出一致的答案，各个领域在社会属性的指标选用上也各不相同。学校绩效评价社会属性具体指标应具体包含哪些内容，是经济属性与社会属性之争过程中还未解决的问题。

"判断"还是"回应"。[②]判断还是回应是对第三代教育评价理论以及第四代教育评价理论的一个比较引用。笔者借用判断和回应的对比关系，旨在探讨学校绩效评价过程中传统的旧式的评价方法与现代的新型的评价方法的关系。笔者发现学者存在肯定现代的新的评价方法具有多种优势，可以对教育评价理论形成较大影响，而忽视现代的新的评价方法是否存在缺点的情况。推崇新的评价方法的过程中容易割断传统的旧的评

① 张民选：《绩效指标体系为何盛行欧美澳》，《高等教育研究》1996 年第 3 期。

② 杨彩菊、周志刚：《第四代评价理论对高等职业教育评价的启迪与思考》，《中国职业技术教育》2012 年第 10 期。

价理论，或是以对比关系的形式凸显新方法的优点，以此形成具体评价理论下的一类以迁移研究为主的成果。另外，在传统还是现代的评价方法的关系中还存在着多种方法共存的观点。传统和现代的评价方法的有效组合将成为未来研究的主要方向。在已有的文献中虽有新方法推崇的主张，但在实际的运用中，更多的研究者参考引用的同时，更倾向于多种方法的多元组合。

"社会本位"还是"个人本位"。社会本位与个人本位的辩论指教育目标的主张者各居一派。社会本位论者认为教育的目的是满足社会发展的需要。个人本位论者认为教育的目的是满足个人发展的需要。部分学者指出当前的教育评价重教育的社会价值忽视教育的个人价值、文化价值，认为当前的教育绩效评价是以社会本位为主，忽视了个人价值的评价体系。①比如，已有的农民满意度以及农民学习力等单项的个体学校绩效评价的研究，研究者旨在挖掘体现教育中个人的体验以及发展的价值。虽然教育绩效评价中社会本位与个人本位的争论没有明显的分歧，但也能在已有研究者的取向和言语中看到对社会本位教育绩效评价的不满，强调教育绩效评价过程中个人本位价值的观点已在形成过程中。新型农民学院担负着多方面的职责与使命，绩效评价是学校综合办学能力的反应，个人本位不能代表学院的全部，应该认识到社会本位衡量机制的不足，呼吁对学校办学绩效评价中个人价值的关注。

"统一指标"还是"相对指标"。统一指标还是相对指标的问题思考起源于范远江对标准的评价指标体系的一个提议，似乎这应当是构建指标体系的研究者的最终追求。查阅已有的研究成果存在概念的模糊现象，绩效评价概念从经济学迁移到学校绩效管理的争论较多。有学者提出这种迁移是不合理、不科学的，因为经济学与教育学的属性有较大出入。另外，后现代主义者认为指标是个立场指标。每个主体都带有他的个人价值观，潜移默化地已经在数据收集分析的过程中选择了所要的指标，指标构建主体根据不同的需要分配构建的比例，并且需要参考各类利益相关者的立场设计主观指标。正如邬志辉提到资料收集不是中立的、概念

---

① 戚业国、杜瑛：《教育价值的多元与教育评价范式的转变》，《华东师范大学学报》（教育科学版）2011 年第 2 期。

具有模糊性的意思。学校办学性质不同也会影响评价内容，比如高等教育与职业教育和基础教育的要求各不相同，又或者就统一的职业教育性质的学校，其办学条件和背景又各不相同，学校绩效指标能统一吗？统一后的指标具有真实的测量效果吗？它能有效诠释公平吗？在已有的争议声音中笔者认为范远江所讲的基本的公认的指标仍需要有很多的限定与前缀。[①]

二　新型农民学院绩效评价落实三项内容

（一）新型农民学院绩效评价的评审者选择

笔者从学校绩效评价评审者价值观审视开始讨论。通过对绩效评价体系相关问题的思考，混乱局面的根源思考成为研究过程中急需解决的重要问题。分析相关问题虽然面对的问题内容各不相同，但是可以看到各方的主观态度与倾向。评审者根据需要来选择学校绩效评价追随什么目标、采用什么方法、设置什么指标，后期呈现的争端起源大多是评审者价值选择的结果。因此对学校绩效评审者的价值观进行审视，有利于认识绩效评价的争议现象，下面就四种主要评审类型进行价值取向分析。

官方（政府）评价的评审主体评价的核心内容是检验经费投入的公平效益、经济效益和社会效益。在学校教书育人的使命下增加高等教育服务社会和经济发展的使命，侧重产出的等级鉴定功能。从宏观管理的角度为政策制定、经费分配以及高校管理做决策参考服务。比如浙江省教育评估院的毕业生职业发展状况及人才培养质量调查报告。政府作为学校绩效评审者最根本的价值取向是"公共利益"，从国家战略发展的角度维护社会公共利益。

社会（公众）评价的评审主体评价的内容侧重教育质量，优点是能够公平对待评审内容，缺点是价值观不同形成的结果大相径庭。评价数据信息的不完整或者短缺带有操作缺陷，评审主体评价的价值判断来源于已有成果，缺乏对投入和过程价值挖掘的优势。社会公众作为成分

---

① 范远江、杨贵中：《农民专业合作社绩效评价研究范式解析》，《经济纵横》2011 年第 10 期。

复杂的系统，从职业、阶层、社会角色等划分种类繁多，视角与维度也各不相同，如站在经济学的角度，将学员当作学校的"产品"，家长和雇主分别是消费者和供应商。社会群体有不同分类，对学校就有不同的诉求。

校内评审人的"满意"价值取向。校内评审人绩效评价的目的是通过办学成果向主管部门、纳税者、高校展示学校办学效益，为各类相关性群体提供满意答卷。比如近几年浙江省各高职院校的毕业生就业质量年度报告。校内评审者具有先天的地位优势，有利于把握学校组织过程管理的状态。但是校内评审者的绩效评价中容易出现"报喜"护主价值倾向，重表现学校办学的良好形象，避谈弱势。另一类学者型的校内评审人则因为学校长远发展的价值倾向认同绩效评价所带来的诊断性的优势，为学校运行做出检测，在已有成果的基础上补好短板，以改进和学校发展作为绩效评价的目的。该类群体从"发展"的价值取向研究学校办学绩效，旨在激励学校工作人员不断前进。

学员评价的评审主体与社会公众评价主体具有某些相同的特征，即两者都由多种价值个体组成，每位学员对绩效评价会带有不同的价值取向，较为集中统一的价值态度有以下几种：就业增收的价值取向，即通过学习使学员获得工作的机会以及增加收入的愿望；幸福感的价值取向，即从教学生活的质量来评价学校工作的有效性；自我完善的价值取向，即学员期望通过学院工作完成自我提升或者增加学历和技能的需要，自我完善的需要按马斯洛需要层次理论的排序处于个体需要的最高阶段，因人而异，本身包含了多种价值选择。

（二）新型农民学院绩效评价的方法分析

梳理高职院校绩效评价的几种典型方法，分析当前已有的绩效评价方法的利弊，笔者分析新型农民学院既不赞成割裂的对立选择，也不能盲目地拿来整合，而应该从适用性、层次性、互补性综合考虑绩效评价的方法。

新型农民学院绩效评价方法分析，有三方面需要讨论。

首先，进行 AHP 层次分析法和投入产出分析法的分析。AHP 层次分析法将决策有关的元素分解成目标、准则、方案三个层次，采用定性分析与定量分析相结合的方法。因其适用于多方案多目标的非结构化复杂问题的分析过程和系统分析性以及实用性的优点在绩效评价中广受欢迎。然而 AHP 层次分析法也有其局限性，其作用之一在于择优，判断计算的过程中定性方法受到主观影响较大，不能形成精确的答案。

DEA 数据包络分析适用于同类型组织多指标投入与产出的相对有效性评价，在学校教育评价中占有相当采用率。鉴于投入产出分析更适合新型农民学院作为独立的绩效评价主体的需要，将投入产出的情况作为分析的重点。投入产出理论因其研究实际经济问题的优点广泛用于经济分析、经济预测和经济控制等方面，但考虑到学校是个复杂联合体，与企业注重经济效益不同，学校的办学成果具有后延性，且学校办学成果存在多种不可测的隐形收益，因而投入产出分析在教育绩效评价中同样存在弊端。

新型农民学院作为一个复杂的联合体，承担着多方职责和多项目标要求，层次分析法因其多目标的分析过程从适用性上首当其冲成为新型农民学院不可或缺的重要方法，而绩效评价的经济问题属性，使投入产出方法广受欢迎。另外在方法的组合上，层次分析法和投入产出方法都具有较强的适应性。然而需要注意两种方法除了上述优点同样存在不足，因此有必要综合选取该两种方法作为宏观层次的总规划方法，整体上建构绩效评价的总框架，而利用其他的方法作为补充，形成多层次的评价方法体系。

其次，进行泰勒目标评价理论和第四代评价理论的分析。泰勒目标评价理论主张多种评价手段与方法的综合性评价。这种方法通过目标的确定大大增加了评价的可操作性，成为教育评价科学化的标志。然而泰勒目标评价建立在目标设定的基础上，目标的合理性以及预定性限制了评价的质量。有学者反驳该理论在目标不合理的情况下，评价效果不仅无意义且难以发现非预期的效果，并且指出该方法存在忽视多元主体需要的情况。泰勒的目标评价理论虽然存在很多缺点，但在实践操作中，却作为绩效衡量的一种有效方法被广泛应用。

第四代评价理论以回应协商和共同建构的特色在教育评价中受到追捧。该理论认为教育评价的目的在于提高工作质量，重视评价结果的使用和推广。众多学者都从其优势进行解读与引用。那么第四代评价理论真是完美的吗？笔者认为，多方协商必定是意见的折合，是各方真实心理以及利益折合下的妥协与退步，特别是评价多主体的联合体学院，更应多方博弈。回应与协商的过程大大地增加了时间的成本，而共同建构应是建立在各方主动参与的强调下才能完成的。

泰勒的目标评价理论和第四代评价理论与其他方法不同属于教育评价领域的研究成果，在新型农民学院的绩效评价方法上有其教育评价的普适性，主要的问题集中在方法本身的分歧，迁移过程中的不适反应最低。笔者将两者作为中间过程层面进行方法的构思，一方面是出于两者方法的宏微观适用性考量，其中目标评价理论不仅适用宏观设计也适用微观的指标构思，另外第四代评价理论的协商等现代评价理念同样适用在各个层面，对整个教育评价都具有指导的意义。另一方面分析两种方法的利弊，虽然第四代评价理论作为新的研究成果有其先进性，理性地判断两者各有优缺点。目标评价理论可操作性强，第四代评价理论的协商等特性又能把握目标的整体方向，因此两者具有互补的可行性。

最后，进行三重盈余理论和 CIPP 评价理论的分析。三重盈余理论认为一个企业在关注自身利益的时候，还应该坚持经济、社会和环境的底线。该理论的提出掀起了企业社会责任观的讨论并得到认可。三重盈余理论同时被认为是某种类型的平衡计分卡方法，即从经济、社会效益、环境效益的衡量指标和目标进行评价的绩效管理体系。随着三重盈余理论的发展，研究者正为确定学校教育绩效评价的影响因素和衡量指标不断努力。

CIPP 评价理论最初由背景评估、输入评估、过程评估、成果评估四个内容构成，在不断的实践中后期将成果评估修改为影响、成效、可持续性、可应用性评价。该理论坚持绩效评价改进的功效，整合了诊断性、形成性评价和终结性的过程评价。在后期的改进中更是突出了发展性的评价，然而该评价模式不能直接套用，适用性需要根据实际情况进行修改。并且评价效能取决于合理性决策和民主公开的过程，因侧重描述性评价，有研究者提出此种评价方法不具备价值判断的功能。

笔者选用三重盈余理论和 CIPP 评价理论作为微观方法的构思，一方面出于方法自身的特色。如三重盈余理论不仅在理念上打破了绩效的广度，更是一种平衡计分卡方法的延伸，即从社会、经济、环境三个角度构建的绩效评价体系；CIPP 的过程性、发展性评价理念与新型农民学院评价需求吻合，两者的方法思路对新型农民学院的微观评价指标建设具有强烈的启发意义。另一方面两者在不同程度上弥补了其他方法存在的缺陷，其中 CIPP 的背景评估、过程评估可以有效弥补投入产出方法的不完整性，而针对当下绩效评价重产出忽视投入的问题，三重盈余是产出的新思考方向。CIPP 的背景评估是学院绩效评价内容公平的有效依据，只通过成果的对比缺少投入的分析的绩效评价是没有意义的。

（三）新型农民学院绩效评价的内容选择

1. 实践层面

根据农民学院绩效、高等教育绩效、职业教育绩效的关键词进行搜索，获得全部 77 篇有效文献，其中高等教育绩效的检索数据最多，有 47 篇；职业教育绩效的检索数据为 29 篇，占据第二位；农民学院绩效的检索数据最少，只有 1 篇。针对新型农民学院绩效评价评什么的问题，在相应的总文献期刊下获取有效指标建设的文献 43 篇，是数据统计的主要参考资源。

2. 理论层面

虽有许多学者对教育绩效评价/指标试图做个清晰的界定，然而教育绩效评价/指标的概念至今仍存在争议，现整理已有学者从相近的几个概念提出的解释（见表 2 - 4）。

表 2 - 4　　　　　　　　　　部分学者教育绩效相关概念统计

作者	定义解释
陈玉琨	教育评价是对教育活动满足社会与个体需要的程度做出判断的活动，是对教育活动现实的（已经取得的）或潜在的（还未取得，但有可能取得的）价值做出判断，以期达到教育价值增值的过程
代蕊华	马丁·凯夫等人指出绩效指标是通常用数量形式测量高校活动特征的一种官方的测量工具。这种测量既可以是序数性的，也可以是基数性的；既可以是绝对性的，也可以是相对性的；既包括有固定的、机械的程序，也包括一些非正式的如同行评价或声誉排行等过程

续表

作者	定义解释
范远江	绩效评价是指立足于组织长远发展,以提高个人绩效和组织绩效为基本目标,以组织功能的实现度、组织运行的有效性和组织服务对象的满意度为基本衡量指标,对组织的运营效果和功能发挥的一种综合性衡量
冯晖	绩效评估(Performance Evaluation)源于企业的绩效考核(Performance Appraisal),是指按照一定的标准、通过定量定性分析、对企业(或员工)一定时期内的经营(或工作)业绩和效益进行评判
邬志辉	后现代主义者认为教育指标不应仅仅对教育系统或现象的客观状况进行说明,还要对教育的利益相关人的感受、态度和评价进行测量,即运用主观指标

资料来源:陈玉琨:《教育评价学》,人民教育出版社 1999 年版,第 12 页;代蕊华:《西方高校的绩效指标及其评价》,《外国教育资料》1999 年第 6 期;范远江、杨贵中:《农民专业合作社绩效评价研究范式解析》,《经济纵横》2011 年第 10 期;冯晖、王奇:《高等教育绩效管理体系探析》,《中国高等教育》2012 年第 7 期;邬志辉:《教育指标:概念的争议》,《东北师大学报》(哲学社会科学版)2007 第 4 期。

　　综合学者相应的教育评价、绩效指标、绩效评价等概念的界定,从构成因素上划分高校绩效应是现实与潜在的高校绩效结构;从方法上划分应是定性与定量方法的有效组合,比如浙江省对高校的千分制评价;从状态上划分高校绩效评价应是动态的、发展的;从功能上划分高校绩效评价应是包含满足社会和个体需要程度,体现高校功能实现的评价;从具体的内容上划分,高校绩效评价应是学校活动的全部过程的综合评价。另外部分学者提出高校绩效评价中相关利益者的主观指标,以及基于时间界限的绩效评价界定。

　　如陈玉琨教授认为教育评价是达到教育价值增值的过程,马丁·凯夫等人指出的教育绩效是官方的测量工具,显然这些观点在后期并没有得到延续,有其自身的局限。结合绩效评价的可操作性原则,以及概念的完整性,笔者认为范远江的绩效评价理论会更加具有参考意义且更符合当前理论发展的整体性成果要求。参照高校绩效评价的方法成果,确定投入部分、外部产出部分、内部过程绩效、利益相关者满意度的四级目标层作为新型农民学院绩效评价体系的根本内容。

三　新型农民学院绩效评价两点创新

（一）新型农民学院评审者"多元呈现"的组织层次构思

新型农民学院评审者价值取向多元建构中，倾听不同立场的声音，将学院办学目标和价值定位作为逻辑起点，去除非此即彼的对立思维，辩证地接纳各方的论证，综合考虑价值取向的理论导向和实践导向作用，构建最为适合学院发展和自审的多元呈现的评审者组合模式。笔者认为新型农民学院绩效评价的评审者价值取向构思可以遵循实践性、主体性、功能性的原则进行整合。

从实践性原则考虑所选择的评审者价值取向应当是在理论基础以及资源获得的基础上进行。把握理论的前沿并拥有调取数据的操作性才能将理性思维结论与实践检验相结合。从实践性的下层要求归纳，评审者的特征应当处于相应的优势位置，靠近一线资源或者以组织的形式可以获得资源。评审者应该具有新型农民学院发展的理论基础。把握相应概念的时代特征，预见把握新型农民学院发展新趋势的能力，从价值取向的首要选择上应更加赞成政府和学校代表性质的组合原则。

主体性的原则是指强调新型农民学院绩效评价应该从层次的设置上不同程度地接纳合理价值取向，并通过主体参与调动主体的积极性。新型农民学院将综合考虑四种类型的评审者的层次组织，通过主次层次安排表达对学院各方主体需求的尊重，全面地看待学院办学效果。

从功能性的原则考虑新型农民学院绩效评价的评审组织应为绩效评价的功效服务，价值取向应符合学院发展的要求。从这个角度考虑，学者型的学校组织更加适合新型农民学院绩效评价的需要。面对潜在的弊端，笔者认为政府型价值取向的评审者从公众利益出发，可以扩大学校绩效评价的社会性功能。

综合三大原则，新型农民学院绩效评价的评审者应坚持以学者型学院成员为主、政府引导、社会和个人参与的评审者多元整合。[①]

---

① 崔国富：《新农村与城镇化建设视域下农村教育综合改革研究》，中国文史出版社2014年版，第5页。

（二）新型农民学院绩效评价方法"优势互补"的组合构思

新型农民学院绩效评价方法将整合已有的多种评价方法，达到优势互补，形成从宏观到微观的方法建构。首先选取具有大方向构建意义的层次分析法和投入产出评价方法在宏观上构建新型农民学院的衡量内容。其次在构建的过程中参考泰勒目标评价理论和第四代评价理论，增加操作性的同时注意把握目标的正确性。最后借鉴三重盈余理论和CIPP评价理论、平衡计分卡法等作为下级考量指标进行微观层面方法的设计。

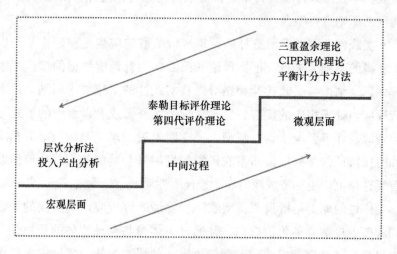

图2-4　新型农民学院绩效评价方法构建

笔者发现已有绩效评价研究成果的几组相关问题，是新型农民学院绩效评价体系构思的启发之源。正是发现当前学校绩效评价体系中多主体价值选择冲突、学校绩效评价方法争议、多层次指标混乱的现象，才形成本章新型农民学院绩效评价由谁评、用何种方法评以及评价具体指标的问题解决构思路径，形成多元呈现的主体价值组合、三级绩效评价方法的宏微观设置、四级目标层的具体指标成果。最终从理论与实践两个层面为新型农民学院绩效评价指标体系构建服务。

为了深入了解近年来新生代农民培育情况，笔者以三个样本为实验对象进行行动研究，并根据农业生产特点和农民思想、意识、行为等特征，借鉴"人口素质理论"和"冰山模型"理论，在考察分析新生代农民的健康、生活、专业技能、培训需求、心理等因素的基础上，对浙江丽水地区新型农民培养情况进行抽样调查和全国农业培训协作委参会人员进行深度访谈。

案例2—1
云和县新型职业农民试点

2012年农业部出台了新生代农民培育试点工作方案，确定全国100个试点县，云和县是浙江省三个试点县之一。为切实加强新生代农民培育工作，助推现代农业发展，实现农村全面小康，我们在全国教育科学规划项目及其成果《柔性助推："云和师傅"劳务品牌》的基础上，对培育新生代农民问题进行了近一年的跟踪调查研究，对168个行政村（以下简称"云和样本"）进行了"口述纪实式"调查。访谈对象涉及"云和师傅"，"云和师傅"的决策者、组织者。结合农业部"新生代农民教育培训机制探讨（浙江组）"项目，增加了职业农民教育培训的调查内容，并对留在云和县创业的农业高技能人才"云农高师"进行补充调查。同时，对云和县培育高技能职业农民的现实性、必要性及其重点、难点进行了实证分析。研究结果显示，培养高技能职业农民是发展现代农业的核心问题，政府、院校、基地、农企、农人"五位一体"联合培养现代农业职业农民是主渠道。

主要问题：

（1）土地流转机制尚未健全。培育高技能职业农民的重要条件是土地适度集中，以基地的模式实现适度规模经营，这是高技能职业农民产生和生存发展的基本环境。当前云和县虽有67.5%的农民已转移就业，但仍然把承包地看成养老"活命田"和就业"保险田"，不愿意将土地转让出去，难以成片租赁，影响了土地、山林适度规模经营。土地流转大多处于自发和无序状态，各方利益不受法律保护。

（2）基本的职业声望未能体现。职业农民应有的社会尊重和社会地位尚未体现。尽管政府出台了"云和师傅"等政策和措施缩小城乡差别，提高农民社会地位，但都有局限性。在户籍管理的"城乡二元"

壁垒、伤亡赔偿的城乡差别等根本性制度约束下，农民还是弱势群体。职业农民现有的社会地位和社会尊重等职业声望考量指标，与其在推动现代农业发展中的作用极不相称。这已成为培育高技能职业农民的重要障碍。

（3）职业农民培育机制尚未完善。培育高技能职业农民是一个根本性、基础性、战略性的工程，必须从"顶层设计"开始政策制度保障。教育、科技、农业、职业技术培训等部门合力打造高技能职业农民群体。我国涉农院校只培养干部，不培养职业农民。政府相关部门也想培养职业农民，但各干其职能范围的工作，统筹力量不足。高技能职业农民的"文凭"与"技能"难以衔接，职业农民培育机制有待完善。

立足区域，服务区域，寻找适合的新生代农民培养方式和途径，国内外学者进行了许多有效的探索。英、美、法、德、日等国都出台了法律法规与奖励政策。比如设立专门管理机构，以核心农户为重点开展农民创业培植等措施。英、德等发达国家为了缩小城乡差别，率先发展农村教育，加强农民教育培训，实行全国农业职业资格统考制度与职业准入制度。法国农业院校达900多所，农业教育包含各类学历和资格证书层次，每年有10多万农民接受职业培训。在美国，职业资格证书每3年更换一次，以此促使人们参加终身教育和后续发展教育。

云和县是丽水职业技术学院产学研全面合作伙伴，按照浙江省科技助推新农村基地建设项目"云和县崇头村新农村科技发展示范"工作要求，我们联合体式建设食用菌学院、旅游养生学院，并向现代农业示范基地选派"服务三农教授团"和产业联络员、科技特派员。同时，在校生中通过"二次招生"，开办现代农业创新创业班，在有基地的农业龙头企业主中开办农民大学生班，进行对比实践，总结并提出"五位一体"新生代农民培养模式。

"五位一体"人才培养模式，是指"学校、政府、基地、新农人、农企（合作社等）"在正和博弈思想指导下，开展联合体式区域协同创新的人才培养机制创新。学校以高职院校为主体，包括"校校企"、中高职衔接教育合作成员，如高校、科研院所、职业学校等。政府以县级政府为主，包括有基地合作的乡镇。基地包括两类：一是有形基地（指从事生态农业生产、服务的现代农业龙头企业、农业新经营主体、新农村建设示范基地等农业实习实训场所）；二是虚拟基地（指高校的联合体合作对象，如产业学院、职业教育集团）。政府学校基地"五位一体"协同培养现代高技能职业农民是现代农业发展的必然趋势，是现代农业对人才培养提出的必然要求，三方面共同努力，展开工作。

案例 2—2

创新创业实践班

"五位一体"协同培养现代高技能职业农民是丽职院建设浙江省示范性高职院校过程中的教育改革活动。目前正在积极建设的现代职业农民创新创业实践班：农林类（家庭农场主方向，涉及领军班等三类）、艺术类（摄影、广告、油画方向）、财贸类（农家类综合体、农业新经营主体）。

现代农业创新创业班已办过 2 期，设置了项目总策划人、执行人、创业导师、班主任等工作机构。制订了创新创业班学员遴选方案。开展了宣传报名工作，初步选定符合条件学员 139 名，已在家庭实有创业基地为考量指标核定学员 35 名。该班作为农林类高职的精英班，培养的是领军人才，学校量身打造培养方案。

项目组成员作为观察员和主要设计组，全程跟踪项目进展情况。

"双元制"大专的招生对象为 18 周岁的成年人，通过国家组织的成人高考考试录取。当前设置绿色食品与经营专业，开设了较为成熟的油茶与食用菌方向的班级，以 3 年制函授形式完成技能＋学历的双元学习。通过学分制完成学校课程学习计划，毕业要求为学分要求＋课程成绩＋毕业论文及产业经营成果。"双元制"农民函授实行免学费的政策，学员的学习只需自付住宿以及代管费。师资构成上包含了丽水职业技术学院涉农专业的教师及优秀行业农业专家，课程的制定主要根据人才培养方案由继续教育学历管理办组织。在筹备阶段，通过深入调研制定有针对性的培养方案，进行理实结合的课程创新设置。教材的选用上除了相应的理论具备的专业课程书籍外，与授课老师协议普遍采用自编教材。理论课程包含思想修养、政策法规、职业规划与职业指导、考证课程；专业基础理论包含生产技术、加工技术、农产品经营以及实践课程几大板块。不同性质的课程根据需要安排不同的课时，半年中组织 1—2 次的集中授课学习，课程结束后组织考试通过获得相应的学分。

案例 2—3
联合体学院

联合体学院是丽职院建设浙江省示范性高职院校过程中的体制机制创新方面的实践。丽职院与庆元县政府、庆元县职高、丽水微生物研究所共建食用菌学院；与浙江丽威科技有限公司、丽水职业教育中心、云和县职高共建丽威 IT 服务学院；与丽水旅游学校、丽水汽运集团有限公司、丽水电大共建旅游养生学院；与浙江天喜控股有限公司、缙云职业中专共建天喜控股培训学院。

联合体学院按照高职院校产学合作"四共"原则，即共同投入、共同培养、共同使用、共同发展的原则开展联合体式合作。目前已开展全日制招生，开发中高职衔接教材、教师互派互访、联合开展教研活动等，运行状况良好。

职业农民的培养，涉及各方利益的整合，边界效益是必须考量的，特别是节点问题的正和博弈。比如联合体式合作，体制边界方面需要突破一些制度性障碍；利益调整的过程中要把握好利益边界，保护弱势群体。

食用菌学院已第三年招生，学员正进入 3＋2 考试中高职衔接培养的高职入学阶段。已开发《食用菌基础》等四门中高职衔接教育课程和校本教材。旅游养生学院设立了课程开发等五个中心，招收学员 300 多人进入成人教育大专阶段学习，开发《食品养生》《体育养生》等六部校本教材。举办两期高技能人才培训班（龙泉青瓷、青田石雕）。天喜控股培训学院目前招收学员 200 人，学员已辐射邻近的几家企业，正进行与企业共建研究院。

第四节　保障体系

以丽水农民学院为案例，对其质量保障体系进行改革探索。我们通过 10 年跟踪实地调研考察其教育背景、保障活动以及保障模式，提出基于联合体学院质量保障体系存在的三大问题。采用质量保障体系、质量保障理论建设和内外影响因素分析方法，在迭代融合理念下重构联合体学院静动态保障框架，从保障内容的角度绘制体系要素表。

一　联合体学院质量保障体系建设背景

（一）新型农民学院教育背景

浙江省委、省政府 2010 年就新型农民教育提出了浙江省关于"省级设立农民大学，市级设立农民学院，县级设立农民学校"的发展规划，各地积极响应省委省政府的号召，通过建立分层分级农民教育组织网络，为新生代农民提供家门口的教育服务。

农民学院一般挂靠地级城市的职业技术学院或广播电视大学，利用院校的教学设施与教学力量，调动当地农业部门和科技部门的技术力量。地方政府建立职业化农民培育专项资金，开展点面结合的职业化农民培育新模式，构建新型职业化农民培育新机制。

我们的案例院校——丽水市农民学院，主管单位是浙江省以农业为特色的地级城市，2012 年正式成立。经过多年努力，该农民学院成功打造成"三农教育"的区域特色和品牌优势，在省内乃至国内形成了自己的品牌，积累了具有地方特色的宝贵经验。

我们讨论的新型农民学院是农业高等职业教育的重要平台，是整合多方资源的联合体学院。它旨在解决农村技术人才缺口，推进农业产业化经营和产业结构调整，促进农民素质提升和收入水平的提高，丰富农村人力资源培养理论。在决胜全面建成小康社会的进程中，新型农民学院综合发挥了促进资金、技术、人才、资源等要素流转的作用。

新型农民学院是学者教学、科研和从事社会服务工作的场所，也是保存、生产、传播区域知识与地方应用知识的组织，并且是研究"三农"、区域生态农业学问与农民才智增长的机构，也是政府主导，学校、企业、农业主等多元主体平等共享利益的联合体机构。

（二）农民学院质量保障活动的发展

以丽水农民学院为样本考量农民学院起步阶段到新型农民学院阶段质量保障体系的建设发展情况。

第一阶段是 2008 年至 2012 年，涉农院校农民培训机构重点负责农民培训、劳动力转移、农民培养工作，主要提供短期农民技能培训。质量保障侧重培训农民的数量。

第二阶段为 2012 年至 2014 年，为适应当地经济和产业结构调整，负责农民工作的市农办等 5 家单位牵头探索市、县、乡镇、村四级行政网络的联合体办学。此阶段服务三农的办学目标更加明确。重点就农民培训实效性展开理论和实践探索，为培育现代农业高技能人才，助推新农村转型发展提供后盾保障。

第三阶段为 2014 年之后，在农业部提出新型职业农民培育规划的政策背景下，农民学院试用本科双元制新型职业农民培养计划，进行了新一轮新型农民学院创新机制实践研究的探索，提出将质量保障作为研究重点之一。着重对创新实践进行评估，制定高质量发展的战略目标。

（三）新型农民学院教育质量保障体系

体系是由要素、环节、侧面、层次、主体等多方面融合构成的，新型农民学院教育质量保障框架涉及四个方面：一是学校内部质量承诺，学校基于长远发展战略目标，对战略目标质量、学科项目建设、学科教学计划、条件保障、学生质量形成责任，进行学校内部核心目标链的教学质量控制；二是政府层面的外部质量审核，主要指市农办委托第三方对农民学院采取的绩效评估活动；三是主办单位参与的过程监督，是指开展农民培养活动中学校就培养计划与相关单位达成事前协议，主办单位参与开班仪式，项目资金结算事后监督。四是审计进行农民培育事后调查，通过隔年一次的毕业生访问，考查农民学院培育工作。

农民学院质量保障四种模式的工作重点在于资金使用是否合理，农民培养活动是否如实有序进行，相关验收性材料是否齐全。

二　联合体学院质量保障体系存在的问题

为了深入了解新型农民学院质量保障建设，我们对农民学院负责人员进行了农民培育工作访谈，了解已有保障体系模式的基础上，收集了作为主要的质量保障测评工具的绩效评价表，综合分析新型农民学院质量保障体系建设，发现其有以下三个特征：

（一）注重条件保障，机制保障乏力

新型农民学院在政府和社会的支持下，通过联合体办学的形式获得了基于资金、基地、师资、设备的有形资源，在政府办学政策和农民社会保障政策下汇聚了大量无形资源，包括政策倾向、媒体宣传、四级沟通渠道等。打破了学校办学人财物的条件保障界限，真正从学校办学大环境落实农民学院办学条件。前期农民学院注重条件保障，但促进农民学院办学有序开展的运行机制还未落到实处，质量保障的管理外部呈现激励不足，侧重控制以及监督评价机制的形式化。如市农办的绩效评估，侧重办学资金使用合理性和办学效益的考察；市审计的抽查访谈，通过学院以及学员的反馈查访主办单位和学院参与农民培训过程的实际情况。主办单位监督的方式以现场观察为主，了解培训的开展情况。外部质量监督的目的侧重效益而不是质量，侧重内容和活动而不关注形式。内外沟通机制乏力，忽视学院自治的质量保障力量，强调外部政府监管作用，学院内部质量保障参与不足。

（二）注重结果评价，缺乏过程评估

丽水农民学院质量保障体系模式的四个方面中，市农办、市审计所开展的学院监督方式是一种农民学院办学结果评估，主办单位参与的前期培训计划商讨以及培养结果验收，都是基于事前事后保障的评价形式。学院内部质量保障的重点在于保证教学质量、服务质量和学生质量，仍是产出性质的结果性评价。以此分析学院质量保障四大主体监督评估注重结果评价，缺少过程评估。丽水农民学院外部审核采用浙江省"千万农民素质提升工程"项目绩效评价指标体系，该体系一级指标由业务指标和财务指标组成，业务指标下设目标设定情况、目标完成情况、组织管理水平、社会效益几项二级考核指标。财务指标下设资金落实情况、实际支出情况、会计信息质量、财务管理状况的考核指标。指标设定从组织管理水平、资金使用合理性进行结果评价。评价内容的指标考核重点在于目标完成率和资金使用合理性以及效益性，审核的绩效评价体系项目内容上同样存在重结果评价缺过程评估的特征。

（三）注重数量指标，忽视质量指标

市农办采用的绩效评价指标体系在内容安排上由业务与财务指标组成，重点分析表示教育质量的业务指标。该表业务指标下设二级指标：目标设定情况、目标完成情况、组织管理水平、社会效益四方面的学院办学质量指标，教学质量的指标未作为重点考核项目设立。整体考核打分细则以流程合理性、材料齐全性、服务满意性作为评分依据。如目标完成质量下评分指标包含是否具备平台条件、培训对象符合性；课程内容是否合理、时间是否充足、师资是否充足、培训方式是否合适、跟踪服务是否有效，都是对结果进行等级打分或者百分比的测算。这种绩效验收的工作方式必然促使农民学院质量保障工作走向量化，相关考核细则如师资是否充足可以用来说明师资力量情况。另一方面通过结果评价项目的社会效益，以就业率、经济增长数量、素质提升情况、知识实用性作为培训结果的衡量标准，同样是通过数字进行量化测算，需要进行定性与定量的综合指标改进。

三　联合体学院质量保障体系的重构思路

（一）探求农民学院质量保障体系"密码"

1. 传统质量保障理论基础

质量保障政策变迁研究将1985年的《教育体制改革》作为我国质量保障活动的第一份正式文件，国内研究将该项文件视为我国高等教育质量全国管理的政策起源。1990年《普通高等学校教育评估暂行规定》带领我国高等教育质量保障进行中国式探索。随着大众化教育时代变迁，高等教育质量保障研究不断深入，质量保障注意力从质量证明向质量提升转变。国际化高等教育强国战略布局双一流、优质校的高等教育发展目标，高等教育质量保障研究热度居高不下，深入探索如何实现和改进高校自治机制下内涵式发展的质量保障体系效度。我国传统高等教育质量管理理论基础基于企业管理基础，进行了质量控制、目标管理、全面质量管理的理论探索，目前全面质量管理和戴明循环仍是公认的教育质量管理的主流方法。

2. 质量保障理论研究新动态

高等教育质量保障现代化管理是指在现代教育体系中充分利用科学研究的新成果，采用现代教育体制、思想、理论、方式和方法等，强调管理水平要匹配政治、社会、经济、科技发展，管理要符合客观发展规律，突出管理有效性。高等教育质量保障现代化管理体现在传统高等教育国家管制到国家监管的教育质量管理体制改革，管、办、评分离原则下的五位一体中国特色教育评估新理念、新制度，充分利用大数据进行高等教育质量评估常态监控的新方法，质量保障正从"高校功能发挥"向"以学生发展为本位"的理论研究新方向转移。

动态质量观的提出源于三类，高等教育质量保障研究中"质量"内涵的动态性，有关质量的定义随着时代的变化被赋予新的含义。而高等教育质量保障体系多维社会互动的社会学特征认为，质量保障是人的活动，被提倡的多元主体、相关利益者的质量保障前沿理论正形成共识，对质量保障的需求本身就是一个动态过程，也是高校凸显高等教育质量保障特色差异化的重要思想。质量保障活动本身是一个持续改进的过程，平衡与可持续发展的需求是与时代适应融合的过程，动态环境需要动态质量观。

内涵式发展观。教育部印发《关于全面提高高等教育质量的若干意见》（教高〔2012〕4号）将高等教育内涵式发展搬上舞台，提倡高等教育科学发展在于内涵质量的建设，应当摈弃传统外延式发展观念，即靠"数量"扩展的高等教育发展模式，重点强调高校从内部结构、产需结合、学院特色、创新能力等进行高等教育质量提升路径的探索。内涵式发展反映着时代语境下高质量发展新动向，是时代变迁高质量发展需求和发展方式代名词。新时代高质量内涵式发展要求高校教育质量以创新驱动、集约高效、结构优化、绿色生态为主攻方向。

绿色管理理论是针对我国改革开放经济快速发展过程中产生的社会环境问题等短板现象所提出，也是国家社会主义现代化建设、可持续发展理念、深化改革举措的时代新需求。强调新时代管理要以满足经济、社会、环境效益为目标。丽水市新型农民学院服务三农，立处浙江大花园建设核心区，围绕"产业振兴、文化振兴、生态振兴、组织振兴"的总方针，致力打造系列乡村人才培训品牌。立足需求、市场、自然、人文、政策等外部大环境，重视农民培育综合质量，为区域经济、社会、环境效益做出积极贡献。

3. 质量保障体系的影响因素

基于高校责任主体，学者就政府、社会、高校三者责权关系进行质量保障体系的构建，以责任主体为划分标准，高校主导的质量保障体系为内部质量保障体系，政府和社会主导的质量保障体系为外部质量保障体系。新型农民学院作为一所联合体办学机制的创新试点学校，从办学实践总结质量保障体系构建过程中影响因素。其中外部直接影响因素除了大环境中国家层面的高等教育质量评估新理论、新标准，对农民学院办学质量有直接外部影响的要素主要反映在地方政府政策、人才标准、生源质量、结构机制（行政管理系统）等方面；以全面质量管理理论为基础，学院积极探索内部影响因素，总结出具有时代特点的三项全面质量管理内涵，分别是农民学院质量管理全员参与，学员招生设计到就业跟踪全过程，管理教育服务全功能质量保障体系。

（1）外部影响因素

地方政府政策。新型农民学院试点建设中，政府政策倾向为新型农民学院办学、新型农民就业提供了强有力的政策支持。市农业、科技部门等牵头单位除了提供农民培训资金，关注实训基地建设和学院宣传活动，还组织人员下乡调研，为开展农民培训做好市场基础调查与农业产业发展指导工作，实施了多项保障学院基础办学条件的政策。针对农民社会困境，市政府颁设惠农政策：第一为高技能农民创业创收提供鼓励性政策保障，如信贷优惠、设备优惠、土地支持等；第二为解决农民困难提供医疗保障、养老保障、农业保险等系列社会保障政策；第三为鼓励农民参与培育，设立专项培育资金，保障农民免费参与技能培育。市政府立足学院办学困难、农民求学困难，多层次解决农民培育矛盾，为农民安心求学、农民学院高质量办学提供了良好的办学环境。农民学院在强有力的政策支持下积极探索符合绿色发展理念的系列培训项目，从项目、人才、科技、资源多方面助推地方区域农业产业的可持续发展。

农民培训质量标准。高等教育质量评估运动在我国形成了五位一体的中国式评估制度，其评估模式和评估标准受到国际认可，五度质量标准从维度考察给高校自建质量标准树立标尺。质量标准作为高校教育质量保障的基准线，与学院办学目标的定位、质量评估维度有着密切联系。随着高等教育功能的发展，教育的关键功能人才培养是不变的使命，进一步定位好农民学院人才培养标准，遵循政策引领、社会适应性、提高满意度、进行学院办学资源和人才培养工作的落实。除了具有学院特性的教育质量内涵分析，新型农民学院紧跟国家人才培养政策变化，对新型职业农民的新概念展开素质解读与研究。从新时期农民应具备什么样的能力、素质、知识结构等问题出发，进行资源调配和专业建设，确定人才培养目标，保障办学和人才培养理念的前瞻性。农民学院质量标准的前沿性研究为高质量的农民培育保驾护航。

生源质量。生源是高校竞争抢夺的重要资源，它的影响主要体现在生源质量的高低，直接关系到学员的学习能力、管理能力以及参与程度，同时生源质量的高低与学员质量高低也成正比关系，因此各高校在生源质量之争中各显其能。考虑新型农民学院生源招入途径的特殊性，即由政府相关部门进行人才输送的特点，本研究将生源质量划分为外部重要影响因素。农民培训实践探索中，生源质量高低对农民学院办学质量有着重要影响，丽水市农民人口调查中反映农民存在低学历、高年龄的特征，该群体农民培育需求不强，相对而言，文化程度高、低年龄的农民人群参与培育的积极性更高。考虑农民培育公益性特点，农民学院根据生源特征进行分层分类培训模式探索，以实现资源整合与有效分配，即将基础性的农民技能培训工作设置在下级合作学校完成，农民学院负责重点培训项目以及示范性培训项目，并进一步提出双元制大专培训模式探索。"农三师"学员改革为笔试加面试为标准的选拔机制，从无门槛、定向筛选到设置门槛，选拔高质量，优质项目的生源，从质量提升源头进行严格把关，从而保证良好生源质量。

教育管理体制改革。我国高等教育行政管理体制实行中央和省级政府两级管理，即中央统一领导、省级政府主管、高校面向社会自主办学的行政管理体制。政府新型管理机制对服务型政府的探索，地方政府得以从法规、政策、宣传上给予学院办学更多自主管理权限，为农民学院办学创造良好体制环境保障。为适应教育体制发展和区域经济发展大环境，农民学院进行联合体办学实践，从办学主体、组织结构、管理体制等方面进行了机制新布局，力图实现共享互赢，畅通办学路径。同时农民学院立足高等教育价值功能基础，顺应教育评估大趋势，履行外部质量承诺，坚守发展期望。虽然内部质量保障体系仍处于探索过程中，质量文化构建还有待加强，但已逐步形成了以政府为主的外部质量保障和学校主导的内部质量保障管理体制。在国家教育强国战略布局双一流建设的历史转折点上，开展高等教育质量评估、教学质量改革、教学质量保障体系建设等一系列高等教育质量运动，形成了高等教育质量稳步提升的质量管理理论，引导农民学院教育质量保障体制改革。

（2）内部影响因素

以传统全面质量管理理论为理论基础，学院质量保障体系内部影响因素包含三个层面的含义，分别是农民学院全员参与主体质量意识、学员招入计划到就业跟踪全过程、从管理到教学服务全方面保障内容。

第一，参与主体的质量意识。结合农民学院办学实践，参与主体的影响因素除了学者讨论的相关利益者"质量价值取向"研究，质量管理内部影响因素还在于内部全员参与者对质量的意识，学院办学管理者、教师及中层管理团队、学员三大内部质量参与主体对质量认识共同构成农民学院质量文化。

首先，内部全员参与者的质量意识。学院内部影响质量保障的关键因素是学院领导办学质量思想。它直接关系学校办学的宏观战略，往往体现在办学目标、发展定位、人才培养目标、专业发展、学科建设目标、师资发展等重大战略决策上，是学院开展日常质量保障工作的总指挥。正确的质量观才能保证学院办学质量科学性，前瞻的质量观才能保障学院办学质量的发展性。

其次是教师与管理者的质量认识。教学质量一直是学院办学质量的关键，教师作为教学三要素之一，对教学质量的认识直接关系到学生学习效果。农民学院不同于普通高校，授课的内容需要根据学生能力及需求适当调整，同时需要花费更多精力进行学员纪律管理。被动的课堂氛围，容易形成责任弱化与最低化标准，因而教师授课的标准和定位，决定授课质量。管理人员作为政策决策直接执行者，对教育质量的认识直接影响整体办学执行水平和服务水平，两者对质量的认识直接关系到日常工作效果。

最后是学员的质量意识。教育质量的好坏除了领导、教师重视外，更加离不开学员自身态度，最为直观的表现是学员参与积极度。农民学院作为学员继续教育的一种模式，存在受教育主体的选择性，即受教育者根据自身需求选择是否参加。而当下我国农民培训现状：一是我国城镇化建设过程中为了改变落后农村地区面貌，国家提供无偿农民培训，帮助农民通过培训增加收入，提供低成本培训。该类培训参与学员中部分小农意识概念者，特别是高年龄低学历农民对再培训的认可度不高，参与积极性较弱。二是国家新型职业农民计划中，国家提供农民培训，帮助农民通过培训增收、做强产业，反哺地方经济。该类中青年农业从业者对质量有着独立的认知，有着较强的通过培训实现能力提升和产业增收的愿望。

第二，质量保障全过程影响因素。终身学习理念的倡导，使人们对教育的需求不再仅限于学生时代。农民学院的受教育者不仅包括学生也包括成人，对学员培育和服务过程也延伸到就业后。同时农民学院教育工作面向新型职业农民与高技能农民培养，培育工作具有较强的农业应用技能特色。因而在整个学员培育过程中，除了教学保障因素外，领导决策目标、条件保障、管理保障（机制保障）、结果保障、反馈改进都对农民学院办学质量有着重要影响。在教学质量上，农民学院教学保障的关键控制点在于培训项目建设、招生计划、培养计划、校本课程、师资力量、实践基地、教学模式、实践实习、管理保障、结果保障、教育评估等方面，主张以学生发展为本位，以学生成长监测、教学质量监测、师资保障监测作为教学质量控制关键点。

第三，从质量保障全面性考虑，影响农民学院教育质量的因素包括教学质量、管理质量、服务质量等。

（二）新型农民学院质量保障体系框架探索

全面质量管理理论先后形成了从目标一致的质量承诺、市场竞争的动态质量管理到相关利益者需求的动态质量管理的理论演变。新型农民学院在高等教育新格局，国家质量宏观布局中，以高等教育功能价值为基础，立足学校自我保障的内涵式发展需求，结合高等教育质量标准，从学校质量管理整体入手，坚持整体性和系统性原则，总结实践经验。借鉴前沿理论分析学院办学质量内部静态关键环节，探索以目标保障系统、条件保障系统、过程保障系统、监督评价保障系统、质量反馈系统、现代化信息系统、质量文化研究为核心组成农民学院质量保障静态框架。新型农民学院质量保障体系静态框架具体分析如下：

1. 质量保障体系的静态框架

（1）目标保障系统立足保障办学方向

目标保障系统的任务主要从以下几个方面考虑：在理论层面上首先需要保障目标正确性，要求学校办学目标、人才质量观都要符合时代背景；其次需要从目标保障动态性考虑，始终保持目标的发展性与适应性。不仅要追求正确目标，还要具有把握前沿目标趋势能力；另外在实践操作层面目标保障系统还要发挥决策指挥领导作用，为学院质量保障体系执行工作层作出规划。因此目标保障应从新型农民学院使命和办学目标、人才培养质量观、教育质量观、学校生存环境等上层思想系统考虑，保障学院办学工作的先进性与时代性。直接从政策环境、前沿理论、科技环境，内部制度、质量标准、培养方案等方面保障决策指挥系统的办学方向。

（2）条件保障体系号召多方正和博弈参与

条件保障系统是从人财物投入进行分析，随着经济发展，条件保障影响质量但不能凸显"质量"因素，因此条件保障质量评估地位被逐渐弱化。而新型农民学院坚持正和博弈联合体办学理念，通过资源整合互补来实现教育需要，这是丽水市新型农民学院的"新型"办学性质，也为获得政府政策扶持、媒体宣传等社会保障创建了条件。由此，在资源竞争模式下，农民学院的新型模式打破了学校被动等待条件的保障模式，有效拓展条件了保障资源渠道，促使更多资源向农民学院汇聚。

（3）过程保障系统促进教与学运行

过程保障系统主要指教与学的过程保障，不同于国内学者对目标保障、条件保障和学院质量保障体系组成的高度认可。学者对办学中间过程保障体系分别提出了运行保障、过程保障、教学保障等维度保障体系。

我们立足农民学院办学整体，按照宏观质量保障框架到微观保障要素构建路径，注重质量保障体系的系统性和整体性原则。实地调研中就丽水市农民学院农民培育教学质量，有针对性地从培训项目、课程内容、师资库、基地建设、校本教材、课堂管理等方面展开实践探索。针对教学模式、实践模式、培养模式进行了创新实践研究，对影响学院教学质量重要因素进行分类，构成丽水市农民学院教学过程保障系统。

（4）监督评价系统保障学院自我诊改

监督评价保障系统是丽水市新型农民学院质量保障体系不可或缺的组成部分，通过监督系统反馈学院办学实施情况，让学院办学质量如期向着目标发展，以评价体系对学院办学人才培养、服务区域经济、三农研究、相关利益者满意度进行测评，是学院办学质量是否符合标准要求的重要自查整改手段，也是指导学院目标实现、持续性发展的重要衡量工具，对督促激励学院发展有着积极作用。丽水农民学院在质量保障措施中形成了四项监督评价模式，设有相应的监督评价机制，实践中监督评估机制和信息反馈系统有待进一步完善。

（5）管理保障促进质量保障系统运行

丽水农民学院在质量保障实践措施中除了办学质量目标保障、条件保障、教学质量保障，另一大质量保障特色在于探索学院质量管理机制，以高层领导为核心，形成质量管理意识，以此开发丽水农民学院质量保障体系深度合作功能、分层教育功能、资金整合功能、资源积累与反馈功能、激励功能、自查调整功能。保障了相应环节系的有效运行，最大化支持学院人财物信息利用。丽水农民学院管理保障系统创造性开拓管理保障范围，辅助学院教学工作同时有效整合社会资源，为相关利益者提供满意服务，以此提高办学管理能力。

（6）现代化信息系统推进精准管理质量效率

现代化管理主张利用符合时代特征新成果。在信息化时代，掌握信息分析、利用信息成为日常生活必要技能，信息化管理、大数据技术被广泛使用和接受，通过建构质量保障信息管理－反馈系统，可以较全面收集省内、全国范围内农民培育信息。立足数据、分析数据，通过数据为决策提供保障，形成常态监控，将监督评价信息反馈给相关管理决策层，发挥监督评价保障功能。使整个质量保障系统从信息获取到利用更加透明便利，提高农民学院现代化管理效率。

（7）质量文化研究保障办学质量有效性

我国高等教育质量保障文化从萌芽到形成、发展已有 30 多年历史，高校在质量保障和教育评估运动中，从被动参与到主动承诺，从外部质量评估疲惫应付到内部质量文化形成，高等教育质量保障文化在国家质量评估运动实施中，已将质量文化意识融入到高校建设中，新时代中国特色的高等教育质量保障、教育质量评估研究立足中国特色，分析国外代表性质量保障经验，不断探索中国特色质量保障、高等教育评估前沿理论，为教育强国战略奠定基础。学者提出元评估研究除强调对质量保障体系时代特征创新构建，还从科学性上对建设学院质量保障体系进行反思检查，保证质量保障体系有效性和前瞻性。

2. 质量保障体系动态框架

通过实践经验总结和前沿理论借鉴，探索新型农民学院质量保障内部运作必要的质量保障内容，将学院整体运作保障框架称为静态框架；相对应的在外部影响和变动特征方面，农民学院质量保障体系还需适应动态框架，形成动静态质量保障框架。做好质量保障内外融合性，是开放性高等教育发展趋势的必然选择。静态框架是指农民学院教育质量改革发展中较稳定框架体系。动态框架是指农民学院内部变革/改革、质量形成过程和农民学院外部政治（农业政策环境）、经济（地方经济发展）、社会（高等教育需求）、文化（教育质量文化）等，主要特征在于时代性、变动性。农民学院必须充分识别动态框架发展趋势，明确学院办学面临机会和威胁，通过预见调整目标才能实现学院办学持续科学发展。

农民学院内部动态框架。首先变革重点体现在学院高层管理者决策产生影响因素上。农民学院探索联合体学院办学机制、分层分类农民培训计划、农民学院特色办学思想、农民学院办学质量文化、人才培养方案、培育专业项目建设、师资队伍建设等重点教育发展战略。上述内容具有较强的理论前沿性、时代性、社会性特征。其次农民学院内部动态框架体现在教学质量形成过程中，这是因为教育活动形成动态过程中的不确定性和教育成果延后性。农民学院教学质量保障的亮点在于精英农师库建设、人才培训模式创新、校本课程编制、实训基地建设、分层分类培训项目建设，较大程度从农民需求和市场教育环境进行教学改革。

这两类学院内部动态框架，需要学院师资管理团队紧跟教育发展战略，积极探索与市场相适应的教育质量提升策略。

农民学院外部动态框架。借鉴企业外部大环境理论进行延伸，农民学院质量保障外部大环境受到政治环境、社会环境、经济环境、质量文化环境影响。质量保障体系政治环境主要受制于国家、地方制定颁布相关高等教育和农业法规，以及政治发展形势。

遵循对国家高等教育农业法规和政治发展形势的解读，影响丽水农民学院质量保障体系政治环境的直接因素为地方政治环境和学院政策环境。丽水市依据新型职业农民培育中央政策，根据本市发展战略布局，进行农民学院办学政策引导，通过地方行政法规对农民学院教育质量进行引导和监督。地方行政法规重点围绕质量评价与奖惩规定、资源配置制度、就业政策、绿色管理制度展开行政法规政策落实。

农民学院教育质量的社会环境除了生源质量，主要指开放型办学改革，产教融入职业教育趋势下，农民学院基于中国高等职业教育大社会环境下，探索适切社会环境的高等职业教育发展战略，进行市场导向培训项目开发建设，为区域产业经济助力，探索区域特色培训品牌。

影响农民学院教育质量的经济环境因素，体现在对地方农业生产经济结构体制，发展状况，就业水平等地方经济发展现状、趋势的把握，为满足农民增收、产业增值培训需求，学院三农社会服务助推产业发展做好信息采集，为质量保障效果对比做基础。绿色管理理论背景下，绿色经济是区域产业结构发展转型的重要考量因素，如何改变粗放经济增长方式，探索绿色生态农业产业经济增长方式，是农民学院人才培养、专业建设、农业技术中的新挑战。

农民教育质量文化建设内容包括通过多种渠道宣传符合农业现代化和特色乡镇发展的人才观、质量观、价值观。地方政府作为学院办学重要参与者对质量价值、质量标准、质量评估、三农问题等问题展开相关理论研究，是科学认识质量保障有效途径，也是地方为高校质量保障建设提供导向关键。利用农业先进单位和先进个人培育积极价值观，宣传符合时代背景新型高技能人才观，引导农民以及农民学院师生形成正确质量价值取向，有利于构建农民教育质量保障文化体系。

3. 新型农民学院质量保障体系要素表

　　根据内外部质量保障体系的宏观质量保障体系分类，进一步根据质量静动态性原则对新型农民学院质量保障体系要素进行整理。为了增加新型农民学院质量保障体系实践操作性，有必要对质量保障体系的具体内容进行讨论。因此我们根据"质量保障体系"相关文献检索范围，借鉴新型农民学院质量保障体系框架，采用统计与整合方法。充分考虑农民学院质量保障个体办学特殊性，如农民学院的办学宗旨、农民技能培训特殊性、新型职业农民培养要求、已有质量保障经验、质量保障重要影响因素，进行新型农民学院质量保障体系内容要素探索，要素内容如下：

表2－5　　　　　　　　　　　新型农民学院质量保障体系要素表

一级分类	二级分类	三级分类	备注（操作层）
目标保障	思想系统	政策环境、办学思想、质量保障意识、三农理论前沿、理论研究、目标设计质量	理论与思想的前沿支持保障
	决策领导系统	制度系统、机制保障、标准保障	人才培养定位、培养计划、培养目标、培养方案、课程教学过程、教师发展、
内部保障	政府保障	政策法律、基础教育、农民社会服务保障、信息渠道保障（媒体）	社会人文环境
	学校文化	学院教育精神、农民文化类培训项目、农民职业精神、项目品牌、学风班风	
	财政资源	国家财政投入、地方财政投入	"转投为融"
	物质资源	实训基地、教育场所、合作单位实习场地、设备	物能保障
	人力资源	三农服务团（一线指导）、教师团队（"精英农师"）、农民生源（生源质量）	生源与招生报告

注：内部保障的第二列中"政府保障、学校文化、财政资源、物质资源、人力资源"属于"条件保障"。

续表

一级分类	二级分类	三级分类		备注（操作层）
过程保障	管理保障	组织结构保障		运作保障 信息通畅 认可度
		工作支持系统		
	核心业务保障	农民培育工作（教与学）	探索：培训项目、课程内容、师资库、基地建设、校本教材、课堂管理创新：教学模式、实践模式、培养模式	学生成长报告（学习投入情况、能力增值情况、职业成熟情况、）、教学质量与改进报告师资发展保障（教师敬业度调查、教师能力保障分析）
			结果保障	学习评价、资格证书认证、满意度调查、毕业生跟踪报告、毕业生发展跟踪报告、合作单位评价
	延伸业务保障	三农科研		学术项目奖惩、一线指导奖惩
		农村社会服务		农业增效报告、农民满意度、社会效益、
反馈保障		信息保障系统（文化）		
		反馈保障系统		
外部保障	监督保障	监督保障	组织结构、监控机制、	
		评估保障	组织结构、评估方法、评估指标	优质校建设、教学诊断、专业评估

如表 2 - 5 所示，新型农民学院质量保障体系期望通过内外部保障体系框架、遵循质量保障整体性、系统性原则，采用宏观到微观分层分类原则，构建学院质量保障体系要素表。

讨论构建的保障内容涵盖学院办学前后整个动静态过程，从办学大环境和内部运作模式上使学院质量保障体系更加明晰，为农民学院办学质量保障提供参考。静态框架中目标保障系统保证学院工作方向正确性与领导性；条件保障与过程保障从学院办学重要质量影响因素分析保证学校办学质量；监督评价保障体系通过过程控制管理来保障农民学院办学质量；质量反馈保障体系保障学院办学质量信息良性循环，使质量监督与评价信息能够有效得到利用；现代化信息系统推进现代化管理质量效率，质量文化研究保障质量体系有效性。动态框架中政治环境、社会环境、经济环境、质量文化环境的讨论分析，为农民学院办学把握机遇，规避威胁。

　　注：本文核心观点发表在《丽水学院学报》2017（2）。

第 三 章

新经营主体培育

"治本于农，务兹稼穑。"农产品靠土地供给，土地靠农民耕种。农业现代化的核心是人的现代化。现代新型农民是什么样的？2017年3月8日，习近平总书记在四川代表团参加审议时指出："就地培养更多爱农业、懂技术、善经营的新生代农民。"这应该是答案的一种。

李克强总理说促进农业稳定发展和农民持续增收，健全农村"双创"促进机制，支持农民工返乡创业，鼓励高校毕业生、退役军人和科技人员到农村施展才华。

丽水在深化农村综合改革的过程中，坚持以创新土地制度为先导，夯实农业集约化投入的基础，通过在公开市场上向专业大户、家庭农场、农民合作社、农业龙头企业流转承包经营权，实现多种形式的规模经营，形成了"龙头企业＋专业合作社（家庭农场）＋基地＋农户"四位一体的农业产业化经营体系。同时采取措施培育新型农业经营主体，培养懂技术、善经营、会管理的新型农业经营主体，加快"自然人农业"向"法人农业"转型。特别是探索与实践的"加快农业生态化、生态产业化、产品电商化、电商富民化"的农村电商特色发展之路，独具丽水特色的农业经营体系新模式。①

---

① 迟全华、陈建波：《农村综合改革的丽水样本》，浙江人民出版社2016年版，第2页。

第一节　农业主体

从富兰克林·H.金的《四千年农夫》到费孝通的《乡土中国》到熊培云的《重新发现社会》、郭正一的《一个人的乡村》到石嫣的《我在美国的洋插队》以及《社区支持农业》等，都讨论着各种模样的农民，因为不同环境中生活着不同的农民，他们有各自不同的人生。

站在高校学者角度的二代农民、乡镇干部眼中的农民、大学教师作为第一批农村工作指导员接触的农民，视点一直在变。虽然中央一号文件一直关注农民问题，群策群力却至今难以解决，农村劳动力转移与就地转型就业创业等一直纠结的问题，没有肯定管用的答案。

新农民运动在不断创设平台，我们成立旅游养生学院、食用菌学院，调查"云和师傅""松阳茶师"等技术技能农民，开展特色传统产业龙泉宝剑、龙泉青瓷、青田石雕的从业者培训，从新型农业经营主体、乡村民宿创客、乡村讲解员到"美途丽水""云和云居"，以及新开始的"两山之路"建设，有许多的新农民运动的理想与实践，创新驱动应该是关键词。

"三农"工作始终是全党工作的重中之重，也是习近平总书记最牵挂的工作。十八大以来，习总书记就"三农"工作提出了一系列新理念新思想新论断。2013年12月习近平在中央农村工作会议上指出："中国要强，农业必须强；中国要美，农村必须美；中国要富，农民必须富。"这"三个必须"，深刻揭示了"三农"工作与国家富强、民族振兴、人民幸福的内在联系。2015年习总书记在吉林调研时指出："任何时候都不能忽视农业、不能忘记农民、不能淡漠农村。"这"三个不能"，从历史维度揭示了"三农"发展规律，表明了持续加强"三农"工作的鲜明态度和坚定决心。2016年4月习总书记在安徽凤阳县小岗村召开农村工作座谈会强调指出："要坚定不移深化农村改革，坚定不移加快农村发展，坚定不移维护农村和谐稳定。"这"三个坚定不移"，释放出了党中央全面深化农村改革的强烈信号。

在2017年中央经济工作会议上，习总书记进一步把农村供给侧结构性改革摆在前所未有的高度，深刻指出："要坚持新发展理念，把推进农业供给侧结构性改革作为农业农村工作的主线，培育农业农村发展新动能，提高农业综合效益和竞争力。"习总书记这一系列重要论述，是做好新时期"三农"工作的重要遵循，是我们研究人员做研究的重要指导思想。

新农业经营主体是新生的农村力量，是集合社会资源致力发展新农村的主体力量。新型农业经营主体是促进我国现代化农业发展的重要力量，"互联网＋新机制"的创新产生了神奇的魔力。浙江推出的特色小镇，更是农村新经济的新引擎。

定制农业、会展农业等农业新的业态不断呈现，农民专业合作社需要换代升级，O2O线上线下共同体，农产品营销渠道的升级等，"两山之路"丽水的共有区域品牌建设，如丽水山耕、丽水山居、丽水山游、丽水山养、丽水山戏等开展营造和推广。马云提出的"新零售、新技术、新产品、新模式、新金融"，更需要新兴农民成为新的农民群体，成为勇立潮头的新人类。

一　新主体探索的背景和意义

以家庭联产承包为起点的农村改革进行了30多年，我国农业已进入新的发展阶段，结束了农产品长期匮乏与短缺的历史，农产品产量不断提高，供应日益丰富，并出现了结构性和地区性的过剩，取得了令人瞩目的成就。但是由于农业人口众多、人均土地规模小，农业生产成本高、产出低，以分散经营为主的农业生产方式较为落后。农业生产力水平、劳动生产率和科技贡献率仍然较低，传统农业生产方式尚不能有效促进农民收入增长。尤其在加入WTO后，随着社会分工的扩大和农业专业化、商品化程度的提高，我国农业生产需要逐渐与国际生产标准接轨，生产目标也要由过去单纯追求产量增长转变为突出产品的质量和效益。在这种情况下，转变农业发展方式势在必行。

以家庭承包经营为基础、统分结合的双层经营体制，作为农村基本经营制度该如何与时俱进，已成为又好又快推进农业现代化的一个关键问题。党的十八大和2013年的中央一号文件都提出了推进农业经营体制创新、加快农业现代化的新任务。

农业经营体制的创新是一个不断探索和逐步完善的过程，笔者在调查研究中发现，各地在实践探索中既有许多创新的经验，但也存在不少问题。比如，在农业市场化、国际化和现代化的新背景下，如何解决小农户的家庭经营与大市场的矛盾问题，如何培育现代农业经营主体，如何使农业更加具有竞争力，如何使农业劳动者致富，如何确保农产品的质量安全等问题的解决都有赖于农村基本经营制度的完善和创新。核心任务是要处理好稳定农村基本经营制度与创新农业经营体制的关系。在坚持农业家庭承包经营长久不变的基础上，加快推进农业双层经营体制的创新，构建集约化的家庭生产经营与产业化的合作服务经营相结合的新型农业双层经营主体，以高校、科研院所与新经营主体的协同创新，助推"三农"事业发展。

二 国内外研究研发现状和发展趋势

（一）农业双层经营主体的研究

国内学者大多认为，我国农村基本经营制度就是指以家庭承包经营为基础、统分结合的双层体制，农业和农村发展必须长期坚持这一基本经营制度。但这一基本经营制度目前存在一些不完善之处，应该进行制度创新，从产权理论、家庭联产承包责任制的制度缺陷、农村集体产权的所有权改造、农村土地所有制改革以及农村基本经营制度等不同的角度对我国农业基本经营制度问题进行研究与讨论。主要内容有：（1）赋予农民长期而有保障的土地使用权，建立健全农村土地使用权流转（交易）市场；（2）依法确立土地承包权收益物权性质，强化对土地承包经营权的物权保护；（3）发挥集体经济组织的功效，大力发展农民专业合作经济组织。

国外许多学者关注着我国农村改革与发展，认为发生于20世纪70年代末的我国农业家庭承包责任创新，对提高我国农业生产效率、促进农业发展发挥了巨大作用。但同时也认为我国农业基本经营制度存在许多不完善的方面，需要进一步改革创新。

国外的农业经营体制主要有以下几种模式。

第一，美国的一休化经营。根据农业关联企业与农业结合的方式和程度不同,美国的农业一体化经营可分为两类:一类是农工商综合体。农业生产与产前、产后各关联环节纳入一个统一的经营体内,形成完全垂直一体化经营的综合经营。另一类是合同制。即私人公司通过与农场主签订合同,在严格明确双方责、权、利关系的基础上,进行业务往来的一种经营方式。

第二,日本、韩国的社会化农协。日韩两国的农业体制很相似,一方面利用工业反哺农业,把它作为农业和农村现代化的牵引车。另一方面,日韩两国都拥有农业协同组织,该组织层层都有,户户参加,覆盖面广,业务范围也十分广泛。经营业务主要有购销、信用、保险和共同设施利用。其之所以能促进农村经济发展,核心因素有三:一是政府立法支持;二是有兴办实体支撑;三是组织健全且不断巩固。

第三,以色列的农业经营组织形式,主要包括基布茨和莫沙夫两种。以色列是协同创新能力发挥效益最好的地区,它的农业经营模式集中体现在农业生产的高度集约化。土地全部属于国家所有,国家将土地分配给基布茨和莫沙夫的每个家庭,所有的土地不容许买卖。以色列全国农业生产经营全部实行订单生产。基布茨统一组织生产销售,莫沙夫的农户与公司签订销售合同,以色列绝大部分农产品就是这样出口到欧美各国。

(二)协同创新

国内关于协同创新的科研成果主要有:水常青和郑刚等(2004)从协同的渊源出发,首次使用"协同创新"的观点来论证作为复杂性系统的企业创新过程中各子系统间的相互作用是有利于创新的。胡恩华在(2007)首次提出"协同创新"概念,认为协同创新(Synergy Innovation)是指集群创新企业与群外环境之间既相互竞争、制约,又相互协同、受益,通过复杂的非线性相互作用产生企业自身所无法实现的整体协同效应的过程。张巍(2009)对协同创新的内容做了研究,认为协同创新包括五个方面的内容:产品的协同创新、原材料和零部件的协同创新、市场营销的协同创新、需求的协同创新和物流运输的协同创新。吕静、庆军和汪少华(2010)通过系统分析目前主要的协同创新模型,提出了改进的中小企业协同创新模型,并采用"智猪博弈"模型,深入分析了政府行为对中小企业协同创新的影响。

2011年胡锦涛在清华大学百年校庆的讲话中针对高等学校与科研机构和企业的合作提出协同创新的新要求。

周健、刘永（2011）认为学科集群和产业集群（双集群）的有机结合和良性互动会使国家和区域的协同创新能力跃上一个新的台阶，由此产生了双集群的协同创新。杜兰英、陈鑫（2012）提出了一种与政府部门、企业集团、高等院校、科研机构、目标用户、中介机构等行为主体相互依存、共同发展的全方位协同创新模式——"六位一体"模型。胡春林在《高职院校协同创新的推进方向与思路》（2012）中提出目前高职院校协同创新，要加快推进人才培养模式的系统化改革，大力加强"双师型"教师队伍建设，并建立健全协同创新的催生机制与保障体系。欧金荣、张俊飚（2012）认为我国"三农"的现实性和国家农业科技长远发展的战略要求，决定了农业知识源头的大学、涉农企业、农村基层组织、农户之间必须构建知识联盟关系，开展协同创新。本书项目组在《教育研究》发文（2012）认为协同创新是我国高校开展产学研合作的政策要点，高校联合体式产学研合作中，技术创新是其合作基础，内外结合是促进合作的动力，多元参与是合作最优管理体制。

目前，国外针对协同创新而做的研究还较少，且主要是宏观方面的，研究的内容中主要是创新过程中企业内部各职能、各创新对象、企业与环境协同的思想。

1965年，美国学者Amoff在 *Corporate Strategy* 一书中首次提出了"协同"的概念。"协同"是指相对于各独立组成部分进行简单汇总而形成的企业群整体的业务表现，是在资源共享的基础上，两个企业之间共生互长的关系；强调企业协同的核心是价值创造，必须高度重视子公司间的协同。Agusti、Josep Maria、Kuern Hung 和 Jiann Chyuan 实证分析了供应商和客户、大学和科研机构、企业与竞争对手之间的协同创新关系，认为企业与这三者间的合作有利于促进协同创新。Yrahalad C. K. 和 Hamel G. 认为，核心竞争力是企业不同生产技能及多种技术进行协同整合的集合知识，是包容、沟通以及对跨越组织边界工作的高度承诺，而协同创新可以集中不同企业的研发资源，整合它们的研发特长，分担彼此的研发风险，提升每个企业的研发能力。随后，国外有更多的学者加入创新的理论研究中。

（三）评述

综上，就我国农业基本经营制度这一领域而言，国内对这一概念范畴很少有人做必要的理论探讨和深入研究。如什么是农业基本经营制度，其结构如何，农业基本经营制度与农业基本经济制度是什么关系，高校及科研院所在农业协同创新中能发挥怎样的作用等。大多数学者认为以家庭承包经营为基础的统分结合双层经营体制就是农业基本经营制度。特别是我国农业基本经营制度研究方面还存在一些不足：一是缺乏从经济学角度上对农业基本经营制度做出科学的解释；二是将农业基本经营制度和农村家庭承包画等号；三是缺乏从农业经营制度的整体性、关联性、耦合性要求出发设计创新目标，而是较多地从单项制度安排最优出发，缺乏制度结构整体效益的观念。

国外的研究显示出其已经较好地解决了农业经营体制的问题，但是他们的成果在中国的运用还缺乏相应的环境。美国的专业化农场与中国细碎的小农不具可比性，他们的解决方法难以在中国农业经营体制改革方面普遍推广。日本农产品流通体系是在政府的强力保护之下运作的，在解决了农业经营体制的同时极大地降低了日本农产品的竞争力。对中国这样一个以农民为主的大国而言，虽然已经逐步实行"以工补农"和"以城带乡"战略，已经具备了"工业反哺农业"的条件，但能否像日本那样大部分由政府负责还是一个问号。以色列的农业经营体制和我国相类似，但由于以色列基本不种植粮食作物，农业生产模式是大量生产和出口水果、蔬菜、花卉等高档农产品。而我国人口多、耕地少、农业生产规模小、生产技术水平不高、劳动者素质较低，农业发展面临的形势要复杂得多，任务也艰巨得多，特别是农业发展进入新阶段后，农产品供求格局发生了根本变化。因此，中国不能照搬照套国外的经验，而应结合国情，探索有中国特色的现代农业经营体系。

有关协同创新的研究，国内外学者主要集中在创新领域研究，成果众多，比如技术创新、制度创新、管理创新和知识创新，但对于协同创新的研究少之又少。国外并没有明确提出协同创新的概念，对此也没有相关研究。我国专家学者们对协同创新的研究也是大多局限在企业、高校产学研层面上，而且焦点基本集中在企业集群协同创新及模型分析、中小企业协同创新模式、协同创新集成等方面的研究。有关农业协同创新也基本集中在农业产业集群及以高校为主体的农业协同创新方面的研究。有关农业双层经营体制方面的区域协同创新目前还没有相关的研究。

建设基于农业双层经营体制的区域协同创新中心，促进高等院校、科研院所与农村合作社、农业龙头企业形成紧密合作关系，以联合体学院等为新平台，集成协同创新优势，能带动农业产业发展，实现正和博弈目标。

三　研究开发框架

（一）研究内容

分析现有农业经营体制的制度缺陷和在实践中所面临的问题和矛盾，进而对农业双层经营体制的区域协同创新提出具有针对性、前瞻性的解决对策，建设高校（科研院所）助推新农村发展的区域协同创新中心。

本章将正和博弈合作关系作为区域协同创新中心的主导思想，在此基础上建设专业对接主导产业的联合体学院。围绕实现集团化办学功能，通过市场维度、权威维度和网络维度的递进分析和多元利益协调，探明基于农业新经营主体区域协同创新合作的治理机制。按照功能实现和整合的原则，研究区域协同创新中心的"三维"治理机制的建构框架。

理念上通过正确定位政府、企业、高校（科研院所）之间的关系，形成正和博弈。创新不是一个主体或机构就能够解决的。一个单独的创新主体要完成一项技术创新和成果应用，往往需要多机构、多部门、多企业的协作配合。农业双层经营主体要实现新阶段的突破，需要政府、企业、高校、科研院所以及科技服务机构等上下联动和横向互动，发挥各自的能力优势、整合互补性资源，实现各方的合作共赢。加速农业技术推广应用和产业化，协作开展产业技术创新和科技成果产业化活动，促使这些创新主体自觉围绕目标，产生合力，协同推进，是当前农业体制创新的新范式。

机制上形成政府、院校、研究机构、企业、行业一种新型的联合体，通过兴办产业学院、农村劳动力转移培训、打造职业化农民等措施，从农户家庭经营、村社集体经营、农业产业化经营、农民专业合作经营等四个层次剖析和探究目前农业双层经营体制存在的问题。在坚持农业家庭承包经营这一农村基本经营制度长久不变的基础上，要在新型城镇化与新农村建设联动推进、完善农地流转机制和新生代农民培育、加强对农民专业合作社的支持和培育、建设服务型的村级基层组织等方面予以重点发展。从经济社会、经营主体、基础作用等角度为加快推进农业双层经营体制的创新创造诸多有利因素，构建集约化的家庭生产经营与产业化的合作服务经营相结合的新型农业双层经营主体。

（二）技术关键

在研究团队原有的欠发达地区"三农"问题研究、"云和师傅"劳务品牌研究、正和博弈：高职院校产学研合作研究、"基地专业农户，培养现代职业农民"、高校联合体学院建设、生态农业高技能人才基地建设研究等基础上，进行深入研究。

第一，以正在实践的职教集团基础上的食用菌学院等联合体学院为观测对象，进一步规范双层经营体制的内涵，厘清目前双层经营体制"统""分"的辩证关系。

第二，对目前双层经营体制问题进行新的剖析，探索在农业市场化、国际化和现代化的新背景下，如何解决小农户的家庭经营与大市场竞争的矛盾问题，如何培育现代农业经营主体，如何使农业更加具有竞争力，如何使农业劳动者致富，如何确保农产品的质量安全等，因为问题的解决都有赖于农业基本经营制度的完善和创新。构建集约化的家庭生产经营与产业化的合作服务经营相结合的新型农业双层经营主体。

第三，将当前农业双层经营体制的新模式同区域协同创新有效结合起来。产学研协同创新建立基于农业双层经营体制的新模式，将农业企业、农户、高等院校、科研结构、政府等部门作为新型农业双层经营体制内的构成元素，形成一条合作供应链体系。利用对比分析、博弈分析等方法分析产学研协同创新的动因。

第四，深入剖析与实验推广区域协同创新中心的平台——职教集团中的联合体学院模式。分别从市场维度、权威维度、网络维度探寻治理的现状，尤其是职业院校之间以及职业院校与农业企业之间职教资源的整合及效能、共享的经验及制度障碍。讨论如何把产业的优势转化为专业建设的有效资源。建构推广模型并组织实施试验。

四　研发的目标

（一）主要技术经济指标

基于新型农业经营体系的区域协同创新中心建设是一项庞大的系统工程，需要投入和动用大量的资源，协调处理好组织结构与功能间的关系，以实现资源的合理配置，农业经营体制运作良性循环。区域协同创新中心建设主要由以下要素构成。

1. 外部资源要素

影响区域协同创新中心的外部资源因素主要有政策支持、财政投入、管理制度、人才队伍建设、社会支持和市场流通体制六个方面。

2. 组织机构变革

基于新农业经营主体的区域协同创新中心是指为适应现代农业的发展和满足农民的生产经营需求，由科研机构、市场和政府（社会）三方相互联系而构成的服务网络与组织系统。它能充分发挥社会各方面的力量，通过现代化手段克服小农生产自身的弊端，获得规模生产效益。但是，新农业经营主体的区域协同创新中心体系并不是一个由服务组织叠加而形成的简单机械性系统，而是一个由多种服务组织构成的形式多样、分工明确、功能健全的有机系统。建设高校（科研院所）助推新农村发展的区域协同创新中心体系主要由五部分构成，即科研教育单位、市场化龙头企业、农村专业合作组织、政府公共服务机构以及其他社会服务组织。

3. 功能定位整合

由于构成新农村的各类主体在历史起源、所有制结构、运行机制、分配方式、利益目标与收入来源等方面均不相同，利益多元化趋势导致各类供给主体的功能定位也不相同。从宏观上看，构成新农村发展机制的各类主体在性质上存在差异：科研教育院所属于事业性单位，龙头企业属于市场经济组织，农村专业合作组织和其他社会服务形式属于非营利性社会组织，政府公共服务机构属于国家行政组织。因此，在组织分类上存在着不营利、营利、非营利和半营利的差别，分别代表着事业单位、市场、民间和政府四方利益。这四类构成主体对应着协同创新中心的四大基本功能要求：科研教育单位承担着科技研究、教育与推广的服务功能，龙头企业承担着市场化或经营性服务功能，农村专业合作社和其他社会服务组织承担着互助性服务功能，而政府公共服务机构承担着对各供给主体进行调控、监管和提供公益性服务的功能。现代新型农业经营主体的协同创新机制体系建设需要各类构成主体的共同参与和配合，通过功能整合形成密切联系、相互协调的有机整体。

（二）应用前景

1. 理论意义

一是通过对农村经营体制变迁过程的理论梳理，既汲取教训，更总结经验，在双层经营体制框架内提炼和探索出具有中国特色和时代特征的社会主义新农村经营制度理论，丰富和发展马克思主义农村经营理论。

二是通过对双层经营体制的优越性和实践中缺陷的分析，发现存在的矛盾和问题，为完善和创新我国农业双层经营体制提供决策参考和理论依据。

三是创新和完善既符合时宜又符合事宜的双层经营体制，完善我国农业基本经营制度，以期促进我国农业的健康、持续、快速发展，为政府决策提供参考。

2. 实践意义

一是有利于发现现有农业经营体制中存在的主要问题。中国农业现代化道路离不开新型农业经营体制的支撑。新型农业经营体制的不断完善和发展必将加速中国农业现代化进程。通过调查，可以比较全面了解区域农业经营体制的现状及现有农业体系存在的主要问题。

二是有利于全面提升新时期新型农业经营体制的创新水平，是保障农业生产稳步增长和农民增收的必要条件，是解决"三农"问题的关键举措。本章以新型农业双层经营主体构成的区域协同创新中心为研究对象，在借鉴国外农业经营体系发展经验的基础上，进行新型农业双层经营主体的区域协同创新框架设计，并建立相应的实施机制与具体制度安排，将进一步提升我国新型农业体制创新的水平。

三是本章结论将为政府进行相关决策提供参考依据。通过调查分析，找出影响农业双层经营主体区域协同创新发展的主要要素及要素间的关系，有助于深入剖析农业产业转型、经济结构升级、农村劳动力转型的演化机制，将得出新农村发展的需求取向。有利于政府确立今后农业体制创新发展的重点和方向，进而为各地区开展农业经营体制协同创新提供启示与借鉴，为政府有关部门进行相关决策提供参考依据。

四是有利于强化人才聚集效应。新农业经营体制的协同创新通过人才效应有效促进区域农业经济的可持续发展，进而带动区域经济社会的均衡发展，人才的辐射效应逐渐显现，将丰富人才聚集理论。研究结论有利于指导区域农业经营体制的协同创新和人才聚集效应的提升，能有效地促进我国区域经济转型和跨越发展，对于我国人才战略的后续研究具有一定的理论参考意义。

五是以职教集团中的联合体学院为个案进行跟踪研究与试验，有利于探索有效提升高校社会服务能力的途径、方法，形成相关制度保障，并将成果运用于高校专业建设提高人才培养水平。

六是有利于提升科研院所社会服务的管理水平。通过创建多种社会服务平台，产学研优化组合，充分发挥平台优势资源；通过制度保障，促进社会服务能力的不断提升，丰富具有科研院所特色的社会服务理论与实践。

第二节　农民合作

以个体农户为组成单位的农民合作社将参与者的利益追求视为组织的首要目标，成了解决农民增收问题最直接和最有效的载体。而农民合作社效率的发挥则受到组织内部参与者特性、组织自身特性和外部社会环境特性等因素的综合影响。因此，必须进一步强化农村区域的人力资源建设，通过对农户个体文化素质的提升推动农村整体文化素质的强化；形成农民合作社自我独特的"品牌"服务；并进一步完善农民合作社的服务保障机制；同时，加大政府对规范的农民合作社的资金扶持力度。

　　个体农户作为农村区域的基本生产单位，直接决定着区域整体经济的发展水平，那么如何降低生产成本的投入、提升销售收益就成为需要首先解决的关键问题。

　　无论是农户还是政府都高度重视农民合作社的健康、持续发展，期望该组织载体能成为引领农村区域经济发展的主力军。但目前，农民合作社的发展现状却不尽如人意，其服务功能的缺乏、服务能力的低效以及服务程度的表面性是限制其组织可持续发展的主要障碍，如何解决农民合作社效用的缺失问题也就成为促进个体农户收益的重要环节。

一　农民专业合作社的服务功能

　　农民专业合作社诞生于农村区域经济发展过程中的居民生产需求，其效用的发挥主要表现为对参与者需求的持续、有效满足。农民合作社的社会服务效用天然具备但服务程度却非始终完美，而是呈现必要的改善和发展过程。受内外部因素的双重影响，合作社自身资源的积累程度将随时间推移而不断增加，其对参与者需求的满足率随之提升，导致自身的社会服务效用逐渐完善；且这种发展机制将伴随参与成员的增加而循环、上升式维持，即实现农民专业合作社的动态发展。

　　理论界对农民合作社效用的衡量常偏好于对其社会服务程度的考量，这种服务程度主要体现于纵横两个方向：一是社会服务的实现广度，即组织具备的服务功能数量，这主要决定于合作社所辐射的产业面和在产业发展中所具备的功能；二是社会服务的深度，即在具体服务功能履行过程中参与者的占比，所体现的实质正是组织效用对参与者的覆盖程度。而农民合作社效用实现的实质是对社会服务需求的有效供给，在持续的供需平衡状态中实现农村地区生产效率的提升，如何实现供需平衡的持续性则成为需要解决的主要环节。从回归平衡的本意可以发现，该状态来自不同方向的各种力量的彼此制约，在一系列力量的制衡中实现事物均衡状态的维持。基于此，在农民合作社的效用分析中要关注组织服务需求与供给的内容、数量的动态调整过程，即伴随农业生产活动的进行如何实现供求的非均衡到新均衡状态的回归。

　　在现实社会中，受多种因素的共同影响农民合作社长期处于非均衡状态，即组织所提供的服务与参与者的具体需求无法建立完全的对接，两者存在长期矛盾。例如，合作社的参与者希望获得组织提供的规模化生产服务，但合作社尚不具备相应的设备和生产能力；或合作社参与者希望在具体生产过程中获得组织的专业化指导，但合作社缺乏足够的专业人员。农民合作社供需非均衡更多表现于对参与者服务需求数量的满足性能缺乏，即具体的标准化生产规模远低于组织的经营规模，以及成员生产风险分担功能的缺乏。在农民合作社服务方式上，目前中国尚未实现固定的运营模式。但随着中国市场经济程度的不断深化，合作社研发性能的缓慢发展越来越限制参与者生产效率的改善，即国际市场的逐渐开放导致农户越来越重视自身产品质量的提升，以期实现对竞争优势的占据和维持，这必然要求农民合作社提供相应的服务，但限于资金和人力资源的缺乏，组织在该需求的满足上无法实现有效对接。而且，现阶段中国农民合作社主要为个体参与者民主控制的社会化服务组织，相较于其他社会组织而言该组织在服务价格上更具优势。但是限于个体参与者文化素质的有限性，其对产品利润与风险的判断缺乏长远性，无法实现组织的利益与风险共担，进而导致部分合作社惠顾返还的执行情况并不乐观。事实上，对于农民合作社而言，发展所需的资金更多来自流动资金，若销售服务的价格能够随市场变化及时调整，且可以确保等合作社完成整个产品的销售后结清，这将极大提升组织的市场拓展能力和新业务开发能力等。

综上所述，现实社会中农民合作社效率发挥的实现情况，受到组织内部参与者特性、组织自身特性和外部社会环境特性等一系列因素的综合影响。

二　农民专业合作社服务功能的度量

明确的目标是组织行为的指南，它将确保一切管理行为与生产行为的有序性、高效性。具体到农民合作社，必然围绕参与者利益而运行，则其主要目标就是实现个体农户参与者福利的提升。遵循庇古对福利内涵的解读，来自经济基础和精神素质的提升无疑是其最基本体现[①]，但鉴

---

① Penrose E. , *The Theory of the Growth of the Firm*, Oxford：Oxford University Press, 1959.

于农业生产的特殊性，若想通过对产品生产过程中的效益量化而进行福利判断无疑缺乏实践性。因此，只能通过对农民合作社参与者成本的投入额变化趋势和产品销售收入增长额趋势的判断，而间接探源合作社组织的福利改善效用。

目前中国公布的农民专业合作社的相关数据多以数量统计为主，较少涉及组织内部的相关信息。因此，笔者依托调查所获取的数据展开实证研究，由于发展较差农民专业合作社难以显示出其对成员的服务作用，数据获取也比较困难，所以调查样本选择发展情况良好、组织结构完善、规范性强的农民专业合作社。调查对象为农民专业合作社示范社，即"农民专业合作示范社""示范性农民专业合作社""标杆社"等作为农民专业合作社的主体，其发展速度和质量均较好且产权关系明晰、组织管理体系健全。选择东中西部最具代表性的省份为例，其中东部主要以浙江省、中部以河南省、西部以四川省为例。相关数据均来自各省农经年报。

（一）个体参与者生产成本的变化趋势

鉴于组织的规模优势，对于农民专业合作社成本降低效应的判断分为生产资源"同意供给"与"单独供给"两种模式，当参与者选择"统一供给"模式时，可相应享受价格优惠，具体数据见图3-1。

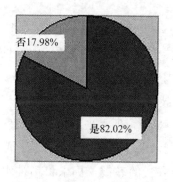 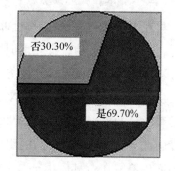

(a)是否统一供给生产资源比例　　　(b)是否给予价格优惠比例

图3-1　农民合作社农资供应模式

图 3 - 1 显示，在 307 个样本中，通过采用资源集中供应模式而降低生产资料成本的合作社占多数，为 82.02%，通过直接降低生产资料成本而减少参与者成本支付的合作社占 69.70%。在所有类别中供应价格优惠幅度最大的为粮食类的农资供应（见表 3 - 1）。

表 3 - 1　　　　　　　　各产业农资价格折扣比

	样本数	平均值	标准差	最小值	最大值
谷类作物	79	13.45	11.27	1	56
生鲜蔬菜	32	10.42	8.34	1	50
季节性水果	54	12.62	16.07	2	96
生猪	26	10.81	9.33	0.5	52
肉鸡	23	7.46	7.85	1	37

我们注意到，虽然通过作用于农资供应服务可降低个体参与者的农资投入成本，但未涉及对农资质量和科技含量的改善，因此，仅是停留在较低层面的个体农户收益改善。若能通过对农资绿色性、使用率的提升而改善作物品质，提高作物产量，不仅有助于提高资源的利用率，降低生产成本，还能满足居民对安全、卫生、无污染的有机、绿色产品的需求，进而挖掘更大的潜在市场。

（二）个体农户职业素质的提升

早在 1966 年，国际合作社联盟就已经提出"合作社原则"，旨在通过对合作社参与者的教育和培训提升个体劳动者的职业素质。[①] 可见，对职业素质的提升无疑是福利改善的重要内容之一。

从培训的具体内容来看，对于生产技术的推广和生产方法的普及仍是继续教育的重点，占总数的 93.75%，对于管理水平和法律普及率的关注度较低（见表 3 - 2）。这说明目前中国农民合作社在服务社会、服务农户方面仍停留在对具体生产技能、生产方法的教授，仍未将精神水平和认知能力的提升视为新时期市场竞争优势的主要决定因素。这也导致了

----

① 国鲁来：《合作社制度及专业协会实践的制度经济学分析》，《中国农村观察》2001 年第 4 期，第 36—48 页。

教育培训工作绩效提升缓慢并且是合作社发展的初级阶段特性。

表 3 – 2　　　　　　　　　**农民合作社培训内容统计**

地区	生产技术、技能	营运管理	合作精神培养	政策法令	其他
浙江	72	34	19	31	8
河南	81	36	16	36	11
四川	87	29	18	40	16
总计	240	99	53	107	35

（三）农户销售收入的变化趋势

从研究样本的基本服务内容可知，提供销售服务是农民合作社的基本服务项目之一，这使得参与者所享受的产品销售价格显著高于市场均价。但享受该售价也存在明确的限定条件，即农户所提供的产品必须达到组织事前规定的品级或标准，否则将拒绝提供销售服务。

实际上，这种销售服务并非真正惠及所有参与者，而仅仅是"高端"产品生产者，对于广大农户而言，好产品与次级产品的严格分级，只会导致次级产品更大的销售障碍和销售总量的严重受限。可以说，农民合作社这种销售服务尚未实现对参与者销售风险的有效分散，对于残次产品销售和改善措施的缺失限制了农户销售收入质的飞跃。

（四）超额收益分配

农民合作社通过规模经营和整体规划，往往可以获得高于个体的超额经济收益，而这部分超额利润将通过现金或实物的形式返还给组织成员[1]，参与者的生产规模或交易量将成为其主要计算标准。

由表 3 – 3、表 3 – 4 可以看出，东部省份经济的高增长率和先进生产水平显著提升了农民合作社的获利能力，对于参与者的平均惠顾返还额远高于中西部省份。样本还显示，中国目前大部分农民合作社对超额利润的分配均偏好于按股分配与按交易量分配相结合的方式，而具体返还方式则主要为现金直接发放、留存合作社作为股金和抵换实物发放 3 种形式。

---

[1]　韩俊：《中国农民专业合作社调查》，上海远东出版社 2007 年版。

表3-3 农民合作社惠顾返还统计

项目		浙江	河南	四川	合计
未发生返还行为		4（4.55%）	19（22.35%）	16（18.82%）	39
发生返还行为	按股支付	17（19.32%）	13（15.29%）	24（28.24%）	54
	按量返还	21（23.86%）	11（12.95%）	14（16.47%）	46
	股量结合	46（52.27%）	42（49.41%）	31（36.47%）	119
合计		88	85	85	258

表3-4 农民合作社参与者惠顾返还额统计（单位：万元）

项目		浙江	河南	四川
按交易量返还	最大值	15.9	15.2	15.4
	最小值	0	0	0
	均值	1.277	0.7691	0.7259
	标准差	3.14	1.03	1.27
	有效样本数	136	133	149
按股返还	最大值	10.19	14.62	15.17
	最小值	0	0	0
	均值	0.878	0.411	0.452
	标准差	2.33	3.59	3.71
	有效样本数	157	159	162

进一步分析表3-3、表3-4还可以发现，有效样本数量与总样本成员数量间存在显著差距，这主要在于组织参与者对"惠顾返还"概念理解的缺乏，这也说明农民合作社在普及自身服务效用方面还存在严重不足。

三 农民合作社服务实现程度的影响因素

农民合作社存在的基础在于必要的资源积累和持续供给。进一步对资源种类进行划分，则不同类型的资源在组织的发展过程中具有不同的效用，人力资源因素和经营资源因素主要作用于合作正常运营的必要基础，制度资源因素则保障了组织效用的实现。基于此，本章将农民合作效用实现程度的影响因素归纳为产品特性因素、人力资源因素、经营资源因素和制度资源因素。

（一）模型框架

基于对农民合作社效用的解读，可将对组织效用的衡量转化为对组织服务功能实现深度的测算，并进一步限定服务功能实现深度为取值在 [0, 1] 的连续型变量。鉴于现实社会中合作社服务功能的多样化和差异化，应使用多元回归方法分析农民专业合作社服务功能实现程度的影响因素。

方程式为：$F_1 = \beta_i + \sum \beta_{in} \chi_{in} + \varepsilon_i$

（二）变量说明

在对农民合作社效用影响因素的初步划分基础上，进一步选择可测量的变量指标，具体见表 3-5。

表 3-5 模型中自变量的统计描述

项目	变量	含义	取值	均值	标准差
产品类别（以粮食类为参照）	粮食	粮食类合作社	是 = 1；否 = 0	0.42	0.51
	生鲜蔬菜	蔬菜类合作社	是 = 1；否 = 0	0.25	0.41
	瓜果	水果类合作社	是 = 1；否 = 0	0.28	0.53
	畜牧	生猪类合作社	是 = 1；否 = 0	0.22	0.47
	飞禽	肉鸡类合作社	是 = 1；否 = 0	0.14	0.43
管理者经历（以农民为参照组）	规模生产者	种养大户	是 = 1；否 = 0	0.20	0.46
	领导干部	主要指村支书、村长	是 = 1；否 = 0	0.33	0.52
	个体生产者	包括个体户、农村经纪人	是 = 1；否 = 0	0.36	0.58

续表

项目	变量	含义	取值	均值	标准差
管理者经历（以农民为参照组）	企业家	担任过相关企业的主要领导人	是 =1；否 =0	0.23	0.47
	其他	乡镇及以上的政府或相关机构的工作人员	是 =1；否 =0	0.05	0.32
	成员组成	是否有企事业或者社会团体成员	是 =1；否 =0	0.64	0.52
	成员数量	组织参与者（百户）	是 =1；否 =0	0.83	1.96
	经营规模	主营产品的生产经营规模		3.59	1.41
	成员出资	成立之初的成员出资额（万元）		2.94	1.77
	产业集群	主营产品产业生产集中程度	低 =1；较低 =2；中 =3；高 =4	2.61	0.76
	商标建设	合作社是否拥有注册商标	是 = 1；否 =0	0.84	0.51
	农资价格	组织的统一农资价格是否低于市价	是 = 1；否 =0	0.88	0.48
	产品价格	统一销售价格是否高于市价或有保底价	是 = 1；否 =0	0.91	0.42
惠顾返还（以粮食类为参照）	未返还	实际未进行过返还		2.96	1.22
		按照股份进行支付		0.47	0.53
	按量返还	按照交易量（额）进行返还		0.23	0.43
	股量结合	按照交易量与交易额进行返还		0.42	0.56
	按股返还	按照股份进行返还	是 =1；否 =0		
成员教育		成员接受教育培训次数		4.74	4.81

续表

项目	变量	含义	取值	均值	标准差
资金扶持		是否获得政府资金扶持并已投入使用	是 = 1；否 = 0	0.81	0.47
政策法令		当地有关合作社政策法规的完善及执行程度	低 = 1；中 = 2；高 = 3	2.35	0.82
地区分布（以粮食类为参照组）	浙江	合作社所处地在浙江	是 = 1；否 = 0	0.47	0.58
	河南	合作社所处地在河南	是 = 1；否 = 0	0.43	0.54
	四川	合作社所处地在四川	是 = 1；否 = 0	0.42	0.51

首先，对于产品特性变量的选择应关注于类型差异所导致的服务多样化，且这种特性差异还将体现于合作社在组织规模、治理结构与运营绩效等方面对组织效用的影响，更是直接体现于生产的各个环节中。例如，不同的农民合作社服务对象分别为粮食类合作社与生鲜类合作社，两者在产品储存、运输、加工等环节面临着完全相异的服务需求，自然导致完全不同的服务内容和服务程度。

其次，对于人类资源因素则主要关注对组织服务功能供给的影响。不同的个体文化素质和社会经历导致合作社服务供给内容与程度的差异。

再次，对于经营资源因素则主要关注对组织规模的影响。由于合作社的双重属性导致其服务对象的内外差异，既要满足内部成员的利益需求，又要兼顾外部市场的服务需求。因此，经营资源因素主要包括生产集群和市场条件两个方面。其中，生产集群因素所衡量的是产业集中度，主要决定于集群成员的数量和规模。[1] 事实上，合作社的参与者数量与经济的规模化间存在正相关性，这也使得规模越大的农民合作社越有利于降低服务功能的平均成本。

---

[1] 吕东辉、李涛、吕新业：《对我国农民销售合作组织的实验检验：以吉林省梨树县为例》，《农业经济问题》2010 年第 12 期，第 93—97 页。

最后，对于制度资源因素主要关注对服务性能的保障效用。从组织内部而言，该因素集中体现在服务的价格制度上，对合作社的服务效用具有直接的影响。

（三）实证结果

在上述模型框架下进一步运用 Stata 12 软件对影响农民合作社效用实现程度的相关因素进行估计。为保证结果的可靠性先对模型进行多重共线性和异方差性检验、VIF 检验以及怀特检验，可知：

（1）所得 P 值分别为 0.4695（0.0434、0.0188、0.1980、0.1394），这说明对同方差的假设不可拒绝；

（2）模型 VIF 均值分别为 1.63、1.63、1.65、1.65，且自变量为 2.79，这验证了模型的非多重共线性，则测算模型相对可靠；

（3）估计结果显示：产品特性变量、资源禀赋变量、制度保障变量、地区分布变量均影响着合作社服务功能的实现程度（见表 3-6）。

表 3-6　　　　　　合作社服务功能的实现程度估算结果

项目	变量	模型一 农资供应	模型二 运营管理	模型三 市场销售	模型四 加工服务
产品类别（以粮食类为参照组）	生鲜蔬菜	-6.19	-11.14	-8.31	5.21
		(-1.32)	(-1.47)	(-1.62)	-0.64
	瓜果	-4.33	-14.82**	-7.91	5.14
		(-0.73)	(-2.21)	(-1.63)	-0.77
	畜牧	10.18	40.94**	7.23	-18.69**
		(-1.71)	(-5.36)	(-1.34)	(-2.48)
	飞禽	12.90*	-28.58***	4.83	-10.94
		-1.92	(-3.41)	(-0.85)	(-1.27)
管理者经历（以农民为参照组）	领导干部	5.17	7.35	-4.27	-3.66
		-0.98	-1.23	(-0.93)	(-0.56)
	个体生产者	3.14	8.37	2.88	0.49
		-0.62	-1.25	-0.64	-0.08
	企业家	0.18	-4.74	-0.25	19.81**
		-0.02	(-0.70)	(-0.04)	-2.57

续表

项目	变量	模型一 农资供应	模型二 运营管理	模型三 市场销售	模型四 加工服务
管理者经历 （以农民为参照组）	公务员	3.79	14.27	−3.36	8.21
		−0.53	−1.44	（−0.56）	−0.83
	成员组成	3.86	1.35	1.8	17.25**
		−0.98	−0.34	−0.69	−3.53
	成员数量	−0.49	−0.57	0.41	−0.39
		（−0.41）	（−0.39）	−0.4	（−0.21）
	经营规模	13.77*	−0.78	3.39	8.74
		−1.69	（−0.05）	−0.49	−0.89
	成员出资	−1.61	−2.37	0.89	4.11**
		（−0.99）	（−1.72）	−0.88	−2.65
	产业集群	−0.31	6.82*	4.91*	2.5
		（−0.06）	−1.9	−1.97	−0.78
	商标建设	2.51	1.79	8.44*	17.67***
		−0.64	−0.34	−1.98	−2.9
	农资价格	51.58***	−7.14	—	—
		−12.31	（−1.44）	—	—
	产品价格	23.36***	15.09**	68.52**	17.18**
		−3.94	−2.15	−12.73	−2.33
惠顾返还 （以粮食类为参照）	按股返	3.66	−17.41**	2.99	−0.76
		−0.7	（−2.34）	−0.71	（−0.06）
	按量返还	−2.25	−1.47	13.37**	1.89
		（−0.47）	（−0.29）	−2.32	−0.43
	股量结合	−0.81	−10.92	10.24*	9.51
		（−0.25）	（−1.61）	−1.96	−1.36
成员教育		0.02	0.45	0.75*	0.03
		−0.06	−0.88	−1.96	−0.04
资金扶持		9.51**	9.60*	11.43***	10.23*
		−2.32	−1.84	−2.97	−1.96
政策法令		0.74	−1.82	1.53	5.47*
		−0.37	（−0.62）	−0.73	−1.84

续表

项目	变量	模型一 农资供应	模型二 运营管理	模型三 市场销售	模型四 加工服务
地区分布 （以浙江省 为参照组）	河南	1.46	13.97*	-0.68	7.33
		（-0.33）	-2.02	（-0.25）	-0.98
	四川	12.24**	13.71**	2.84	-5.32
		-2.38	-2.21	-0.67	（-0.81）
	Observations	278	278	278	278
	F	9.54	2.87	12.17	5.92
	Prob > F	0	0	0	0
	Adj R-squared	0.4734	0.1611	0.5315	0.3401
	Root MSE	27.577	33.893	24.617	35.194

注：括号中为标准误差统计量，***、**、*分别表示在1%、5%、10%的水平上显著。

（四）结果分析

首先，从估算结果可以看出，假定其他因素相同，则畜牧类农民合作社较粮食类农民合作社而言，其农资供应服务的实现程度更大。这可能源于产品统一的类别要求和相关免费检测、检验标准；而畜牧类、蔬果类组织则对标准化生产管理服务的实现程度具有负向显著影响。

其次，从对合作社管理者素质的检测发现：当理事长为成熟且专业的"企业家"时，其对产品加工服务的实现程度产生正向显著影响，即理事长为企业家的合作社加工服务实现程度要大于理事长为其他身份的合作社；而且，拥有企事业单位或其他社会团体组织成员身份的合作社产品加工服务实现程度要明显大于拥有其他身份的合作社。

再次，经营规模对农资供应服务的实现程度具有正向显著影响，即合作社的经营规模与其服务程度间存在正相关性；成员出资的状况也会对产品加工服务的实现程度产生影响，且两者同向变动；若是合作社主营业务为特色性或优势性产业，较一般产业而言，其对于生产管理服务和产品销售服务的实现程度要更高；若是拥有注册商标则合作社的产品销售服务与产品加工服务的实现程度要更高于无注册商标的组织。

最后，合作社的惠顾返还方式对生产管理服务、产品销售服务与产品加工服务的实现程度都有显著影响，与从未进行惠顾返还的合作社相比，按照股份对可分配盈余进行分配的合作社的生产管理服务实现程度要低；成员与合作社的交易量如果能作为惠顾返还的依据的话，将会促进成员与合作社交易量的增加；农资价格对农资供应服务的实现程度具有显著正向影响，意味着这低于市场价格的合作社农资供应价格是影响合作社成员使用合作社农资供应服务的主要因素之一；产品价格变量对农资供应服务、生产管理服务、产品销售服务、产品加工服务具有显著正向影响。这与农业特殊的生产过程有关，导致农业生产的生产效益完全取决于农产品的销售收益。即产品的销售价格决定着整个农业生产过程所有物资、劳力、土地等投入的收益。这也再次间接证明，对于个体农户而言选择加入合作社确可以改善自身的生产收益；资金扶持也对农资供应服务、生产管理服务、产品销售服务、产品加工销售服务的实现程度具有正向显著影响，这间接说明政府对农民专业合作社发展的主要瓶颈作用，政府对农民专业合作社发展的资金扶持会对其服务功能实现程度产生显著影响；政策法规对产品加工服务的实现程度产生显著影响，这表明越是普通农民越难以实现自我服务的生产经营环节，越是需要外界扶持。

注：本文核心观点发表在《湖北农业科学》2015（8）。

案例3—1
沿坑岭头画家村

松阳县沿坑岭头村，是丽水职业技术学院下派农村工作指导员李跃亮副教授的派驻点。在政府的支持下，充分发动本村村民的参与，引进文化艺术，深挖本土的历史文化资源，注重自然环境优势资源开发、发展村落特色经济和非物质文化遗产保护等方面的实践，让濒临搬迁的乡村焕发生机，转身为全国有名的画家村，实现村落可持续发展，成为乡村振兴的成功案例，被评为"中国乡村文明建设的十个故事"。

（一）背景现状与问题

背景现状：沿坑岭头村位于松阳西南部，距县城65公里，是乡镇枫坪乡最偏远的一个行政村，人口384人，常住人口100余人。村落坐落在海拔700余米的半山腰，是典型的山地村。该村拥有良好的自然环境资源，海拔高，空气纯净，长年云雾缭绕；地势和民居建筑错落有致。

沿坑岭头村的民居建筑以本地树木为原材料，采用夯土墙，包括木板搭建的原始茅厕、猪栏、不规整的灰寮等，有典型的山地农村特征。全村居民以叶、徐两姓为主，村子有近400年历史。该村现遗存三个宗祠，包括两个叶氏宗祠，一个徐氏宗祠。还存有两个社庙，分别供奉徐侯大王和五谷神祇，还有五口古泉眼，但均破落荒凉。龙灯、木偶戏、松阳高腔、祭祀等民俗活动由于经济落后和年轻人离乡谋生而逐渐消失。

问题困境：

1. 由于困居高山，交通极不便。沿坑岭头村距县城65公里，需一个半小时车程，且山路狭窄，班车少，一路需循溪谷蜿蜒曲折而进，再经盘山公路百转千回后才能到达，如此的交通条件极大地限制了村落经济的发展。

2. 经济落后，这里曾是枫坪乡有名的贫困村。全村没有一栋新房，村民大多外出打工谋生，只留下老人孩子，前些年，在下山脱贫搬迁的大浪潮中，这个村已经列入整村搬迁的计划，整个村子即将"消失"在松阳县的版图上。

3. 文化资源开发不足，缺乏名人效应。偏僻山村长期以来都居于社会文化中心之外，人文资源的发掘无法照搬水乡古镇的既有模式。由于多方面条件限制，山村发展面临着巨大压力，探索新的山村保护和开发模式，迫在眉睫。

（二）主要做法

1. 突出特色，精准定位。目前全国有近3000所高校，大部分高校开设美术类艺术专业，外出写生是美术类专业的常规教学内容。随着国内经济、交通建设的高速发展，物质条件的提升，业余美术、摄影爱好者也逐渐增多，像沿坑岭头村这样原生态的传统村落将是他们写生、采风、创作的理想之地。

通过细致考察走访后，我们与县乡领导、村民讨论沟通，商定在沿坑岭头村发展民宿产业，以接待全国艺术院校艺术生、画家、摄影家为主要客源的特色民宿，建设"画家村"。

2. 组织活动，前期宣传发挥指导员、画家的专业优势，创作了一百余幅以沿坑岭头村风土人情为题材的油画作品，出版油画专集，举办画展，邀请中国美院、列宾美术学院、柏林艺术学院教授等国内外知名画家前来写生，组织画家团体写生、采风活动，通过媒体宣传、互联网画展等多维方式传播，并利用"丽水巴比松"画派的艺术氛围，在国内外绘画界宣传沿坑岭头村。

3. 挖掘地域文化，践行"画家村"建设

（1）搭画亭、建美术馆，解决写生、上课、接待、展览等问题

遵循"保护村落原生态"的理念，为服务画家户外写生需求，根据村地理位置，选择适合画家写生创作的最佳角度，利用旧木料、干树皮、红瓦等材料，搭建了4个画家"写生创作亭"和5个"写生创作平台"，满足画家全天候写生创作的需求，深受画家、艺术院校学生欢迎。中国美术学院蒋跃教授评价道"这是国内美术写生基地的创举，是专为画家量身定做的理想创作平台"。

利用废弃的民房改建"沿坑岭头美术馆"、"画家村接待中心"，提供了学生接待、美术作品展览、多媒体教学、画家交流等场所，提升沿坑岭头村的文化品位，增加了画家村人文景观。

（2）艺术理念改造民宿，发展特色产业

以安全性、舒适性、多样性与本土性为准则，民居改建既保留农村形态特征，又要满足现代人的生活需求，夯土工艺改建房屋，以本土手工艺特色进行装饰。就地取材、分批分层改造民宿。

该村民宿业在短短的几年内，经过了三次提升改造。考虑到成本和功能，第一代民宿条件相对简单，仅满足基本的住宿需求。二代民宿在第一代民宿的高低床基础上增加了标准房，设置独卫，留出了公共空间，添加了茶几、沙发等现代生活设施。三代民宿集住宿、茶歇、娱乐休闲于一体，以"柿子红了"为代表，针对不同需求设置为单间或套房，配备了特色餐厅、咖啡厅、书屋，既符合当地传统审美，也富有现代气息，成为松阳县民宿改造的样板，于2015年3月被浙江省旅游网评为"浙江省十大小而美民宿"。

（3）成立合作社 规范管理

自 2014 年 3 月以来，该村的民宿业从 3 家扩展到 13 家，为将近三分之一的常住人口提供了就业机会。在这些民宿的管理模式上，沿坑岭头村也进行了探索。为了协调艺术生、画家的接待、统筹全村的利益分配，该村组织成立了"沿坑岭头画家村合作社"，选举优秀民宿业主担任社长，组织全体民宿业主讨论合作社的管理章程，主要是对客源安排、收益分配、服务和收费标准等细节，逐条讨论，形成规章制度，做到有章可循，为沿坑岭头村民宿产业的长远发展奠定基础。

（4）挖掘非物质文化遗产，促进村庄活态保护

沿坑岭头村周围有 182 株两三百年历史的野生金枣柿树，是浙江省最大的野生古柿子树群。以往，由于缺少宣传、山路交通不便，价格为 3 - 5 元一斤。2013 年秋开始通过与"自然造物公社"团队合作，对沿坑岭头村的"金枣柿"进行产品包装，将其取名"善果"，挖掘文化内涵，编写故事、拍摄微电影，在微信和淘宝等网络平台宣传推广，售价高达 78 元每斤，村民人均年收入增长 500 余元。

在"画家村"的发展过程中，也复活了众多传统工艺，如木工、篾匠、泥水匠，箍桶、制鼓、制"龙灯"、"剪纸"、"年画"，"夯土墙"技艺和当地特有的"金枣柿"制作技艺等。让这些传统技艺复活并得以传承，关键是找到文化和经济的契合度，让传统艺人找到尊严。该村的制鼓工艺因信息不对等导致销路不好，传承人叶关汉，虽有三十多年的制鼓经验，但已长期歇业。受"善果"启发，制鼓艺人再次联手"自然造物公社"，通过微电影在微信平台传播，吸引了厦门、杭州等大城市的客户，订单量猛增，供不应求。

发动村民集资，并争取县文管部门配套资金，对村落的三个宗祠进行修缮。这些民俗场所修复后，村内恢复了传统祭祀风俗，祠堂、社庙香火不断，节日的人戏、木偶戏、本地的"松阳高腔"也在这里表演。"舞龙"传统也在沿坑岭头村复兴。

（三）主要成就

1."善果"和"制鼓"的包装宣传，为村民提高了经济效益，现在销售平台由实体转向网络，将交通运输这一长期阻碍该村发展的因素消

除，形成生产者、运输者、专业营销团队、客户的链条，打开了村民的致富门道，又丰富了画家村的文化品味。民俗活动的复兴，让传统村庄展现出了生命力。

2. 沿坑岭头村成为远近闻名的画家村，每年吸引画家、高校艺术生、游客近 3 万人次，村民年收入增收 300 余万元，吸引了外出打工村民、大学生回村创业。年轻人回流，改善了空心村现象。

3. 2014 年，沿坑岭头画家村被国家行政学院中国乡村文明研究中心评为"中国乡村文明建设十个故事"。

4. 2015 年，沿坑岭头画家村民宿"柿子红了"评为"浙江省十大小而美民宿"，成为浙江省民宿改造样板。

5. 2016 年，沿坑岭头村被中国文化管理协会评为"中国新农村文化建设优秀教育阵地"。沿坑岭头画家村的创建经历，得到文化部、住建部等国家部委各级领导的关心；中国农村问题研究所、国家行政学院生态文明研究中心等专家的高度肯定；为松阳县传统村落保护提供了成功经验，被新华社、光明日报等百余家媒体报道关注。

（四）案例点评

用文化艺术激活传统村落的案例，给我们几点启示：

1. 要充分发挥乡贤、地方文化名人及村干部的示范、引领作用。

2. 精准定位，产业主导，恢复民俗，凝聚民心。乡村振兴的主体是村民，"留住人"是一切保护、改造和发展的基础，吸引村民回归创业，村民安居乐业，才是可持续的乡村振兴。

3. 艺术文化引领、差异发展，激活传统村落。浙江及全国各地，类似"沿坑岭头"这样的古村很多，以点带面，可形成"画家村"产业集群。探索新的村落保护和建设模式，沿坑岭头村实践了另一条保护开发的道路，实现了绿水青山转化为金山银山。

第三节　新式联盟

丽水的"三农"事业处在新的历史方位，全面建成小康社会决胜阶段，关键是农村、农业和农民。站在归零翻篇开新局的时点，我们以经营单位组合分析法讨论丽水市农业合作社的四大发展问题，并提出经营改进策略，供新经营主体参考。我们以命运共同体思想，讨论农民学院作为新式联盟的机制创新。

随着农业基础地位的提升，国家加大对"三农"的支持力度，党的十八届五中全会提出"着力构建现代农业产业体系、生产体系、经营体系"。

在适度扩大总需求的同时，应着力加强供给侧结构性改革，着力提高供给体系的质量和效率。随着民众需求层次提高，供给层面的产品质量理应得到提升，因此，应当加强供给层面的产业结构调整。

农业作为社会供给侧产业，其国民需求量大，且国民需求层次日益提高，应当加大农业改革力度。在农业层面，顺应供给侧改革的要求，丽水市应着力思考农业合作社存在的现有问题，着力探求解决农业合作社问题的新对策，提出丽水农业合作社合理的经营模式。

一　对丽水"三农"工作的基本描述

丽水的"三农"工作到了新的历史方位。一是要坚决打赢与全省同步高水平全面建成小康社会决胜战，最艰巨最繁重的任务在农村，没有农村的小康，就没有全市的小康。二是要勇当绿色发展探路者和模范生，农村是最广阔的实践天地，农业是最基础的绿色产业，农民是最基本的实践主体。

只有占市域面积80%以上的农村更加绿起来、美起来、富起来，农村发展才真正进入新阶段；只有全市域的生态精品现代农业都真正强起来、优起来，实现了组织化、规模化、标准化、品牌化、信息化，才是真正实现了现代农业；只有占户籍人口68%的农民群众生活更加富起来、好起来、享有更多获得感幸福感，才称得上在"三农"领域落实了"两大发展使命"，当好了探路者和模范生。

我们的农民学院担负着振兴"三农"、助推"三农"发展的重任，其中培养新生代农民、为农村注入新动能是核心任务。如果丽水的"三农"工作真正能够让农民生活在农村有幸福感，干农业有获得感，走出丽水跟别人比"三农"工作有自豪感，那"三农"工作才是真正实现了习总书记"尤为如此"的重要嘱托。

紧紧围绕推进农业供给侧结构性改革这条主线精准发力，以提高农业供给质量为主攻方向，以推进美丽乡村建设"由表及里、由外而内"为工作载体，以增加农民收入、保障有效供给为主要目标。

丽水市的"三农"工作要重点抓好三项改革：一要深化国家级扶贫改革试验区和全国农村金融改革试点。二要巩固和扩大农村产权制度改革成果。进一步完善市、县、乡三级农村产权交易平台，激活农村产权交易市场，让农民群众在产权制度改革中有更多获得感。三要持续抓好"三位一体"农合联改革。深入推进县域特色产业农合联建设，完善治理机制，做大做强农民合作基金和农合联资产经营公司。

继以"云和师傅"为代表的新生代农民试点后，浙江省云和县推出"云和云居·六头旅游"项目，与丽水职技院合作，希望校县共同关注田头、门头（墙头）、灶头、床头、木头、石头等民宿旅游的吸引要素，创新全域旅游发展机制，助推以民宿创客、民宿管家为主体的新兴农民队伍建设。

二　丽水市农业合作社现有问题

农业，在丽水市区域经济发展中扮演着重要角色。丽水市各大农业合作社作为一种新型农民组织，是联系社员利益的纽带，更是农户、企业及市场之间的桥梁。丽水市农业合作社承担着带领农户进入市场的重要任务，它是劳动的联合也是资本的合作。

据不完全统计，丽水市有县以上农业企业 29 个，县属基层供销社创办的农业合作社 164 家。丽水市农民自发创立的合作社占全市合作社总量的 77.14%。丽水市政府重点扶持各县市示范性农业合作社，带动合作社完善农产品流通环节，整合营销手段，增强各合作社竞争优势。总体来看，丽水农业合作社的发展呈现良好态势，但依然存在以下问题。

第一，企业带动型农业合作社规范性较弱。企业通过合作社向农民提供农资及技术，统一收购农产品。笔者在走访丽水各县市农业合作社的过程中发现，大多数企业带动型合作社的决策并非由合作社成员表决产生，而往往由企业做出决策，其监事会或理事会尚未发挥作用。较弱的规范性使该类型农业合作社过度依赖企业，合作社在与企业的博弈过程中主动权较弱，市政府的惠农政策难以真正落实到农业上来。例如，企业在收购农产品的过程中，往往掌握绝对的定价权。

第二，大户带动型农业合作社股金稳定性较差。大户带动型农业合作社，由生产经营大户发起，普通农户跟随加入，经营规模较大，议价能力较强。按照《农民专业合作社法》相关规定，实行入社、退社自由。现有丽水大户带动型农业合作社大多向社员集资，社员加入时带来部分股金，而退出时却自动带走部分股金，导致合作社股金常有变动，股金稳定性较差。

第三，多数农业合作社存在经营管理问题。产权及利益分配不明晰、财务管理不完善等导致合作社内部出现矛盾，直接影响合作社经营效率。例如，按照《农民专业合作社法》的相关规定，合作社应按照交易额对社员进行盈余返还。然而走访发现，丽水许多农业合作社并未设立盈余返还环节，导致合作社内部出现矛盾。丽水大部分农业合作社在组织架构层面也缺乏统一性和规范性，有些农业合作社并无独立的职能部门。例如，没有设立财务部及专业财务人员。此外，合作社内部文化建设缺失，导致合作社内部凝聚力较差，社员流动现象较为普遍。

第四，多数合作社营销手段较落后，缺乏市场竞争力。包装简易、产品单一、品牌意识薄弱等问题普遍存在。销售渠道方面，在电子商务盛行的市场态势下，丽水仅有农产品信息网络作为电子商务唯一的官方渠道，技术更新缓慢。而民间自发的电子商务渠道则较为散乱，在市场中缺乏竞争力及统一的技术指导。

三　丽水农业合作社经营单位组合分析

"经营单位组合分析法"，是美国波士顿咨询公司提出的。该方法认为，企业在确定其产品活动方向时，应依据其"相对竞争地位"和"业务增长情况"两项指标。经营单位即企业的产品、部门或企业本身。根据相对竞争地位和业务增长状况，把企业的经营单位分成四种不同类型，即金牛、明星、幼童和瘦狗。重点扶持幼童经营单位及明星经营单位并促进其向金牛经营单位转变，关注金牛经营单位，收缩或放弃瘦狗经营单位［见图3-2（a）］。"经营单位组合分析法"适用于解决企业经营管理中出现的系列问题。

解决丽水的农业经营策略问题，应从解决丽水农业合作社现有问题做起。笔者认为，借鉴"经营单位组合分析法"，并对衡量标准做相应改变，可建立"农业合作社经营单位组合分析法"，解决丽水农业合作社当前面临的问题。

"农业合作社经营单位组合分析法"，按"社员认可度"和"维持制度稳定的成本"将农业合作社各项政策制度分为金牛、明星、幼童和瘦狗四类，分析现有制度，提出有效制度，以达到改善丽水农业合作社经营模式的目的［见图3－2（b）］。

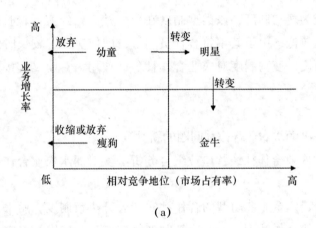

（a）

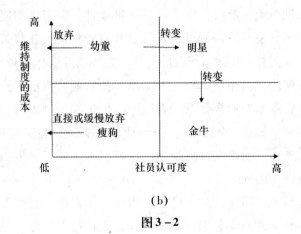

（b）

图3－2

第一类为金牛制度，该类型制度社员认可度较高，维持制度稳定成本较低。金牛制度在合作社内实施已久并已拥有较高的信誉，合作社不需要投入大成本来维持。

第二类为明星制度，该类型制度社员认可度较高、维持稳定成本较高。明星制度经社员认可，公平民主，但该类型制度实施的条件尚未成熟，稳定度较弱，因此需要合作社管理者及全员努力维持。

第三类为幼童制度，该类型制度社员认可度较低，维持稳定成本较高。幼童制度理论性较强，符合公平民主原则，但由于初立不久或尚未实施，大部分社员不能感知其益处，因此社员认可度较低，需要增强社员感知度及认可度。

第四类为瘦狗制度，该类型制度在合作社内已经实行较长时间，维持稳定成本较低；由于其不符合社员利益，即使实施了较长时间也未得到社员认可度。瘦狗制度对农业合作社负面作用大，建议直接放弃或缓慢放弃。

四　解决丽水农业合作社问题的新对策

根据"农业合作社经营单位组合分析法"对丽水农业合作社做如下建议。

第一，建议企业带动型的合作社实行公开决策制度。丽水各县市企业带动型农业合作社中，原有决策制度虽实施已久、维持稳定的成本较低，但大多数社员无决策权，导致社员认可度低，属于瘦狗制度，应及时淘汰。建议实行公开决策制度，及时公开政府相关农业政策；在收购农产品时，及时向社员反馈市场收购价位；发挥农业合作社理事会作用；通过政府监管解决龙头企业单独盈利问题，使农业政策落实到社员。民主制度可以提升丽水农业合作社经营效率，促进供给侧改革。公开决策制度，由于其公平民主，实施时会得到社员的支持，且实施条件成熟，有相应的政策支持，因此其维持稳定的成本较低，属于金牛制度，各农业合作社需执行并维持即可。

第二，建议大户带动型农业合作社引入外部资金。丽水各县市大户带动型农业合作社原有向社员筹资的方式，在社员中认可度较低，因此旧制度属于应被淘汰的瘦狗制度。在当前的市场经济背景下，建议将集资范畴扩大到社员以外，如众筹引入民宿业。效仿欧美农业合作社融资模式，引入外部资金，解决农业合作社资金稳定问题。相对雄厚的资金可以促使丽水农业合作社稳定经营，促进供给侧农业改革。但社会资金相对风险较大，该制度维持成本较高，属于社员认可度高、维持成本高的明星制度。应对外部资金做深入了解，并及时向社员公布。

第三，建立合理的组织架构。重新架构合作社组织体系，组建扁平型组织架构，部门职责清晰，有专职人员负责专门业务。横向维度上设立财务部门、营销部门、行政部门等。财务部门应独立核算、盈余返还。纵向维度设立高层、中层、基层。部门间、层级间加强沟通及合作。有效的组织架构，将促成农业合作社结构调整，促进供给侧农业改革。对大部分社员来说，需要时间打破原有组织架构，设立新组织架构。新组织架构具有促进农业合作社发展的坚实基础，因此，新制度属于幼童制度，需要合作社付出大量时间赢得社员认可，付出维持稳定的成本。

第四，通过电子商务政策、企业文化建设、产品多元化政策等解决丽水农业合作社缺乏竞争力的问题。政府统一指导，开发农产品电子商务系统，建立丽水农产品网络销售平台。提升农业合作社文化，增强社员凝聚力。通过定价差、渠道多样、包装新颖和产品再组合等手段提升产品多元化，拉升产业链。合作社电子商务开发、企业文化建设、产品多元化等，可以推动农业合作社产能提升，促进供给侧改革。这些政策属于明星政策，其实施必然得到各合作社员支持，但仍需合作社乃至政府付出大量的建设及维持成本。只有积极投入，促成该类政策稳定实施的条件，才能促使丽水农业合作社向现代化模式发展。

农业合作社经营模式的改革作为国民经济供给一侧的改革，是顺应国民需求的改革，必将为丽水区域经济发展提供有力支持。

注：本文核心观点发表在《湖北函授大学学报》2016（5）。

五　以命运共同体思想构建农民学院新机制

为贯彻党的十九大精神，助力乡村振兴，全国各地急需强化当地已有农民学院的作用。而农民学院在运营过程中，尚存问题。我们以丽水农民学院存在的问题为例，寻找问题症结，并根据中共中央提出的"命运共同体"理论，找到解决问题的方法，为其他农民学院提供重构机制的路径。

概况：各地农民学院的基本情况

2017 年 1 月 29 日，农业部出台《"十三五"全国新型职业农民培育发展规划》，其发展目标为到 2020 年全国新型职业农民总量超过 2000 万人。提出以提高农民、扶持农民、富裕农民为方向，以吸引年轻人务农、培养职业农民为重点，通过培训提高一批、吸引发展一批、培育储备一批，加快构建一支有文化、懂技术、善经营、会管理的新型职业农民队伍。

党的十九大报告提出，实施乡村振兴战略，需培养造就一支"懂农业、爱农村、爱农民"的三农工作队伍。为贯彻落实党的十九大精神，培养新型职业农民，助力乡村振兴和农业农村发展，浙江省响应国家政策，各市县纷纷依托地方院校的教学资源，借助政府给予的专项资金，成立农民学院或农民学校，培养新型职业农民。其特点是利用当地师资力量，提供为当地农民便捷服务。政府主导，行动力强；政府背书，信任度高。

症结：丽水农民学院存在问题

丽水农民学院，由农业农村局主导，并委托丽水职业技术学院继续教育学院开展培训课程。成立之初，由于机制不够完善，呈现出系列问题。

首先，农民学院缺乏内部驱动机制。即农民学院无法促使培训教师和农民双方主观能动地参与到培训中，其表现为培训教师和农民双方的积极性普遍偏低。从教师层面看，对农民培训课程本身积极性不高。在农民学院的培训中，多数教师并非隶属农民学院，而多隶属于丽水职业技术学院其他二级学院，因此，在农民培训项目上，教师的教学研究、科研发展都很难深化，教师生涯发展多数难以与农民培训项目课程有深入联系。从农民层面看，对培训兴趣与参与度不够。由于培训项目多偏理论，少实操，对于农民帮助不大，导致其参与积极性低。另外农民对于培训的重视程度不够。传统小农经济主要以农民自身经验为主，在走访过程中，我们发现多数农民认为培训知识不如个人实际经验重要。以上原因，导致农民对于培训的参与度较低。

第二，农民学院缺乏长效性机制。农民学院的可持续性机制缺乏，其具体表现为，课程设计缺乏持续性、课程评价缺乏持续性。培训课程多为一次性结束，没有后续指导，课程在跟紧时代和技术变革方面显得较慢。而农民学院的评价多停留课堂中的问卷调查，后续跟踪调查少，因此课程评价的持续性弱。由于教师、学员、政府、农民学院间不能形成有机整体，使农民学院缺乏整体性，存在短时间，短期结果评价的局面。

第三，农民学院缺乏有序性机制。主要体现在农民学院管理机制薄弱。培训课程没有统一标准，教学质量参差不齐；培训多采用讲座模式，项目化教学和实践操作能力培养方面较弱。这些问题的产生主要由于高校在培训过程中，主体地位不突出，主动性偏弱。

依据：命运共同体农民学院创新机制的理论基础

基于已有问题，一个内驱的、长效的、整体的农民学院机制需要建立起来，而"命运共同体的理念"就是重构这一新机制的理论基础。

命运共同体是二十一世纪初，由中国共产党提出并倡导的一种具有社会主义性质的国际观。它具有共赢性、共治性、可持续性等特点。首先，共赢性。命运共同体提出，在这个共同体中，大家都有共同的利益，用正和博弈替代零和博弈。命运共同体的义利观即利益不会此消彼长，而是共同获利，正因这样的义利观，带来了内在驱动力，使得共同体本身能够激发其中每一要素自我推动成长。第二，可持续性。命运共同体中，各个要素并非简单的相加，而是有机结合，达到共荣共生的目的。共荣共生的利益相关要素之间能够相互促进发展，以达到可持续发展的目的。第三，共治性。命运共同体驱使共同体内部成员建立起全球治理的责任观。命运共同体既是共赢，也必须有共责观。只有共同担负起其生活和发展的空间治理的责任，才能达到共赢的目的。

经验：建立在命运共同体上的农民学院创新机制

根据命运共同体理念，构建农民学院创新机制，以解决农民学院现有问题。

第一，为解决农民学院内在驱动力问题，根据"命运共同体"提出的"共赢观"，即正和博弈理念下教师、农民、学校和政府在农民学院创新机制中都能受益，达到城市与乡村的有效结合、知识技术与实践操作的有效结合、学校政府和农民社区全方位受益的共同体，从而获得内部长效驱动力。帮助教师树立正确义利观，使教师所授课程能与个人发展相结合。如丽水职技院于2016年起，设立教师培养的3.0工程，给予教师们职业生涯的指导，三年来培养了一批既懂技术，又有正确义利观，内驱力强的教师。设计更加贴合农民实际情况和更加具有实际操作性的的课程，使农民愿意参加培训。引入竞争机制，通过政府的考核，使农民最终拥有一技之长及技能证书，找到工作。从而，形成农民的参与培训的推动力。

第二，根据"命运共同体"解决丽水农民学院"短期"和"不可持续"的问题。农民学院建立长期有效评价体系，设立培训的跟踪机制，培训效果除了当时测评外，还需要在三年后测评一次、五年后测评一次，及时发现问题，更新培训内容。另外，做好后续跟踪指导工作，杜绝"下课即结束培训"的现象。开发连续多次由浅入深课程，实践性强的课程，使农民受益。

第三，"命运共同体"强调"全球治理观"。农民学院依托当地高校教育资源，因此，这一"命运共同体"强调"区域共治观"。近年来，丽水大力推动"大花园"战略，即将丽水市建设为"浙江大花园的核心园"乃至全国的"大花园"。农民学院作为"命运共同体"，助力丽水农业和旅游业的发展，成为"大花园"战略中的重要元素。其中的各类要素，如教师、农民、政府和高校，通过农民学院建立起个体责任观，即治理本地域环境的责任意识。通过教师上好课，农民积极参加培训，政府政策支持，农民学院加强培训管理等方式履行区域治理的义务。另外，区域治理观是建立在市本级大数据测评的基础上。农民学院的课程管理应该依据大数据及最近科技发展，设计前沿课程。

路径：构建农民学院创新机制的普遍方法

总结丽水农民学院的做法经验，为其他同类学校作为参考。

首先，强调政府推动作用。以政府推动力为先导，可以快速整合区域内有效资源。丽水农民学院的成立，是由政府推动，丽水职业技术学院承办，快速整合了高校资源和当地农业资源（例如基地）。政府政策指引，可以快速凝心聚力。例如，建设丽水市为浙江"大花园"的战略，使农民学院这一"命运共同体"很快建立，并使政府、高校、基地、农民、教师等共同体中的要素，形成了区域共治的理念。这一理念也是各要素共同行动的基础。

深化高校"纽带"作用。高校在农民学院这一"命运共同体"中，负责课程开发、教师培训、技术更新等管理工作。农民学院既依托高校技术知识资源又利用高校本身的管理条件，合理设计课程，强化教师培训，教师职业生涯规划等。使农民学院的培训有可持续性。

提升多方积极性，实现各要素共赢。设计实用性强的课程，能使农民学以致用。提升教师素养，提升教师积极性。通过教师培训的方式，使教师提升技能，同时，帮助教师在农民培训过程中，形成个人职业生涯规划，以提升教师的积极性。从而实现农民学院中各要素的共赢。建设古堰画乡就是新式联盟的典型。

案例3—2
丽水山居

近年来，民宿产业成为全国多个地方农业供给侧结构性改革的切入点和乡村振兴的突破点。随着民宿的大量兴起，市场竞争日益加剧，民宿行业面临大洗牌期，标准化民宿品牌将引领民宿行业发展，一些不规范的个体民宿将被逐步边缘化。地方政府和民宿经营业主为了提高市场竞争力，不断探索创新发展模式，云和县提出了"六头＋""云和云居·六头民宿"发展理念，打造民宿经济县域公用品牌，扩大了民宿产业规模，提升了民宿品质。

一　发展背景

随着全域旅游时代的到来，云和县立足生态环境全国领先最大优势，大力发展民宿产业。但云和的民宿产业大多数还停留在各自为战阶段，虽然分享客源的区域性经营联盟开始出现，但联盟的运行机制、监管机制、长效机制不健全，联盟凝聚力、战斗力不强。

在崇头村—梅源村民宿集聚片区、下垟村民宿集聚区以及黄家畲村民宿集聚区和石塘镇长汀村民宿集聚区等地虽已出现经营性联盟，但各个联盟规则不一、成效不佳。比如崇头村—梅源村民宿集聚片区的经营联盟在运行机制上采取联盟成员民宿统一打包上网营销、统一承接订单、统一分配客源的形式，但联盟成员多为中低端民宿，高端精品民宿并不在联盟之中。全域旅游时代如果单靠作战能力参差不齐的松散性联盟组织或一两家标杆民宿是无法在市场突围的，只有打造区域品牌、抱团营销，再加上行业自律方能实现产业的整体突围。审视民宿产业"散弱低小"最大实际，云和县总结提炼并启动实施了以"门头/墙头、灶头、床头、木头、石头、田头"等"六头＋"为模式的"云和云居·六头民宿"发展理念，打造民宿经济县域公用品牌。

二　主要做法

1. 提炼文化，为民宿铸魂。挖掘云和传统特色产业等文化元素，并将各文化元素融入民宿的"六头"建设、项目设计和环境氛造中，形成具有云和特色的"六头＋"模式。其中"门头/墙头"是指加强对当地传统建筑风格的保护与传承，引导业主在民宿开发建设中，体现和展示"石头巷子黄泥墙、青瓦坡顶马头墙"的处州传统民居风格；"灶头"是指对本地饮食文化的挖掘与发展，以"云味十二道"美食评选为抓手，积极培育云和名菜、名小吃、名宴、名厨，打造特色民宿餐饮；"床头"是指加强对民宿居住环境的规划与打造，在民宿室内设计中充分融入自然元素、生态元素及现代元素，改善游客的起居环境；"木头"是指加强对木玩文化的利用与推广，建立木玩企业与民宿业主、木玩协会与民宿协会的联系，把民宿打造成木玩产品的宣传、销售、展示、体验平台，真正把云和特有的木玩文化基因植入民宿；"石头"是指加强对石头文化的宣传与利用，引导业主在民宿建设中充分运用本地石材，传播小顺石等石头文化。"田头"是指加强对田园风光的展示与推介，注重对民宿周边原生态园田园风光的保护，最大程度保留乡村景色。通过品牌建设精准把脉地域和文化优势，为品牌注入当地最具影响力的元素，让品牌助力当地民宿打开市场新通道，实现绿水青山到金山银山的价值转化。

2. 编制规划，促集聚发展。如果没有规划就没有一致性方向，品牌资产往往就难以积累。为此，结合当前乡村振兴战略实施过程中村庄将适度撤并的现实，立足"一城一湖一梯田"的全域5A布局，推动民宿产业集群化、集聚化发展。围绕《云和县旅游产业发展总体规划（2015－2030）》《云和梯田景区旅游总体规划》《云和县十三五农家乐休闲旅游产业发展规划》等，与德国FTA设计所共同编制完成了《"云和云居·六头民宿"发展导则》，出台了全国首个县级民宿产业集聚发展规划纲要和首个全国首个六头民宿县级团体标准——《云和云居·六头民宿要求与评价》。

3. 制定政策，提升民宿品质。通过出台普惠性奖补政策、优化审批服务、凝聚部门合力来推动品牌快速成长。在原来《云和县促进农家乐民宿经济发展若干意见》和《云和县加快推进生态精品农业发展的若干意见》的基础上，鼓励农家乐民宿从数量到质量的提升转变。加大扶持农家乐民宿基础设施力度、适度调整了扶持政策，出台了《云和县乡村振兴战略之产业兴旺26条》，增加农家乐基础设施建设以及标杆、精品云和云居·六头民宿扶持政策，变"撒胡椒面式"扶持为"精准式"扶持，引导民宿产业集聚化、优质化发展。

4. 注重营销，助宣传推广。利用农家乐协会等团队，积极举办、参加各类大型品牌推广活动。一是建立营销平台。利用市丽水山居公众号、县农家乐协会公众号、农家乐协会网站，并与一旅游公司合作，整合民宿大数据，成立"云和云居·六头民宿"统一网络营销服务大平台，实现民宿全方位展示、民宿产品发布、民宿投诉与反馈、旅游景点介绍、旅游路线导引、旅游产品发布、旅游地商品展示等功能，不断满足市场需求。二是强化宣传。对内通过乡村振兴讲习所进一步扩大"六头民宿"知名度，聘请标杆、精品六头民宿业主为讲习师，推动民宿提质升级、规范经营，引导民宿业主争创"六头民宿"。对外参加北京、上海、宁波民宿博览会。其中宁波民宿博览会上，云和云居·六头民宿首次以独立展位亮相。通过举办首届全国云和云居·六头民宿发展论坛，向各路民宿大咖介绍六头民宿，打响知名度。三是多位融合。鼓励民宿开设木玩手作坊、雪梨产品展示区、农产品销售点等，让木玩、雪梨等产品与"民宿"双剑合璧，云和县15家标杆精品云和云居·六头民宿全部将农产品和木玩入民宿。创建一批农产品旅游地商品营销网点。四是制作宣传品。为进一步宣传推广云和云居·六头民宿品牌，县农业农村局制作完成了云和云居·六头民宿宣传片，宣传册，菜谱，宣传品等，在首届全国云和云居·六头民宿高峰论坛以及各地博览会上进行宣传推广。

三 主要成效

1. 民宿品质不断提升。云和县农家乐民宿的经营品质与以往相比得到了大幅度的提升。主要表现在，涌现出一批懂设计、善经营、有情怀的民宿主人，如从事建筑设计的德国 FTA 设计所设计师田景海在梅竹创建了田间民宿，在丽江从事多年民宿经营的谷小杭在坑根创办云谷山房民宿，心理咨询师张浔英夫妻创办浮生半日，有着十多年餐饮经验的优秀青年邱夏娟创办的浮云一盏，还有四个外来青年创客共同创办富有特色的归野民宿。一批引领示范作用的中高端民宿，初步形成了"十里云河"精品民宿产业集聚带、"最美梯田"民宿产业集聚区，建成了小顺、龙门、赤石、梅竹、坑根等民宿产业集聚村，形成了中高端民宿集聚村——长汀村。因为六头民宿这个品牌，云和民宿产业开始被全国关注，去年被授予了"首批全国民宿产业发展示范区"和"TOP100 全国民宿游学基地"称号。

2. 规模效应逐渐显现。云和"九山半水半分田"，早年的村民为了谋生背井离乡，随着六头民宿品牌吸引力、市场竞争力、区域影响力不断扩大，游客不断增多，越来越多的村民开始产业转型，开始逐渐回流，实现了由"离乡经济"到"回乡经济"的转变。其中最典型的是长汀村，因为人造沙滩、山里看海这样一个金点子，实现了 80% 村民外出务工创业到 80% 村民在家门口创业就业的逆转；常住人口不到 100 人的小小村落，就拥有近 20 家中高端民宿，不到 3 年时间累计创收 4000 多万元。2018 年，云和县共有农家乐休闲旅游村（点）41 个、农家乐民宿 389 家、床位 6520 张。其中省级农家乐特色乡镇 1 个、省级农家乐特色村 4 个、省级农家乐特色点 10 个；市级农家乐综合体 6 个、市级农家乐特色乡镇 1 个，市级农家乐特色村 7 个、市级农家乐特色点 3 个；五星级农家乐经营点 3 个、四星级农家乐经营户（点）15 个。全县民宿接待游客 260.5 万人，实现综合营业收入 2.85 亿元。

四　案例点评

民宿作为农家乐的升级版，特点在于对地方特色文化的深度体验和民宿主人的个性化服务。如何将地方文化融入民宿发展，让乡村民宿在乡村振兴中回到田间地头，云和进行了积极探索。云和通过"云和云居·六头民宿"品牌打造，让乡村元素以民宿的"门头/墙头、灶头、床头、木头、石头、田头"为载体得以体现，将乡村生产、乡村生活、乡村生态和地方产业文化要素有形化、旅游化，让游客可感触、可体验，转变为民宿旅游产品体系的组成部分。通过资源整合，凝炼地方特色，把体现云和环境和产业特征的要素融入民宿规划设计和建设中，充实民宿品牌文化内涵、丰富旅游者体验项目，催生了一批高端精品民宿，品牌溢价效果明显；通过统一规划，集聚发展，形成民宿产业的规模效应，克服一般地方因民宿布局分散、独家民宿体量小，游客接待受限制的局限。建立以市场为导向、农民为主体、政府指导和社会参与的联动机制推动民宿发展，政府出台相关政策，规范民宿发展，鼓励民宿业主根据市场需求和资源条件，选择最适合本地环境的特色民宿，提高民宿产品品质。发挥政府和协会等社会组织在县域公共品牌建设中的作用，搭建平台，扩大宣传，提高影响力。

案例 3—3

古堰画乡

古堰画乡是习近平总书记点赞的地方，这里有巴比松油画，有南朝的古堰——"水立交"工程，更有历任领导久久为功坚持绿色生态发展打通"两山"通道的好成绩。在浙江特色小镇建设中，已经成为名闻遐迩的"两山"全国样本和文旅农旅融合发展的金名片。

我作为丽水农民学院的执行院长，"三农"问题的研究学者，为古堰画乡的成绩感到自豪和骄傲。莲都区是我们重点服务对象，下面我从"思想、创意、科技、资本、营销"的维度，提出问题与发展建议：

思想定位先进。古堰画乡以"艺术之乡、浪漫之都、休闲胜地"为目标，加快景区"文态、生态、业态"三态融合发展，建成集旅游轻奢度假、文化艺术体验、创客创业集聚、康乐养生休闲为一体的瓯江艺术生活体验地，成为丽水全域旅游的集散中心和推动莲都旅游发展的重要引擎。

文化艺术体验对古堰画乡来说最为重要，文化旅游资源体验性不够强，影响了游客满意度。目前古堰画乡还是4A级景点，离5A级景点尤其是5A级古镇还有一定差距。江南四大名镇：周庄、西塘、乌镇、同里，都是国家5A级景点，比较而言，古堰画乡的游客体验度还不够。古堰画乡资源丰富，可以开发多层次、多群体投放的体验项目：如农事体验、民间体育、水上冒险等娱乐性体验；油画学习、彩绘、写生、乡村音乐等艺术性体验；还可以开发丽水节庆传统项目，例如制茶、做年糕、包粽子等民俗性体验。古堰画乡可用的内部资源较多，要丰富游客体验活动，提升游客满意度。

创意连接有效：场景、活动、体验者是旅游综合体的关注焦点。围绕古堰、画乡、山水田园、农耕水利、港埠、红色旅游等文化元素，共建共享，既有开放又能聚焦。还需要四方面"更用心"：（1）更用心打造多元化的旅游核心吸引物。突出古堰与画乡，自然山水、便捷的卫星城位置，与已经开工建设的机场连接。（2）更用心打造轻奢型的艺术生活体验地。向"商、养、学、闲、情、奇"新业态迈进，促进小镇旅游提档升级。需要加快艺术氛围营造。创新艺术形式、美化提升品位，定期举办小镇写生节和乡村音乐节等节庆、展览以及艺术沙龙、艺术市集，增强景区活动与游客的连接；对低档小商品店进行转型提升，引进"丽水山耕"、"丽水三宝"等农旅文旅精品，增强与游客的关联度。（3）更用心打造友好型的文明旅游服务景区，提高公共性、开放度和国际交流。（4）更用心打造便捷的旅游公共服务体系，公交车增加班次，使游客中心停车场、游步道项目、游客中心能满足更高要求。

资本工商优选：产业规模太小，档次太低，且没有具体的产业规划指导产业发展，商品画没有成为主要产品，这是最大的问题。需要"三方面尽力做好"：（1）尽力做好优化文化产业基地的业态布局规划与业态招商优惠政策，争取引进2-3家强实力高品位的领军企业。招商的选择和原有业主的培训提升是重要内容。（2）充分发挥市场在资源配置中的决定性作用，运用好特色小镇、省级旅游度假区、全国深化城镇基础设施投融资模式创新试点镇等平台，引进资本向文化创意、高品质民宿、房车自驾车营地、健康养老等新业态延伸，培育多层次的市场发展主体。

（3）尽力做好把古堰画乡打造成5A级标准景区的各项指标性工作。5A级景点的评比标准是古堰画乡努力的重要指导方向，这不仅仅是一个评比，更是通过评比提升景点形象的重要途径，要以此为契机带动产业升级，把古堰画乡打造成真正的独一无二的特色景点。

科技现代支撑：互联网＋，新媒体、新技术，信息技术等现代化科技支撑不足，吸引年轻游客群体能力不强；适合90后等新生代家庭的活动和设施配套不够；五星级的商住设备、餐饮条件改善等配套存在不足。

古堰画乡需要改造基础设施以突出文化特色和人文历史特色。要从基础设施开始整治。一方面是外围设施，包括古堰画乡的道路修缮、景区周围民居环境的改善等。另一方面，园区内部设施，包括景区内部的展览馆、巴比松油画展览馆的改造升级，以及景区视野范围内的景观改造。江南四大名镇名气比古堰画乡都要大，只有突出巴比松油画特色文化、古堰水利工程和"古陶瓷之路"的人文历史，才能逐渐脱颖而出。

营销精准投放：以社区共同体为目标，借鉴民宿业主的精准营销策略，在三方面做改变：（1）改变还是依赖传统营销模式，精准投放宣传不强的局面。利用好公众号、自媒体等新兴媒体，增强自带能量、自我圈粉能力。（2）改变宣传营销力度和强度：第一加大走出去宣传的力度，向目标客户群展示生态旅游资源优势。第二全力收集各类资料和利用好已有的平台，聘请专业人士进行宣传。利用旅行社、高速路口等加大自然资源的宣传。通过手机客户端、电视、报纸、宣传栏等立体化宣传手段进行全方位宣传。（3）改变同理心建设不同步问题。画家的家园是重点，需要让巴比松画家落地，成为真正的主人，进而吸引其他艺术家。要利用优惠政策全面推动艺术家入驻计划，引进新艺术家、文创、青年创业者等。我们学校共建的"沿坑岭头画家村"是用艺术带动乡村振兴的一个好例子。多种多样的民宿是好的，不能全是高价位的住宿，也要有"爷爷家"等青年旅社类适合年轻艺术类师生的选择。

最后谈谈队伍建设问题。要多培养"阿庆嫂"式的民宿管家，建设好持续稳定的乡村讲解员、政务解说员等志愿者队伍。

景区服务从业人员处于服务工作的第一线，直接为游客提供服务，他们的言谈举止、行为规范代表着旅游景点的形象和档次，他们的从业水平及工作质量直接影响着游客满意度。古堰画乡许多服务人员是本地村民，本地村民从事服务工作这种特色要保持，但是短板是服务不够专业，需要组织专业的培训提升服务能力，培训范围包含：景区工作人员、民宿从业者、饭店从业者等。培训内容比如主人翁精神、文明礼貌、职业道德、业务知识、服务技能、心理健康等。

当前丽水人民正以"丽水之干"担纲"丽水之赞"，以"八八战略"建设美丽幸福新丽水，今天的古堰画乡高朋满座，我们将把科布院士团队专家们的好建议学习好、落实好，共同为建设更美好更繁盛的古堰画乡贡献力量。

案例点评：该案例选自 2018 年 10 月 8 日小镇沙龙发言，主题：打通"两山"通道　共话绿色发展，我的报告题目为：建设更美好更繁盛的古堰画乡。古堰画乡是充分整合资源，变"生态经济化，经济生态化"的典型案例。当前整体表现良好，从"思想、创意、科技、资本、产品、营销"品牌要素考虑，有以上值得努力的方向。

案例 3—4
DT 缙云书院的乡村治理实践

一　"DT 缙云书院"的现状背景：

"DT 缙云书院"是响应县委县政府号召，推动"书香缙云"建设而设立的共生书院，是缙云县一批乡村文化志愿者发起创建的大数据时代背景下的"社会公益文化大融合空间"，是新乡土文化在县域乡村自生长发展的"乡村文化共产主义理想实验家园"，是集有形与无形于一体，即通常所说的"线上"、"线下"共生书院。它在概念与形式上都有别于传统意义、或者说更超越于传统意义书院。DT 是利他主义的大数据互联，以"共建"、"共创"、"共享"、"共益"、"共生"为五个发展阶段，取名缙云书院则意味着地方文化的"传承、弘扬、创造"，以历史、现在、未来的时空链接，贯穿"文化大同、美美与共"核心目标发展理念。

二　"DT 缙云书院"的主要做法：

1. 线上形式：一是注册"DT 缙云书院"微信公众号，定期发布"乡建文化"文章专稿供读者研阅；二是聚集社科文哲研究员等全国知名专家学者一百多人成为本院导师与研究员团队；三是在书院志愿者成功经营的各种自媒体上开设相关文化专栏，专题研究"黄帝文化"、"文化驿站"、"旅游文化"等主题，服务地方经济文化建设；四是设立"DT 书院"文化志愿者会员交换平台，重建会员之间的相互信任；

2. 线下形式：一是联合组织全县志同道合的文化志愿者团队加入 DT 缙云书院；二是组织公益活动推广服务，以公益理念感召志同道合者集聚共谋发展。如联合浙江省图书馆学会举办缙云图书馆文化志愿者服务研讨会暨浙江省乡镇社区图书馆建设调研活动；组织开展 119 场次暑期"好书名师导读"活动；发起和举办百余场次读书讲座、沙龙活动；组织举办乡村教育论坛并成功对接"马云教育基金项目"；三是围绕琴棋书画、诗酒花茶、歌舞戏文、游学技武组织开展各项群众服务活动。如参与举办双龙首届梨花节"梨花颂诵读会"，组织"书巢守护者"志愿队开展"漂流书巢"每日巡视服务等；四是建立 DT 书院文化乡建实践基地，目前已建立乡村戏剧保护与传承、黄帝文化研究、手工编织文创等十个有效实践基地。

三　"DT 缙云书院"目前的主要成效：

一是创办并助推一批实体"书院""书吧""文化驿站"落地开花。即在"文化大同"志愿服务理念倡导助推下，以社会责任企业提供场所、众多文化志愿者发起人捐资、核心志愿者执行团队联合创建的"缙云半书房（亲亲文化客厅）－DT 缙云书院 001 空间"项目于 2018 年 6 月初试开放投入运营，就在全县上下、甚至县外引起强烈反响；与此同时，由广大志愿者创建的"忠恒图书馆"、"壶镇书院"、"电力书屋"、"艺术图书馆"、"鼎湖轩"书画展览交流驿站、"小鬼当佳"书香驿站、"朱家谱馆"书香驿站、"吾心青咖"书香驿站、"近云丽舍"民宿书吧、"德菲利庄园"民宿书吧等一批向社会免费开放的各类文化空间如雨后春笋般在缙云大地落地开花，目前 DT 缙云书院的生活美学空间建设计划有 9 个正在筹建。

二是从公益培训入手，倡导乡村理想生活方式，打造未来的乡村美好生活。传承中华传统技艺，感受中国传统文化艺术之美。围绕琴棋书画、诗酒花茶、歌舞戏文、游学武技等，招募 200 名公益讲师，开展公益讲座培训；已经组织志愿者开展摄影、剪纸、美术、书法等公益培训 200 多期次。

三是积极组建专业志愿者服务团队不断壮大书院发展。目前，本书院旗下已组建"缙云书院文化志愿者"、"缙图志愿"、"缙云书院导师团"、"缙云书院讲师团"、"缙云县朗读团"、"缙云朗读导师团"、"好书名师导读讲师团"、"缙云书院原来生活编织社"等八支志愿者团队，共有近千名核心文化志愿者。同时 DT 缙云书院还联合全县 100 多个文化志愿者协会，共同创建成功"中国民间戏曲文化之乡"，并成为全国乡村春晚的典范样本，入选中宣部、中央电视台大型国庆献礼纪录片《改革开放四十年》——文化改革四十年的重要素材。

四 DT 缙云书院案例点评

1. 文化自觉、自信的中国人在哪里？
2. 乡村的信任体系如何重构？
3. 乡村文化振兴究竟从何入手？
4. 缙云书院（书香缙云）要解决什么样的社会问题？
5. 老百姓要追求什么样的幸福生活方式？

第四节　两山品牌

农业经营主体的状况决定着农业现代化的发展水平。浙西南山区立足生态优势，发展特色生态农业，较快地推动了农业的发展。丽水山耕以农旅融合的品牌优势推进全域旅游的发展，是新型农业的希望之光。但农业经营主体年龄老化、文化素质低、优质劳动力外流等因素制约着浙西南山区从传统农业向现代农业的转型。我们在分析浙西南山区农业经营主体现状的基础上，从加大人力资本投入、培育农业精英、建立农业职业制度、改善农村环境、创新新型农业主体功能等角度探讨农业经营主体的发展策略，并以丽水山耕品牌建设生态圈为样本提出推广建议。

丽水山耕以山区资源、农耕文化、产业基础、农业规划，对品牌命名、品牌定位、品牌理念、符号系统、渠道构建、传播策略等进行全面规划。核心理念是"法自然、享淳真"，基本路径是"基地直供、检测准入、全程追溯"。品牌创新法式"这次经历可以说是一次反向的旅行，不是寻找远方和诗歌，而是回到家乡真实的生活，见证和记录一些必须记录的人与事，变化和断裂。"

一　引言

近年来，浙西南山区立足生态优势，积极培育绿色生态品牌，较快地推动了农业的发展，但仍存在着生产经营方式落后、产量低、产品附加值低、农民收入低以及由此引发的农村优质生产要素外流、农村劳动力老龄化、农村空心化、农业生产副业化等问题。因此，加快农业转型升级，实现传统农业向现代农业转变显得十分重要，而农业经营主体的现状和发展决定着农业现代化的发展水平。创建示范家庭农场、农民合作社示范社、产业示范基地、社会化服务示范组织，实施现代农业人才支撑计划，开展新型经营主体带头人培育行动，实施现代青年农场经营者、农村实用人才和新生代农民培育工程。[①] 丽水山耕、丽水山庄在新一轮全域旅游发展生态经济中渐成主角。

二　浙西南山区农业经营主体现状分析

（一）农业经营主体呈多元化格局

农业经营主体是指直接或间接从事农产品生产、加工、销售和服务

---

① 《国务院关于印发全国农业现代化规划的通知》（国发〔2016〕58号）。

的个人和组织。近年来，浙西南山区农业经营主体呈现多元化格局，表现为兼业户、专业户、农民专业合作社和农业企业并存的格局。兼业户的特征表现为亦农亦工，家庭中的部分成员（以青年人为主）投入到非农部门的经营活动中，部分成员仍从事农业活动，或者是家庭成员部分时间从事非农工作，部分时间从事农业活动。农业兼业现象在浙西南山区普遍存在，并且在许多家庭中出现农业副业化现象。同时，以专门从事某一农业产业为主的专业户逐年增加，如食用菌专业户、蔬菜专业户、水果专业户、民宿从业者。

（二）农业经营主体年龄偏大，中青年人口流出比例大

丽水市第二次农业普查数据显示（见表3-7），农业从业人员主要以51岁及以上为主力军，从事农业人员的年龄分布为：20岁及以下占1.44%；21—30岁占9.29%，31—40岁占21.60%，41—50岁占24.87%，51岁及以上占42.80%。随着农村中青年劳动力转移，农业从业人员年龄老化的趋势将越来越明显。随着中青年等优质劳动力的外流，农村空心化现象越发严重，农业劳动力缺失可能成为农业生产的主要危机。

表3-7　　　　　　　　　　　丽水市农业从业人员年龄结构

20岁及以下	21—30岁	31—40岁	41—50岁	51岁及以上
1.44%	9.29%	21.60%	24.87%	42.80%

（三）农业经营主体文化层次偏低，社会培训的受众面窄

丽水市第六次人口普查数据显示（见表3-8），全市就业人口按行业大类划分，从事农业的数量最大，而受教育程度则最低。全市43024人从事农业，占了总就业人口的37.69%。其中未上过学的有5466人，占12.7%；小学文化程度21738人，占50.53%；初中文化程度13970人，占32.47%；高中文化程度1718人，占3.99%；大专学历124人，占0.29%；大学本科学历8人，仅占0.02%。随着政府对农业扶持政策的开展，对农业经营主体开展了不定期的短期培训，但培训对象以合作社

经营者和农业企业经营者为主，广大农户接受培训的机会极少。

表 3 - 8　　　　　　　　丽水市农业从业人员文化程度构成

未上过学	小学文化	初中文化	高中文化	大专学历	本科学历
12.7%	50.53%	32.47%	3.99%	0.29%	0.02%

（四）农业经营主体的市场能力弱，产品销售渠道单一

浙西南山区地处偏远，交通不便，农产品市场范围小。近年来，浙西南山区"绿色、生态"的产品特质日益受消费者欢迎，销售半径逐渐扩大，丽水已成为长三角地区重要的绿色农产品生产基地。但农业经营主体的市场能力仍然较弱，广大农户缺乏获取市场信息的渠道和能力，对市场需求和价格变化反应慢；产品进入市场渠道单一且不稳定，抵御市场风险的能力弱。即使是农业大户、合作社等新型农业经营主体，其产品的销售渠道也是以外地贩销商的收购为主，产品进入超市或进行市场自销的渠道极少。

三　浙西南山区农业经营主体发展思路

（一）增加人力资本投资，提高农业经营主体的素质

美国经济学家舒尔茨认为改造传统农业的关键是人的素质，他在《改造传统农业》一书中指出："各种历史资料都表明，农民的技能和知识水平与其耕作的生产率之间存在着密切的正相关关系。"荷兰高速发展的现代农业主要是依赖于高素质的农民，荷兰的农户经营也存在规模小的特点，但农户的经营素质很高，他们善于学习和掌握现代化的技术，及时收集和了解有关农业信息，有开拓市场意识。增加对农业经营主体人力资本的投资，对浙西南山区农业的永续经营有着深远的意义。对人力资本投资可以通过以下渠道开展：一是学校教育。可以在中小学教育中进行农业文化的教育，对本地高校的涉农专业进行扶持等。当前丽水市政府采取对就读本地职业院校的涉农专业实行政府埋单的形式，这在一定程度上引导了更多学生就读涉农专业。二是社会培训。由政府

相关部门和本地高校成立农民学院，以农民学院为平台聘请专业农业人员对于从事耕作的农户进行培训，可以选择在农闲时开展短期培训班来传授新的耕作技术和相关的市场知识。三是向农民提供浅显易懂的出版物和报纸、微信等对农民进行继续教育。四是增加对农户健康水平的投入，通过改善农村医疗卫生提高农户的健康水平，提高农户的身体素质。

（二）培育农业精英，兼顾广大农业经营主体的均衡发展

专业大户、农民专业合作社和农业企业是实现农业现代化的中坚力量。从丽水现有的专业大户、合作社经营者、农业企业经营者三类新型农业经营主体分析，他们具有专业性较强、经营规模较大、市场能力较强等特征，他们对其他农户具有一定的引导和辐射作用。因此，在培育农业经营主体过程中，将这三类主体作为农业精英的培育对象，给予他们在农业进入机制、信贷、土地使用、教育培训等方面扶持，使他们成为农业发展的主力军。在大力培育农业精英的同时，要兼顾广大农业经营主体的均衡发展。从丽水现有扶持政策和做法分析，扶持对象主要集中在新型农业经营主体身上，对广大农户的扶持甚少。以培训为例，合作社经营者和农业企业家基本上已接受过 3 次以上的培训，但广大的农户基本上没有参加培训的机会，也基本上没有进入资金扶持对象的行列。随着优质资源越来越集中于少数群体，马太效应会使广大农户越来越处于弱势地位，会出现农户与农户之间的差距悬殊状况。丽水市有 2850 个行政村和 12101 个自然村，多数农村地处偏远，海拔高度差异大，气温差异明显，自然禀赋差异大，导致了村与村之间的农业发展水平差异较大，再加上政府扶持资源过于集中，因此村与村之间、农户与农户之间贫富差距呈日益加大的趋势。这并不利于农业的发展，农业的发展需依赖于土生土长的广大农户，他们根植于农村，与农村有着地缘关系，与土地有着深厚的感情。尤其是年龄在 50 岁以上的农民，他们熟悉土地的特性，传承着精耕细作的农业技术，他们应该是农业的脊梁。如果给予广大农户适当的培训，给予相应的政策扶持，他们便能将精耕细作的传统技术与现代技术相结合，更好地实现从传统农业向现代农业的转型。

（三）建立农业职业制度，实现农业经营主体对农业的永续经营

在我国，农业一直来没有被认为是一种职业，多数人认为从事农业劳动是低贱的，是不得已的选择。在现代农业中，以现代生产要素为基础的耕作，其实是一种需要就业者拥有高度熟练的职业。云和的职业农民试点，近年民宿创客等风起云涌，已出现生机。因此需要加强宣传，树立爱农氛围，提高农业经营者的社会地位。更重要的是需要建立农业职业制度，建立相应的职业进入者资格与能力的认定，借鉴"云和师傅""丽水农师"的做法，对从事农业经营者应该与从事其他行业经营者一样，享受相应的社会保障，如实行农民退休制、养老金制度等。加快构建新型农民队伍。加大农村实用人才带头人、现代青年农场主、农村青年创业致富"领头雁"和新型经营主体带头人培训力量。[1] 丽水农民学院积极响应号召，继"丽水农民超市"培训品牌之后，近年推出了乡村创客、民宿管家等系列培训，同时新生代农民学历继续教育、农场主创业示范班都是有益的尝试。

（四）改善农村生活环境，造就安于农村、充满活力的农业经营者队伍

针对目前农村劳动力年龄老化、优质劳动力外流、农业经营后继无人的现象，应加快对农村的建设，改善农村环境，增加农民福利，留住并争取优质生产要素回归。丽水农民学院的"农民超市"培训，转移了近5万农民劳动力到外地市开超市创业，近期更应该就地培养人才，造就一支安于农村、充满活力，并且掌握现代农业技能的农业经营者队伍。

近几年丽水发展民宿业形势喜人，一批有知识有文化的年轻人到农村当乡村旅游的创客、民宿主人、新农人，他们是农村的新鲜血液，是新农村的希望。

（五）创新新型农业主体功能，强化服务功能

从丽水市现有的农民合作社分析，多数合作社由农业大户组建而成，合作社功能覆盖面小，其中主要以种养为主。而丽水的"老三宝"——龙泉青瓷、宝剑、青田石雕并没有成建制的合作组织。合作社是农户组

---

[1]　《国务院关于印发全国农业现代化规划的通知》（国发〔2016〕58号）。

建的互助组织，应创新其功能，逐步提高为农户服务的水平，提供农户个体所不能完成或完成成本高的一些业务，包括农业生产指导功能、供销功能、共同利用功能、加工储存功能等。我们可以借鉴台湾农会的做法，逐步为会员提供包括推广教育、信用、运销和保险等服务。鉴于目前浙西南山区多数合作社还处于起步阶段，建议合作社明确服务目标，从提供单一服务向综合性服务发展，从而使合作社的服务更具专业化和高质量化。在合作社的命名上可以以其提供的服务进行命名，使其服务目标更明确，如以"采购合作社""加工合作社""仓储合作社""销售合作社""联合使用农业机械合作社""农机服务合作社"等命名。推进信息化与农业深度融合。加快实施"互联网＋现代农业"行动，加快物联网、智能装备的推广应用，推进信息进村入户，提升农民手机 App 运用技能。

从农业企业现有运作的几种模式看，农业企业较好地将传统与现代模式进行了融合，尤其是 CSA 模式和微信营销等形式，较好地满足了当代消费者的需求特征。但各种模式独立运营，资源未实现共享，导致农业企业员工精力分散，经营中出现较为混乱的局面。建议公司以 O2O 流通模式为核心，将各种运作模式整合，形成完整的 O2O 闭环流通（见图 3 - 3）。

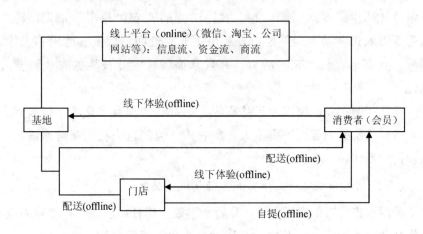

图 3 - 3　农产品 O2O 流通模式

农业企业的核心任务就是做好线上线下两条线。线上的主要内容是不断完善平台，做好线上各入口的互通。让顾客（会员）能快捷地开展信息搜索、完成订单交易等功能。线下主要功能是体验与配送，目前农业企业的主要体验场所是门店和基地，要结合顾客（会员）的需求特征，精心设计体验活动，体验的主要目的在于建立信任。而配送则是至关重要的最后一环，结合消费者的需求，可以采用两种方式，一是配送到家，二是配送到门店，消费者自行到门店提货。同时，应充分发挥配送员作用，在配送环节增设一些体验活动，增强消费者（会员）对农业企业的信任度，推进消费者（会员）的二次线上购买，更好地实现O2O闭环流通。

农业企业具有较强的整合产销一体化的功能和资本运作的能力，建议农业企业在现有基础上增强其农业服务功能。在农业产业化各环节为农户提供服务，从事农产品的加工和营销等业务。

四　丽水山耕的品牌建设生态圈案例

当前农业经营在不断地升级，主要趋势是产品的高品质性、销售对象的特定性、经营活动的组织性。在线并不断连接是经营机制创新的重要点位。"微商＋经营"模式，可能在农产品经营模式创新方面走出新路。

"丽水山耕"农业品牌建设，是在探索建立覆盖全区域、全品类、全产业链的农产品品牌，需要实现以下转变：全面实现传统初级农产品向生态精品农产品转变；农产品低价竞争向品牌战略竞争转变；粗放型销售模式向精品农产品包装储运配送转变；农业企业个体、单品类销售向平台式全品类抱团销售的综合体转变；帮助消费者对农产品安全担忧疑虑向农产品放心信任转变；农产品的资源性收益向服务性收益转变。

以丽水农业投资公司为主体建设的丽水山耕作为精品农业公共品牌，走出了创新生态精品农业发展模式。以生态理念为核心，以生态精品农产品为基础，以科研合作为支撑，以产权改革为动力，以区域品牌为纽带，以信息化技术为手段，以线下物流为保障。

"丽水山耕"品牌生态圈[①]（见图3—4），专家们把它归纳为"1＋

---

① 《丽水山耕——品牌驱动，创新模式》，丽水市农业投资发展有限公司宣传册。

N"一体化全产业链公共服务体系（见图3—5）。

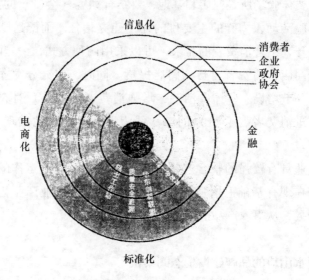

图3-4　丽水山耕品牌生态圈

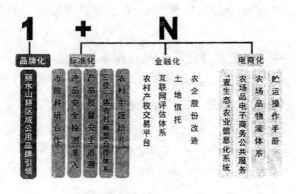

图3-5　"1+N"一体化全产业链公共服务体系

　　"丽水山耕"从行政认知到大众认知，已经到了建立品牌信任度的阶段。目前正整合各方力量，进行品牌提升工程。品牌赋能需要两个并重，即科技赋能与金融赋能同时给力。

　　"互联网＋"的时代，有许多新的可能。"十三五"期间，以"云和师傅"出名的云和县，提出了"一城一湖一梯田""六头旅游"的发展思路，在项目建设、人才培育和产业融合上下足功夫。"全景式打造、全业态融合、全方位补短、全要素保障、全社会参与"，分管县委副书记黄力量的想法，正契合丽水全域统筹绿色发展综合改革试验区在做品牌营销、整体影响和竞争力上的统筹思维。

互联网时代，人人都是资本家，全民都有机会当微商，准入门槛越来越低，实现方式越来越即时。浙江省提出了公共服务最多跑一次的理念，政策环境越来越好，市场的作用会更加重要。如果农业企业甚至区域主导产业难以在全国范围内形成影响力，农业企业就没有竞争力。因为农业品牌具有同质性和外部性特征。

案例 3—5
乡村春晚

丽水乡村春晚，起源于浙江省丽水市庆元县月山村，是丽水市着力破解乡村现代公共文化服务体系建设各种制约因素，延伸春节期间村民自办、自编、自导、自演联欢晚会和乡村民俗活动的模式，是满足乡村群众"自主创办"文化，满足群众文化多元需求，培育乡村民俗旅游产业，促进乡风和谐的创新载体。2015 年申报成为第三批国家公共文化示范项目，2018 年通过验收。截至 2019 年初，丽水全市已有 1000 个村自主举办了乡村春晚，乡村自办春晚渐成乡村新文化现象。

（一）现状背景

1. 现代农村文化现状

随着全国新农村建设的不断深入，乡村发展日新月异，农民在物质生活需求不断得到满足的同时，精神需求日益旺盛，精神荒漠化也苗头渐显，"身有所栖"而"心无所寄"现象成为新农村建设的突出问题。

2. 乡村春晚之"月山春晚"现象

丽水是中国首个地级市民间艺术之乡，乡村民风质朴，民众多才多艺，春节期间乡村群众自主举办春晚由来以久，并渐成过年习俗，其中最具代表性的是从 1981 年开始持续举办的庆元县月山村的"月山春晚"。它的主要特点体现在：一是自发组织。月山春晚由村双委牵头，村文化能人组成"导演"班子，安排晚会一切事宜。演员是全村男女老少，上至九旬老人，下至三四岁儿童都是舞台的主角。道具是农家的农具、田里的蔬菜，体现农村纯真质朴的乡土文化特性。二是自定内容。月山春晚充分发挥群众智慧，70%以上村民参与晚会相关事务，春晚主题内容选择和文化元素挖掘由群众决定，尊重群众文化话语权、参与权、创作权和决策权，全面激发全村群众文化创作热情。三是自创节目。月山春晚由村民自编自唱、自演自赏，节目演绎的是本村的乡音乡愁，创意独特接地气。

（二）主要做法：

1. 政府推动——创新"乡村春晚"机制

一是点面结合推动。政府部门通过组织全市学习观摩、培训宣传等做法，全面推广"月山春晚"经验和做法，在全市推行"乡村春晚"示范县建设。同时，在推广"月山样式"的基础上，要求各级文化部门依托农村文化礼堂建设主阵地，全面推行乡村文化礼堂"村晚全覆盖"行动，广泛激发乡村文化建设的自信自觉。丽水的"乡村春晚"得以迅速发展，从"月山"之星，到示范县之火，再到427个行政村全市遍地开花。

二是项目示范引领。文化部门将"乡村春晚"项目提升到政府引领的层面进行规范推动，制定了《"乡村春晚"五年建设规划》等机制，使乡村春晚项目建设步入制度化、规范化，并得到上级的政策资金扶持。

三是创新机制引领。重磅推出"文化订制"服务形式，为基层提供个性化服务，有效提升乡村春晚的特色和品牌。比如景宁以"百村闹春"的形式组织了100多台春晚，云和突出"百项非遗"为特色办村晚，缙云结合当地婺剧特色办村晚，遂昌结合乡村旅游办村晚，莲都以"天天乐"为基础办村晚，松阳结合古村落办村晚，一县一特色的"乡村春晚"品牌正在全市迅速形成。

2. 群众自办——传播文明社会新风尚

乡村春晚使群众自办文化成"新趋势"。新时代村民强烈渴望从台下走到台上，在舞台上"秀一把自我"、"圆一把演员梦、导演梦"，"我的文化我做主"是乡村群众的文化新主张。"春晚"是年终村民的一件集体文化盛事，不少村结合精神文明建设，在这一舞台上，颁发"道德奖"、

"助学奖"、"孝敬奖"等。党和政府的方针政策，生活中好人、好事、遇到的问题都以村歌、小品、舞蹈等群众喜闻乐见的舞台形式表演出来，起到了宣传教育的作用。

3. 专业指导——培育"乡村春晚"群体

丽水职业技术学院音乐专业 7 名教师组成的科研服务创新团队，从 2015 年起跟踪春晚，参与舞台设计、节目编导、演员指导等工作，执行承办文化部培训班两期，辅导"四个一批"春晚骨干人才 500 余人次，培育了一批"会讲、会教、会组织、会导演、会主持"的乡村春晚人才，全程参与 2017—2019 年全国乡村春晚启动仪式筹备等，是推进"丽水乡村春晚"品牌建设、推动乡村春晚品牌建设效益向乡村全域发展辐射深化过程的重要力量。

（三）品牌带动的主要成效

1. 产生良性连锁效应

（1）转变了村风民风。在公共管理向社会治理道路的探索中，乡村春晚建设为农村聚人气、增活力、添财气方面持续发力。如崇学向善、拼搏奋斗、孝老爱亲、诚信仁义、民俗传说被编写创作成演出剧本搬上舞台。许多村晚的舞台上上演由村里孩童给百岁以上老人行礼，老人发红包；祖孙四代全家上台本色出演敬老主题的小品；"五水共治""美丽乡村建设""垃圾分类处理"等也被编成小品、三句半等极具乡土特色又浅显易懂的曲艺节目登上乡村春晚舞台。尤其是在筹备、演出过程中，基层组织特别是党支部发挥了很好的组织发动、把关定向作用，塑造了向心力，提升了公信力。

（2）传统民俗和非遗项目得到传承。在春节期间，民间绝技、民俗活动、祭祖祈福、民间小调、舞龙、舞狮、台阁等传统文化和非遗项目纷纷亮相，在娱乐群众的同时也得到了很好的宣传和传承。

（3）留住乡音乡愁。乡村春晚所表现的内容和形式，所反映的主题都来自群众日常生产生活，为群众所喜闻乐见，是生活真实与艺术真实的有机融合，抒写的是人民群众生产生活喜怒哀乐的场景，其淳厚质朴的农味，加以恰到好处的艺术设计，让归乡游子踏上故土就能感受到乡音乡情，留住那份浓浓的乡愁。

（4）为村民带来经济效益。2018 年春节期间，全市民宿（农家乐）共接待游客 105 万人次，营业收入 1.4 亿元，同比分别增长 28% 和 38%。依托"淘宝村晚"，网友可通过网络点单，选择喜爱的线路进行消费体验。借助乡村春晚平台，当地众多农产品成功转化为旅游地商品，受到游客的追捧，当地的旅游开发、生态农业、民宿经济风生水起。2018 年以来，"丽水山耕"农产品累计销售额达到 60 多亿元，产品溢价率达到 33%，不少农户搭上"乡村春晚"营销顺风车。

从"月山春晚"的文化基因解码到"丽水乡村春晚"示范建设、再到"中国乡村春晚"的年俗打造，乡村春晚在广大民众的前呼后拥下，已是一路高歌从山村走向全国，并标上了"中国乡村过年之文化样本"新俗。在这个探索征程中，乡村主体性构造、政府撬动式推动、社会助力式参与，成为较为可行的乡村文化建设语系。置身于当前乡村振兴背景，"春晚——村晚——春晚"的蝶效、内力、成俗建设，与国家民生普惠语系，民众的菜园、果园、庄园、戏园、家园建设，形成一致通道，上下呼应，并努力成为中国探索东方文明的一项文化史记。中国乡村春晚研究院联合全国众多院校资深教授、社会乡建学者、乡村实践乡贤，社会投资主体，以乡村春晚不同的视野语系，举办乡村论坛，开设乡村教学，参与乡村公益建设，共同助力乡村振兴。

2. 乡村春晚文化现象受到全国各大媒体的高度关注和持续报道。

2015 年新华总社报政治局内参《国内动态清样》和央视新闻联播头条，分别刊载和报道了丽水乡村春晚项目情况。

2016 年春节期间，浙江卫视新闻联播连续三天开设"丽水村晚为什么这么火"专题报道。同期，丽水乡村民俗特色春晚向全球"一带一路"21 国直播登上央视 13 套黄金时段新闻，李国新主任还为丽水乡村春晚"金牌代言"，作了精彩的点评。丽水乡村春晚的代表"月山春晚"被写进浙江高中语文教材，获得国家政府群众文化最高荣誉奖——"群星奖"。

2017 年，丽水乡村春晚作为"中国式乡村过年之文化样本"被编写进《中国全民艺术普及发展报告》，入选《2017 中国文化蓝皮书》，并作为文化部公共文化空中大讲堂向全国推广的地方案例。

在文化自信不断增强，乡村振兴战略推动实施的大背景下，乡村春晚迎来了大有可为的历史机遇期。如何转型升级，再造乡村春晚的价值？全面贯彻落实党的十九大精神，大力推动乡村文化振兴，以满足乡村群众过上美好生活的新期待为目标，以"描绘文化民生的小康图景、培育绿色生态的产业引擎、打造影响全国的文化品牌"为蓝图，推动乡村春晚品牌建设效益向乡村全域发展辐射深化，将之打造成为构建乡村公共文化服务体系、推动乡村全民艺术普及、共建中华民族文化品牌、建立全国区域特色文化联盟的"全国文化样板"。

（四）案例点评

丽水乡村春晚品牌，经过三年的培育，通过全国公共文化示范项目的验收，已成为一种传统文化的继承和坚守，也是一种乡风文明的坚守。乡村春晚已超越晚会单纯的娱乐功能，通过筹备和参与春晚，村民的归属感、道德感、责任感和认同感等情感得到巩固和交融，村民间的关系更加美好和谐。"乡村春晚"在丰富当地群众文化生活的同时，作为一个文化符号，成为凝聚村民情感、促进乡风文明、推动和谐文化建设的良好载体。

中国农村、农民、春节三大元素结合形成的农村文化大集可以给全国的推广与复制两点启示：

一是构建乡村公共文化服务体系。以群众需求为导向，顺延群众对春晚的文化喜好，从点到面进行公共文化供给侧改革设计，构成支撑机制体系。

二是推进乡村文农旅融合发展体系。着眼培育和促进文化消费，将乡村春晚与电子商务、乡村旅游、乡村民宿、农产品销售相结合，构建"互联网＋"和"乡村春晚＋"的产业模式，形成春晚带动产业、产业反哺春晚的发展格局。

第 四 章

新群体实践示范

在服务新兴农民的过程中，我们结合培训工作，在浙江省第二个建立农民学院，并成立了一批联合体式组织，如丽水旅游养生学院、庆元食用菌学院、天喜控股培训学院。后示范校时代，丽水农民学院作为浙江省"十三五"高职教育优质学校建设的主体，承担着技术技能积累和社会服务高地的核心任务，需要有新样态的实践进行示范。

农民转移培训是重大的民生工程，也是系统服务过程，我们成立了"三农教授服务团队"，在各县建立新农业示范基地，如莲都区的白口、云和县白鹤尖、松阳县枫坪、龙泉市城北、缙云县三溪，等等。

农民学院作为联合体式组织，产学研合作的正和博弈机制优势明显。从联合体式区域服务到全方位社会服务，起到了高校服务区域发展的"加油站"与"助推器"作用。但是在分享即获取、跨界即连接的移动互联网时代需要重构人与商业的连接、人与服务方式的连接，以新样态开展实践示范。

第一节　社会服务

社会服务能力已成为高职院校核心竞争力的最直接反映。地方高职院校需要以"归零"的心态和"翻篇"的状态，对焦"十三五"开好新局目标，对社会服务创新发展"短板"做全身 CT，并开出"靶向治疗"方案，实现社会服务3.0版的跨越。以服务促发展，提升自身生命力，最终实现由内而外的全面版本升级。

随着社会经济的不断发展，高职院校的社会服务功能日趋完善，已然成为高职院校核心竞争力的最直接反映。《国家中长期教育改革与发展规划纲要（2010—2020)》明确提出高等教育要进一步增强社会服务能力。2015年，教育部发布的《高等职业教育创新发展行动计划（2015—2018年)》中明确提出高职教育创新发展要坚持"以服务发展为宗旨"，高效优质的服务地方和服务行业的能力，是高职教育服务发展的办学方向，也是高职教育具有不可替代性作用的重要标志。

"十三五"时期，是我国全面完成建设小康社会和创新型国家、由人力资源大国向人力资源强国迈进的关键时期，是高职教育改革和发展的关键时期、高职教育实现新跨越的战略机遇期。当前，知识竞争和创新发展已成为引领经济社会发展的重要力量。地方高职院校必须以"创新、协调、绿色、开放、共享"的发展理念为指导，主动适应现代化、信息化、城镇化、国际化、市场化新形势下的新要求，对社会服务创新发展"短板"做全身CT，并开出"靶向治疗"方案，以服务促进内涵式发展，提升人才培养实效，提升自身生命力，最终实现由内而外的全面版本升级。

一　地方高职院校社会服务现实意义

（一）为高职教育发展注入新鲜活力，提升其核心竞争力

地方高职院校的发展不能独立于所在区域的生态系统之外，必然需要通过与政府、行业、企业、社区等多元主体建立和优化多种合作关系与服务平台，依靠自身理念创新、内涵提升和资源整合，主动寻求外界支持，在正和博弈中共同推进合作办学、合作育人、合作就业、合作发展。提升社会服务能力和水平，以优质高效的社会服务反哺教学育人及专业发展，形成良好互动与良性循环，能不断为高职教育发展注入新鲜活力，提升高职院校核心竞争力及可持续发展能力。

（二）为区域经济发展提供智力资源，推动经济社会发展

地方高职院校以直接为地方社会经济发展服务、为产业部门培养各

类劳动力为办学宗旨，与地方普通高等院校相比，其服务社会的功能更为突出。地方高职院校通过构建全方位社会服务体系，为区域经济发展提供智力资源，如为区域及行业、企业提供技术应用型和高技能型人才的培训与培养，提供技术创新、推广和服务，实施先进文化的引领、传播和辐射，使院校成为区域技术技能培训中心、新技术研发推广中心、区域学习型社会中心，推动区域经济、社会、文化的可持续发展。

（三）为高职院校自身拓宽发展空间，促进师生共同发展

社会的需求是高职院校开展社会服务的风向标和培养人才的参考系。地方高职院校的发展离不开社会和行业、企业的外部支持。通过构建全方位系统化社会服务体系，为师生营造一个指向明确、相对宽松的专业发展环境，构筑一种对外促进地方社会经济发展与对内促进教学、育人、科研协同发展的互动关系，使师生通过社会服务实现课堂教学向实践能力培养的转换，并将在社会服务中所取得的实践经验、技术成果引入课堂教学和育人过程，为教师提升教育教学水平和专业发展、为学生提升实践能力和操作技能提供了条件。二者之间的良性互动与循环又能形成合力，有效助推人才培养质量的提升，从而为高职院校自身拓宽发展空间，促进师生共同发展。

二　地方高职院校社会服务短板扫描

长期以来，地方高职院校社会服务能力不被看好，只能担当"校校企"（浙江丽水推出的高校＋地方高职院校＋企业服务模式）服务的"二传手"，成为制约高职院校内涵发展的瓶颈问题。要解决这一问题，必须对地方高职院校社会服务做全身 CT 扫描后画出图像，找准短板和痛点，才能对症下药，扬长板，补短板，推动地方高职院校社会服务创新发展。

（一）不同主体之间在服务理念上没有达成"和而不同"的共识

社会贡献力，是指一个组织承担社会责任的实力及其实现程度。地方高职院校社会贡献力体现着一所学校承担社会责任的实力及其实现程度，包含其贡献社会的能力和贡献的力度。[①]作为高职教育的三大职能之

---

① 谢湘：《注重社会贡献力体现教育自觉》，《中国青年报》2014 年 4 月 14 日。

一，社会服务既是高职教育服务于经济社会发展的责任，也是高职院校自身发展的迫切需要，更是高职教育社会贡献力的重要评价指标。随着改革开放与社会经济体制的不断进步，开放共享的"零成本社会"健步走来，中国的职业教育被认可程度逐渐提高。但我们也发现，高职教育本身的能力还不够强，不能完全适应社会经济发展的需要，特别是在社会服务能力方面差强人意。其中很重要的原因就是政府、院校、行业、企业等相关主体之间在缺乏对整体性意识和个体性意识的协调把握，在服务理念上没有达成"和而不同"的共识，导致服务理念先进性不足，产生了一系列问题。从政府角度看，地方政府对地方高职院校的智力优势认识不足，对如何依靠和利用院校智力资源推动地方经济发展这一根本性问题考虑不多，在为院校提供相关支持政策及制度等顶层设计上考虑不够，激励机制缺失。从行业、企业角度看，缺乏在追求经济利益和社会效益以及承担社会责任上的有效平衡。同时，也因为对地方高职院校社会服务状态欠缺了解，对高职院校社会服务能力缺乏信心，加上政府激励机制不足等原因，导致其对接受和依赖院校社会服务的开放性不足。从院校角度看，一方面院校自身对于社会服务、教学、科研三者之间的关系问题没有厘清，对社会服务对教学、科研的反哺和涵养作用认识不足；另一方面院校对于来自政府、行业、企业的外部认可与支持不够而产生孤掌难鸣的无力感。因此，不同主体之间在服务理念上没有达成"和而不同"的共识，导致地方高职院校社会服务能力提升的动力不足。

（二）院校自身未能在找准自身生态位的前提下精准服务定位

首先，与地方普通高等院校不同，地方高职院校从课程定位到能力培养目标都是服务于向地方社会输送高素质技能型专门人才，所以其社会服务面向，不应直接从满足社会及地方经济现实需求出发，而应以院校发展核心关切为社会服务原点，即以技能型人才培养模式，应用型科研技术的创新、推广、孵化和服务为核心，有目的、有计划、有组织地为社会服务提供工作路线图。另外，地方高职院校因所在的区域不同，存在区域差异化因素，社会服务定位角度应综合考虑，以地方特色发展为突破口，以地方经济为切入点，开展有效社会服务。通过社会服务提升学校生命力，打造专业品牌，提高院校知名度和影响力。

其次，地方高职院校与地方普通高校及中等职业学校同处一个生态系统，存在生态共生现象，需要在系统平衡的前提下做好服务定位，遵循参差多态原则，实现多元共生发展。然而，当前许多地方高职院校由于历史条件和发展定位不清等原因，对地方需要什么样的社会服务、自身可以提供什么样的社会服务、怎样做好社会服务、如何对接社会经济发展、创新社会服务发展等问题没有进行全盘周密的考虑，对于行业需求和企业用人机制的调研分析不够，未能在社会服务过程中找准、形成和拥有适合自身发展实际的生态位，因而无法精准服务定位，缺乏选择有所为的智慧和选择有所不为的勇气，没有形成一套成熟且完善的社会服务模式、体系、机制和差异化发展战略，导致地方高职院校社会服务创新发展能力不足。

（三）院校在服务过程中未能形成彰显"服务特色"的专业品牌

地方高职院校社会服务具有鲜明的区域性和行业性特征，主要为区域和行业、企业提供技术应用型、高技能型人才培养与培训、技术创新、推广和服务，开展先进文化传播和辐射，使院校成为区域技术技能培训中心、新技术研发和推广中心、区域学习型社会中心等。《国家示范性高等职业院校建设计划》对高职院校社会服务赋予了新的内涵：一是超越了区域性空间范畴，增强高职院校向区域外的辐射力；二是增加了新的服务内容，明确了高职院校要积极参与社会主义新农村建设，承担农村劳动力转移培训，开展对口支援与交流，提供师资培训和促进区域内职业教育协调发展等内容。在上述诸多服务内容中，地方高职院校在开展社会服务实践过程中，往往在"大而全""广而泛"上投入了过多的时间与精力，在打造"小而精""特而优"的专业品牌和特色品牌工程上考虑和投入不足，导致其社会服务特色发展服务水平较低，内生动力不足。

三　地方高职院校社会服务能力提升"靶向方案"建议

通过对当前地方高职院校进行全身 CT 扫描，找出其在社会服务创新发展中存在的"短板"，找准"痛点"后，可借鉴医学领域先进的"靶向"治疗方法，针对构成社会服务能力的五个基本要素及十八届五中全会"五大发展理念",提出地方高职院校社会服务能力提升的"靶向方案"建议。

(一) 转变服务理念,提升服务意识

地方高职院校要适应地方经济社会发展的需要,在激烈的市场竞争中制胜,必须具备可持续发展的竞争力,必须依托强大的社会服务能力,形成和维系竞争优势的战略基础和外显影响力。地方高职院校与地方社会处在同一系统之中,是举办者和服务方的关系。在某种意义上,它们不仅是联合体,还是共同体,乃至共生体,是不可割裂的一个整体。地方院校的发展要遵循整体动态运作的基本机制,不能脱离地方经济社会的发展而自行其是。高职院校要建立"整体意识",处理好群己关系,学会系统思考,与地方政府、企业、行业、社区进行多边沟通,使各个不同主体之间在服务理念上达成"和而不同"的共识,建立社会服务共同愿景,在实践中不断发展和完善服务理念,指导自身社会服务能力提升。此外,地方高职院校还要积极按照五大发展理念的要求,立足区域和行业,切实转变服务观念,自觉提升服务意识,主动融入地方发展。以为地方提供优质的服务,助推地方经济转型升级,谋求自身的可持续发展。要积极利用自身专长、特长,以行业(企业)、政府和社区为主要服务对象,以人才培养、技能培训、成人教育、继续教育、应用技术研究及推广等为服务内容,为地方经济提供智力支持和技术保障,力争成为行业和区域的技术技能培训中心、应用技术研发推广中心和区域学习型社会中心、社区学习中心。①

(二) 明确服务定位,彰显服务特色

"地方性"既是地方高职院校的优势,但同时也是劣势。由于缺乏行业背景,地方高职院校大多存在着与行业企业及经济社会联系和沟通不足的问题。主要表现在两个方面:一是地方高职院校服务社会的积极性和主动性不够;二是地方政府、行业、企业对地方高职院校社会服务能力和服务状态缺乏基本了解,对高职院校社会服务能力信心不足,开放不够。为此,地方高职院校要积极突破固有办学理念与办学模式的限制,

---

① 刘克勤:《高校产学研合作的几个重要问题》,《教育研究》2012 年第 7 期。

在考虑人才培养职业性的基础上，在高水平师资队伍建设、技术研究与开发、改造与创新、服务与应用等问题上进行突破，通过加大高水平师资队伍品牌建设和知名社会服务品牌打造等途径，让政府、行业、企业及相关社会机构对学校进行重新认识和定位，提升他们与院校合作的意识和意愿。同时，学校要以开放的精神，处理好"走出去"与"请进来"之间的平衡。一方面，要主动走出校园，走向企业和社会，去了解当下及未来地方社会发展中的真正需求和潜在需求；另一方面，要通过"请进来"的方式，向社会开放，向精英开放，把社会各界精英和大师请进校园，吸引和留住大师，向精英和大师"借力"，也让社会了解院校自身社会服务的能力和水平，最大限度地激发社会服务潜能。

地方高职院校的社会服务具有鲜明的区域性和行业性特征。[1]要在厘清自身优势和特色的基础上，对所在区域内经济、产业、行业、企业、新农村、社区的发展现状及趋势进行数据采集和分析，找到结合点。根据区域性、行业性、特色性的原则，对高职院校社会服务进行合理定位，开展有效社会服务，促进社会发展。当然，定位中，还要明晰自身在区域服务中的生态点位，厘清区域中职学校和本科院校社会服务的不同面向，找准适合自身发展实际服务位序，实施差异化发展战略，避免同质化竞争。

（三）创新体制机制，激发服务动力

当前，地方高职院校普遍存在社会服务体制机制建设不完善等问题，比如，提供社会服务的人力资源供给不足、服务时间投入不够等。究其深层次原因，较大程度上是由于教师对于从事社会服务的动力不足，导致参与社会服务的教师占比不高。很多教师即使有时间也不太愿意去从事社会服务工作。因此，激发地方高职院校社会服务动力，首先在于激发教师服务社会的主观能动性，其次在于提升教师服务社会的素质和能力。创新地方高职院校社会服务的工作体制，建立一套能有效激发教师从事社会服务的动力机制，促使教师不断提升自身服务社会的业务能力和业务素质自觉自愿地积极开展社会服务。

---

① 刘明星：《地方高职院校社会服务能力分析及提升策略》，《中国职业技术教育》2013 年第 19 期。

此外，还要积极探索建立政府、院校、行业、企业及社区五位一体各方协同创新社会服务发展工作的体制机制，建立社会服务平台建设的经费投入机制，制定社会服务的方针、政策、规划和管理与保障制度，构建社会服务促进和成果考核的激励机制等，充分发挥政府、院校、行业、企业各方协同创新提升社会服务工作的体制机制，促进地方高职院校社会服务体系的功能发挥与效益最大化。

（四）构建服务体系，提供服务平台

要从组织构架、平台管理、政策制定、制度保障等多角度构建全方位、系统化的社会服务体系。充分利用院校的人才和技术资源，对接地方产业行业，建立产业学院、专业性公司、应用技术研究所、校企合作基地及创业孵化基地等服务平台，成立专门的地方合作与社会服务部门；利用院校信息优势建立社会服务互动网站、专家信息库、企业需求信息库等社会服务的信息平台；通过开展多种形式的培训和相关职业技能的鉴定，搭建为区域经济发展提供人才支撑的培训平台和其他服务平台等。地方高职院校应根据所处区域社会经济特点、行业特点，认准社会需求，结合学校已有资源，在实践中积极探索与区域特点相结合的发展模式，多方协同，共建共享，形成多元化的社会服务模式，切实提升地方院校社会服务水平。①

（五）优化教育资源，增强服务活力

在当前职业教育创新发展的新形势下，地方高职院校要改变以往缺乏行业的引导与指导，历史与传统原因而造成的专业设置、课程开发、设施设备配置等方面与市场脱节、与地方脱轨，学校服务地方经济社会的活力被严重束缚的问题②，把主动服务作为社会服务的切入点，倡导主动服务精神、强化主动服务理念、探索主动服务路径。以主动服务、真诚服务、务实服务吸引政府、行业、企业、社区对高职教育的积极参与、深度参与、持续参与，形成紧密合作联合体、共同体。主动对接地方主导产业，建立灵活的专业动态调整机制，通过专业结构的优化、课程内

① 刘克勤：《高校产学研合作的几个重要问题》，《教育研究》2012 年第 7 期。
② 刘明星：《地方高职院校社会服务能力分析及提升策略》，《中国职业技术教育》2013 年第 19 期。

容的更新、设施设备的升级换代，引导并促进教师关注产业发展、紧跟专业前沿、充分发挥好教学仪器与设施设备的社会服务功能，努力拓宽服务领域，增强服务活力，在实打实主动服务、硬碰硬解决问题的过程中，从社会服务的实践中吸纳创新因子和养分，通过助力政府、行业、企业、社区创新发展，激发自身办学活力，实现升级转型。

四 地方高职院校社会服务创新发展的丽水实践

（一）打造自主品牌，助推学习共同体的思想与行动

以"春之声"学术沙龙、"夏乐雅集"骨干研训等科研学习自主品牌创建活动为主要载体，营造良好的学习与研究氛围，设立青年基金等项目，助推青年骨干教师专业成长，鼓励更多的教师静下心、沉住气，稳定研究方向与学术目标。以教师科研与社会服务的自觉、自信、自主、自律，助推创新驱动发展。

（二）培育创新团队，以教研科研经验涵养专业发展

鼓励跨学科组建项目研究与社会服务团队，通过集训、研讨、年度检查、项目研究等多种形式，联合攻关锻炼队伍，助推团队建设与成长。凝练团队研究主方向，以特色科研服务区域经济社会发展，在行业企业中争取有为有位；以教研科研成绩反哺教学涵养专业发展。

（三）推进校本研究，提高学术成果运用转化成功率

建立"问题导向—课题攻关—质量评估—绩效互换"的校本工作研究长效机制，以校本研究推进"立地式"研究与地方服务工作；借助学术研讨以及网站、微信、微博等多种媒体，推介教师的科研成果，促进成果转化。

（四）创新职教集团，推进产教融合校企深度合作

积极发挥丽水职业教育集团的作用，积极推进社会服务创新发展实践，主动与政府、行业、企事业单位和各县市农民学校开展双边、多边协作，促进产学融合，共建培训中心，共同开发培训项目，建好社会培训师资库和培训实训实践基地，共建社会培训学分银行，积极探索试点职业培训课程学分转换为学历课程学分，大力推进职工继续教育优质资

源跨区域、跨行业共建共享等。

（五）建设新型农民学院，培育品牌服务项目

一是积极探索机制创新，创办"基地"条件下的新生代农民实验班，满足个性化学习需求；二是通过实践载体创新，在园林、园艺、绿色食品等专业中开办"三位一体"创新实践班，在校高职生通过"二次招生"选学"农场主创新"班，"基地"人员通过"绿色政策通道"进"双元制"班，在农业龙头企业、农业新经营主体中试办"农业领军人才"班；三是进行营销模式创新，建立在技术创新、思维创意和现代网络营销模式之上，探索稀贵农业的产业模式；四是进行创业模式创新，通过校内跨专业联合，开展"企业、人才复制创业研究"，复制出一批企业"团队群落"和创业学生，并对不同的培养模式进行比较，观测与评估比较绩效。

五 结语

当前改革进入深水区，经济的转型和升级要依靠创新驱动发展战略。[①] 作为与区域联系最为紧密的创新组织，地方高职院校要转变服务理念，提升服务意识，整合优势资源，合理社会服务定位，彰显服务特色，创新体制机制，激发服务动力，构建服务体系，提供服务平台，优化教育资源，增强服务活力，并通过建设良好的创新驱动生态环境，创新社会服务活动，以服务促发展，提升自身生命力，最终实现由内而外的全面版本升级。

案例 4—1
社区支持农业（CSA）

社区支持农业（Community Supported Agriculture, CSA）就是消费者将单位时期种植农产品所需的费用交给农场，农场按消费者要求生产新鲜、有机、当季的农产品，并定期直接送达消费者的手中，消费者与农

---

① 刘克勤：《地方普通高校服务区域创新驱动发展探析》，《教育发展研究》2014 年第 7 期。

民共担风险、共享收益，直接对接的一种农业生产模式。

社区支持农业兴起于20世纪70年代的日本和欧洲，经过40多年的发展已经广泛出现在世界诸多国家，并凸显了其存在的优越性。CSA实现了食品供给系统的地方化、短链化，建立了生产者和消费者之间的共担风险、共享利益、公平互信的关系；通过提高农产品质量、保障精耕细作、稳定的销售市场等方式增加生产者的经济利益；满足了消费者获得健康农产品的需求；保证了食品的安全生产与消费；通过水土保持、减少化学农药的使用等方式促进了生态环境的保护，实现了人与自然的和谐相处。

第二节　科技群体

校企合作的方式很多，如何通过校企合作实现产教融合是高职院校一直在研究与实践的重大课题。当前服务新农村有很多科技群体，包括农村特派员人群有农村工作指导员、科技特派员等。我们提出了以高校教师入企承担企业科技指导员职责，开展科技指导与新产品、新工艺研发，进而开展学生生产性实习的方式，从产教融会机制的角度讨论现阶段高职院校教师承担企业科技指导员，帮助小微企业实现经济转型升级，学校实现产教融合的可操作性与有效性。同时以农村工作指导员等科技服务群体的新服务讨论农村的新人群的助推活动。

《国务院关于加快发展现代职业教育的决定》指出，发展现代职业教育，要做到"产教融合、校企合作机制不断健全"[1]，校企合作、产教融合是提高职业人才培养质量的关键，是高职院校的工作重心。

一　当前产教融合的现状及存在的问题
产教融合是指育人过程中生产与教学的融合，包括两个方面：一是

---

[1] 《国务院关于加快发展现代职业教育的决定》，2014年6月22日。

教育教学过程与生产工作过程的融合，是在育人方式上的融合；二是教育教学内容与生产技术技能的融合，是在育人内容上的融合。为此，学校至少要面对四个问题：一是企业的意愿问题。因此，如何通过一些措施、一些做法，既能实现产教融合，又能帮助企业得益，实现学校育人与企业赢利的目标合一，是学校首先要考虑的事情。二是教师知识能力结构的改变问题。如何使教师同时具备生产与教学的知识与能力，为培育产学融合的学生奠定师资基础，是学校要解决的第二件事情。三是政府力量的借用问题。尽可能地借助政府的力量为产教融合所用是学校要解决的第三件事情。四是产教融合的与时俱进问题。学校与企业建立比较完善的融合机制，将不断变化的产业内容不断地融入教育教学中，形成稳定的产教融合状态。

高职教育产教融合的现状。就目前高职教育产教融合的情况分析，做得较好的是订单式培养。

产教融合做得较好的另一种方式是"高校服务区域创新驱动发展模式"，其特点是："以高校中从事知识创新、技术研发的教研人员为主体，以科技创新为驱动力和服务重点，通过整合高校、企业、政府等各方资源"，"推进科教结合，产学研合作，为高校人才培养提供支撑"①。

可见，在解决高职院校产教融合的四个问题中，既要满足企业发展的需要，又要使企业与学生能够共同得益。为此，笔者提出高职教师下企业（指小微企业）承担企业科技指导员的做法，拓展高职院校服务区域经济的范畴，深化产教融合。

二 以企业科技指导员制度深化产教融合

企业科技指导员制度是指：由科技局等政府职能部门主导，每年一次，组织高校教师入驻小微企业，承担企业科技指导员职责，向企业宣传科技政策，编制科技创新规划，指导企业开展科技创新活动，构建产学研合作长效机制，促进企业的"产之需"与高校的"研之能"有机结合，形成产学研有效互动，培养技术技能人才。

---

① 刘克勤：《地方普通高校服务区域创新驱动发展探析》，《教育发展研究》2014 年第 7 期，第 23—27 页。

实施企业科技指导制度是经济发展的需要，也是高职院校自身建设与发展的需要。小微企业是我国私营企业的一种类型，规模小，数量多，产品与民生紧密关联。从业人员多，社会影响面大，占据国民经济的份额较大且呈逐年递增的趋势。在当前我国经济趋于稳步发展之时，确保小微企业健康发展，是经济工作中的重要课题。高校教师下企业承担企业科技指导员，正是帮助小微企业建立科研团队、提高自主创新能力的重要举措。也是加强校企合作、实现产教融合的新路径，是提高教师产业能力、引导高职院校教学改革的目标导向。

（一）企业科技指导员制度的要素构成

（1）小微企业的集群要素。由于大多数高职院校有300—600名专业教师、8000—15000名在校学生，如果每家企业入驻1—2名教师、6—10名学生，则一所高职院校合作的小微企业需要数百家。而且，由于学生的实习实训要经历完整的产业链，才能做到基本的技术技能的提升与积累，所以需要小微企业形成集群形态。既保证企业数量，又能形成完整的产业链。

（2）政府职能的管理要素。由政府组织管理基于以下几个原因：第一，由于小微企业资金少，抗风险能力弱，政府出面组织能够为企业提供一定数量研发经费，帮助小微企业分担研发风险。第二，在活动开展初期，由于企业对教师的专长了解少，对教师产业能力信心不足。教师对企业生产情况也不够了解，需要政府从中组织、协调，使教师专业与产业尽量吻合，并以政府信誉作为企业、教师双方互信的基础。第三，教师下企业担任科技指导员是一种常态性工作，应签订《"校—政—企"三方合作协议》，这项工作由政府出面组织，可以更好地保障企业的科技开发不被人为中断；教师在学校的教学工作得以合理安排，教师担任企业科技指导员的工作量被学校认可，经济收入不受影响；学生能够按计划完成实训。第四，政府还可以通过对企业实施优惠政策、对教师实施表彰奖励，调动企业、教师的积极性，推动该项工作更好地开展。

（3）教师入企的能力要素。高职教师必须具备指导企业开展科技活动的能力，要以一定的产业知识为基础，一定的生产能力、生产管理能力、产业发展研判能力、新产品新工艺研发能力为前提。

（4）学生参与的主体要素。学生是产教融合培育的主体，提升学生的技术技能是学校开展校企合作，实现产教融合，培养高职人才的根本目的，也是企业可持续发展的人力资源保障。学生参与生产性实训能为企业增加收益，参与新产品开发、新工艺革新可以承担信息收集、试验实验等简单而量大的工作。安排学生参与企业的科技开发与生产性实习对培养学生职业技能和扩大企业生产规模都有帮助。教师在企业指导学生开发新产品、改革新工艺能够提高学生的创新创业能力。

（5）科研立项的平台要素。培养科研骨干，建立产品研发团队，制定科研管理制度，形成科技开发长效机制。教师通过与企业合作开发科研项目，可以更好地提高新产品研发能力，积累产业知识，并将产业知识不断地融合到教学中。

（6）产品创新的价值要素。在确立科研内容时，要从小微企业资金少、抗风险能力弱、追求短期获利的特点出发，以企业的产能为基础，以新产品新工艺的市场效应为目的，选择周期短、难度小、投入少、虽然利润少但容易获利的产品进行开发，加快研发成果的产业化进程。

（二）企业科技指导员制度的主要特征

（1）企业生产与学校育人一体化的目标特征。科技指导员入企帮助企业研发新产品、改革新工艺，使企业获得自主创新的产品专利和技术专利；帮助企业培育科技研发团队，提升科技创新能力，提高企业在市场竞争中生存与发展能力；为企业提供新的产品销售渠道与产品需求信息，帮助企业增加产品销量，扩大市场份额；学生顶岗实习还能够帮助企业扩大生产规模。这些都能实现企业的赢利目标。同时，科技指导员入企，使学校有长期稳定的实习基地，学校教育教学更加贴近生产实际，锻炼教师的生产能力，培养学生的职业技能。

（2）创新研发与顶岗实习一体化的实训特征。学生顶岗实习，在教师和企业技术人员的指导下，在参与真实生产实践的同时，还参与企业的新产品开发、新工艺革新，使学生不仅仅学会了简单的生产、加工等操作方法，还能够将技术技能应用于新产品开发、新工艺革新。这种在内容和形式上都有所扩展的顶岗实习，既锻炼了学生的创新能力，又深化了学生的技术技能水平。

（3）项目研发短效性与教师入企长效性相结合的机制特征。由于高职教师入驻小微企业开发的新产品往往只是在个别性能上的改进与提高，很难有产品大幅度改变的现象，这样的研发项目具有时间短、见效快、频率高的特点。这样的新产品具有投入少、获利快、周期短的特点。

（三）企业科技指导员制度的优势分析

（1）"校—政—企"合作机制使产教融合具有较好的可行性与可操作性。构建"校—政—企"合作机制是三方共同的需要。有利于企业生产，有利于学校育人，使生产与育人的融合变得可操作、易实现。

（2）教师入企有助于课程与产业融合。产教融合的第一个要素是教学内容与产业内容的融合。

（3）新产品研发有助于教师知识能力结构与产业融合。产教融合的第二个要素是教师的知识能力结构与产业发展的融合。

（4）生产性实习有助于实训教学与产业融合。在校企建立了较好的互信基础后，企业对学生在真实生产岗位上实习比较放心，再安排熟练员工对学生在生产操作、产品检测等方面进行帮助指导，这样，学生可以一边工作一边学习，在工作中学习，在学习中实现生产价值。

（5）小微企业集聚有助于学生技术技能积累与产业融合。产教融合的第三个要素是学生的技术技能与生产的融合。

（6）养成良好职业习惯有助于素质教育的产教融合。素质教育更重于专业教育，思想政治素质、专业素质、职业素质是高职学生素质教育的主要内容。

三 企业科技指导员制度的工作步骤与保障措施

（一）企业科技指导员制度的工作步骤

教师下企业承担企业科技指导员的工作步骤大致分为三个阶段：

一是教师科技指导为主的项目研发阶段。

二是学生实训为主的生产性实习阶段。

三是深化校企合作为主的产教融合阶段。

上述三个阶段只是实现产教融合的基本过程，由于企业生产与学校教学是一个动态发展的过程，产教的融合又无止境，第二阶段、第三阶段将不断重复，教师一年又一年地帮助企业研发新产品，学生一批又一批地在企业实习实训，校企一次又一次地合作互动，使产教反复融合成为常态。

（二）实施企业科技指导员制度的保障措施

要做好教师下企业承担科技指导员工作，需要采取一些保障措施，主要有以下三个方面。

（1）政府组织为主的合同保障措施。合同签订之后应有督促与检查，这一工作由政府职能部门承担，每学期至少一次。

（2）学校管理为主的制度保障措施。学校制定教师下企业承担科技指导员工作管理办法，对教师在企业开展的科技指导工作进行量化，对科技指导次数、科技创新成果数量、纵向和横向立项的科研项目数量以及指导学生顶岗实习情况等进行量化核算，以课时补贴、科研经费补助、科研成果奖励的形式，增加教师的薪资收入。

（3）企业鼓励为主的奖励保障措施。企业为科技指导员提供相应的办公条件、实验耗材与实验设施设备，安排企业技术人员合作开发科研项目，提供技术资料、产品信息、市场信息、用户反馈信息，报销科技指导员调研出差费用、学术研讨费用、信息咨询费用，对取得的创新成果给予奖励，对横向科研项目研发给予一定的人员费用补助等。

四　农村特派员及其他新科技服务人群

农村工作指导员和科技特派员、社区服务员、大学生村官组成的农村特派员队伍，是新农村有文化、有技术的新生力量。

浙江省向农村派驻农村工作指导员是 2004 年开始的，称为指导员进驻乡村连心工程，这是为了深入推进"千村示范、万村整治工程""欠发达地区奔小康计划"和"千万农村劳动力素质培训工程"。指导员要做好以下职责：村情民意调研、政策法规宣传、富民强村服务、民主制度规范和组织建设督导。与乡镇干部一同生活、工作，需要借助单位的力量。并担任所在乡镇副书记或乡镇助理，完成乡村中心工作。

　　大学生村官是在应届大学生中招募有志于服务农村发展的合同制工作人员。目的是培养熟悉基层、了解民情、贴心群众、能接地气的年轻干部队伍，疏通了从基层一线培养干部的渠道。通过锻炼在报考公务员等方面有倾斜条件。

　　随着我国工业化、城镇化的快速发展，农村常住人口逐渐减少，尤其是青壮年流失严重。大学生村官无疑是注入乡村的一股清新的活水。他们拥有丰富的知识和前沿的视点，让被边缘的乡村走进公众视野；他们长期驻守在农村一线，了解最基层的国情；他们可以辅导小孩、照顾老人、帮扶村民排忧解难，以消除乡村治理的盲点；他们在探索基层治理现代化、农村经济市场化方面，身体力行、创业示范，改善村民落后观念的同时带民致富，为农村带去勃勃生机。

　　大学生村官计划自 2004 年在全国十个省区市率先实行，距今已经走过了 11 年的时间，制度创新迫在眉睫。

　　社区工作人员是人力保障部门提供的服务农村、城市社区的大学生工作岗位。近年来，丽水市及各县（市、区）党委和政府高度重视就业和社会保障工作。专职从事就业和社会保障工作人员这支队伍已经成为丽水市劳动保障工作的一支重要主力军。以"加强职业技能培训，提升劳动者就业创业能力，增强就业稳定性"为指导，进一步加强丽水市基层就业保障工作人员的队伍建设，全面提升基层就业和社会保障人员的工作能力、专业素质和服务水平，促进全市人力资源和社会保障事业持续健康发展，推动实现更高质量更高水平的就业。这是全面提升基层劳动保障平台专业化服务水平的重要举措，有利于进一步推进基层平台规范化运作和发挥更好的作用。

　　劳动保障协理员就是在社区协助辖区居民办理劳动就业再就业、社会保障具体事务；同时承办劳动监察维权等相关事务；并为离退休人员提供社会化管理服务的人员。它的职业名称是"劳动保障协理员"，职业等级有国家职业资格四级（中级）、国家职业资格三级（高级）之分。

　　浙江的特色小镇建设是全面建设小康社会进程中的中国样本，特色小镇以新产业集聚为起点，融合了旅游、文创、工商资本等人群，村镇变成了新兴发展区。浙江的特色小镇建设，角色分工明确，是学习共同体的合作方式。从当前的发展阶段分析，李强省长建议，投资公司把握投资机会，这就是整合资源正和博弈。当长板更长时，我们的合作博弈目标实现了。

近年讨论乡愁经济，讨论乡绅（贤）回归，让乡村重新有活力、有文化的提法很多，这是美好的愿望。与前面制度设计的农村各类特派员比较，仅靠思想觉悟是不现实的选择与安排。

注：本文核心观点发表在《教育发展研究》2015（3）。

案例4—2
美途丽水

一　丽水市重点文化创新团队形成背景

"绿水青山就是金山银山，在丽水尤为如此"，丽水市委在归零翻篇开新局活动中找到的最大短板是农业与旅游业的深度融合不够。为深入贯彻中央、省委建设美丽中国、"两美"浙江、大力发展旅游业等系列决策部署，2014年中共丽水市委通过了"关于推进美丽城乡建设，打造生态旅游名城的若干意见"；2016年在丽水市"十三五"发展规划中，提出"将生态旅游产业培育成为千亿级第一战略支柱产业"定位，丽水的生态旅游将大有作为。

在生态旅游名城建设中，丽水旅游业取得了长足的进步，获得了社会各界赞誉。尤其是乡村旅游成为丽水旅游业一个非常重要的特色，农家乐与民宿成为特色中的主角，呈现"紧喷式"发展态势。但是对照"十三五"目标，特别是服务全省和长三角，丽水生态旅游名城建设，生态旅游业发展还存在相当大的短板。

我们团队通过前期深入走访调研丽水各乡村旅游景区、民宿、农家乐，发现乡村旅游文化建设基础弱且缺乏公共服务平台、旅游产品供给不足，旅游基础设施落后，旅游人才供不应，旅游业态处于低位低端低版本等问题成了制约因素。

针对游客所做的需求方调研也发现，丽水乡村旅游文化元素欠缺、游客体验严重不足；丽水良好的生态环境能吸引游客却难以留住游客并促进更多的消费，对农业带动力不强。尤其是乡村旅游的文化建设普遍存在问题：比如，大区域的旅游文化主题定位由政府决策并实施，民间经济主体在规划的体系内较少；乡村旅游经济体投资规模普遍较小，缺乏文化方面的规划设计和建设投资；乡村民宿、农家乐等投资经营主体普遍文化水平和专业水准不高，缺乏开发特色文化产品的能力；旅游文化项目缺乏自我更新和活力，缺少市场化的资源注入体系，旅游产品服务同质化、单薄性现象普遍；各地碎片化的文化资源缺乏系统开发和挖掘机制，呈现方式较为简单，缺少当代诠释语言，游客体验度低；地方政府文化资源挖掘和旅游文化建设分属不同机构和组织，目标不同，整合困难。2015 年丽水接待了大量乡村疗休养团，5 天的行程因为缺乏内容而提前 2 天结束行程。据统计 2015 年全省游客单次出游人均消费 1280元，丽水不到 600 元，全省排名最后；过夜游客的比例，全省为 50%，丽水为 46%，全省排名第九。这些数字足以说明丽水乡村旅游因为缺乏游客活动体验而影响了旅游的社会效益和经济效益。针对丽水的地域特点，如何更好地进行"旅游＋融合"，如文旅融合、农旅融合等等，成了当前研究的新课题。

如何开展文旅融合、农旅融合、提升丽水乡村旅游文化建设和服务水平、培育实用型旅游人才，摆在了我们旅游研究者和旅游教育从业者面前。因此，由丽水职业技术学院牵头，整合本院省级特色专业、学院重点培育专业——旅游管理专业的专业骨干力量，联合丽水旅委、丽水农办、"丽水美途"、丽水农民学院特别是涉农林专业组成的旅游专业研究、旅游行业经营和管理人才，构建的"丽水乡村旅游文化建设和服务创新团队"是可行的与必须的。

二 创新团队发展目标

1. 培养好乡村旅游领军人才。用好乡村创客、乡村讲解员等培训平台，培育乡村旅游文化建设人才；结合学院专业发展，创建大学生乡村旅游创业实践基地。

2. 开发和建设"丽水美途"文化建设服务平台。

3. 文旅融合，讲好丽水旅游故事，建好乡村旅游资源数据库，挖掘乡村旅游文化内涵。

4. 创新乡村旅游文化建设机制，形成共建合力。

最终目标：在互联网＋时代共建共享，将丽水乡村生态优势转化为文化创意旅游产业，通过"乡村＋文化＋旅游"的路径，形成丽水特色旅游文化产业，服务丽水生态旅游名城建设。

三　团队服务地方旅游文化建设的作用和意义

地方旅游文化建设是旅游产业发展的循环动力，是可持续发展的核心产业要素。通过构建一个开放的旅游文化建设服务公共平台，让碎片化的文化资源、文化工作者、民间创业者、大学生创业者、乡村旅游建设者在特定的平台上进行自由的交换，创新、创造出丰富多样的旅游文化产品与服务。建立和培育地方旅游文化的众创环境，让更多的人才通过这个领域得到成长、发展，从培养人才的角度为地方旅游文化发展提供持续的动力源。

创新团队创新的方向是地方旅游文化可持续建设与服务。建设一个政府主导、社会化的公共地方旅游文化建设和服务平台，构建地方旅游文化可持续发展的机制，使地方文化成为旅游产业发展的主动力。这不但能丰富政府进行地方文化建设规划的常态化手段，而且能为缺乏建设和创新能力的民宿、农家乐等乡村旅游从业者提供系统的服务，同时也能使地方文化创新产品化，助力其走出地方，走向全国，走向世界。

四　团队创新方向

1. 乡村地方旅游文化社会化建设机制的设计与研究，特别是开放的众创机制、供应侧的构件化、数字化和互联网化研究。乡村旅游文化从形态上包括"吃住行游娱购"六要素，"吃住行"相对复杂，涉及要素多，难以标准化和构件化，第三方难以介入。"游娱购"相对独立，可以由外部导入，提供普适化的服务。就供应侧来说，"游娱购"对文化的要求也相对较高，所以我们把乡村旅游文化建设的重点放在"游娱购"这部分。

乡村旅游文化建设产品和服务供应原始落后，基本上是订制型的，用户建设成本和运营成本都比较高，投资风险比较大。构件化的产品服务平台是产业急需的，但是构件化的产品需要丰富的文化元素和不同的专业人才，所以开放的众创机制非常重要。无论从产品实现、用户体验还是用户社交传播，面向互联网的架构非常关键，也就是说，整体建设和运营必须面向互联网。

2. 体系化的地方旅游文化的传承、挖掘和创新发扬。大多数乡村旅游都缺乏特别优质的文化资产，都不是"富二代"。拥有的文化资源都是碎片化的，低知名度的，相对普通的。类似"丽水三宝"这样的优质文化遗产凤毛麟角，省级市级的也分散在各个领域。如何将这些不起眼的地方文化开发出时尚的旅游产品需要一个孵化的平台，也需要有创意的人才。例如，在我们调研过程中对"皮影戏"这个民间传统艺术进行了讨论，如果将现代网红元素如金星秀、PAPI酱、春晚的段子用皮影的方式演绎，并让游客参与演出，是否是一个非常好的体验呢？如果有个年轻创新的团队做这个方面的创作，不但传承了皮影戏这个形式，而且也发扬了这个文化形式。

3. 面向用户体验的旅游文化产品设计、生产和运营。旅游产品和服务用户体验是唯一标准。而用户体验最有效的形式是互动参与，眼观是体验较低形式，动手是上佳形式，动心是极致追求。所以，创新方向的表现形式是互动产品的开发、生产和运营。例如，在夏天，古堰画乡可以开展一个凌波微步的互动游戏。在较浅的水面上铺上形似丁步的木板、席子或泡沫板，让游客穿上救生衣，在水面上跑，看能通过多长距离。以此来呈现和诠释古堰大港头船帮文化的元素。

4. 培育乡村旅游文化建设人才，创建大学生创业创新实践基地，激励社会资源进入乡村旅游文化建设领域。乡村旅游文化建设要素是人才建设。我们计划通过以下三个途径来构建人才培养环境。一是调动地方政府的积极性输送产品从业人员，参加文建知识和能力培训。二是在职业技术学校、高职学校的创业创新课程中植入相关课程，鼓励和推动大学生通过开发乡村旅游文化产品和服务创业，吸引较为高端人才进入这个领域。三是编著相关知识丛书，作为普及知识工具和基础学习材料，引导更多社会人才加入到乡村文化建设行列中。

五 团队建设规划

归纳为构建三大平台，九大模块，如下图：

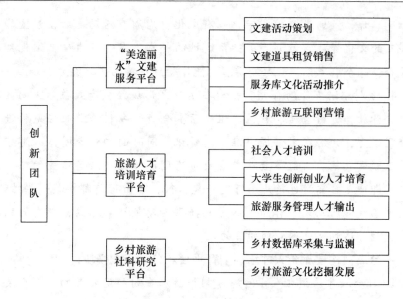

图 4 - 1　团队建设规划

平台一：构建"美途丽水"文建服务平台。

"美途丽水"作为丽水旅游文化建设的公共产品服务平台，由大学生创业团队开发、建设和运营。将提供数百款具有地方文化元素的互动活动，为民宿综合体提供咨询、订制、主题活动策划、活动执行、网络营销推广、道具租赁等系列服务，同时为地方旅游文化产品开发提供指导；承担特色旅游纪念品的设计、生产和开发。主要包括以下四大模块：

1. 免费文建活动策划。建设民宿、农家乐、景区等文化活动基础数据库，开展可行方案评估和设计书建议服务。如是否具备室内室外活动空间，是否有农田操场，是否有投影、音响设施等。这些数据可供目标活动客户查询和选择。在此基础上策划具备当地文化特色的互动游戏活动，构建活动库。我们通过共建单位如云上平田、卓庐如家开展。

2. 开展各种文建活动道具的租赁和销售。根据活动库里结构化的活动进行道具的设计、生产和规范，并通过互联网进行道具的租赁。通过城市会客厅、梯田花海等开展。

3. 特色民宿、农家乐、景区的服务库文化活动推介。联合古堰画乡、大木山骑行园等乡村旅游重点景区，推出丰富多彩的文化产品，开展示范活动，并复制推荐到其它乡村旅游景区和民宿。联合地方政府开展样板示范工作，做到服务的民宿户户有文化，周周有活动。结合景区和业主现有的文化资源和策划，进行系统性的补充，在建设力度上细化到每个民宿，每个农家乐，让每个游客都能体验到独特的文化魅力。

4. 乡村旅游互联网营销。平台在示范区形成经验和效益后，向区域内社会开放并进行宣传和营销。组织丽水全市的乡村旅游业主免费进驻和使用平台，为潜在客户提供准确的资讯。同时面向社会团体旅游组织开展互联网营销。当前多数旅游者都带有团队性质，除了传统的旅游团模式，即便是自驾游也是几个好友一起出行，在出行前都要做一些功课，如策划路线和活动。平台为这些客户提供活动策划和信息，激发他们的出行愿望，达到互联网营销的目的。

平台二：构建旅游人才培训培育平台。分为三大模块：

1. 社会人才培训。人才问题是制约丽水乡村旅游发展的一个重要因素。创新团队将依托丽职院旅游专业及继续教育学院社会培训服务平台，办好乡村旅游人才培训。采用课堂教育，主题体验，创新大赛，协会活动等多种方式培育和培训创业者。重点是培育乡村民宿管家、乡村导游、乡村活动主持人等专业人才，面向社会培育旅游文化建设创业者。

2. 大学创新创业人才培育。积极相应"大众创业、万众创新"，通过培训在校大学生，开发、建设、运营"美途丽水"，提高大学生的创业创新能力。

3. 旅游服务人才输出。旅游专业在校生 475 人，其中本地生源占到 50% 以上，为丽水职院规模数排名第二的专业。通过创新团队对学生的培训、引导，为丽水旅游输出具备一定数量和质量的旅游专业人才。

平台三：乡村旅游社科研究平台。分为两大模块：

1. 乡村数据库采集与监测。开展乡村旅游监测工作，基于大数据从整体和细部开展策划和运营，为各类用户提供服务。从乡村旅游基本情况、经济效益、游客接待、农民增收和就业、基础设施建设等五方面构建乡村旅游统计监测指标体系，并建立数据库进行监测。

2. 乡村旅游文化深度挖掘和发展。挖掘、保护、传承丽水农村特色传统旅游文化，让悠久文明的精髓植入现代乡村旅游体验。挖掘乡村故事，进行故事传播。形成一套"美途丽水"文旅融合文化丛书。该套丛书争取成为丽水社科研究重点课题。丛书内容上以文化为主，有记事、有写真；功能上以旅游为主，有介绍、有地图，是一套富有文学色彩的旅游攻略，作为推荐宣传丽水旅游、服务旅游者旅游活动的实用性工具书。

案例点评：丽水市重点文化创新团队有两批共十支，"美途丽水"是第二批的第二支，当前正进入建设的中期。成绩良好，但与假设有需要调整的目标：比如文化局与旅游局的合并重组，说明创新团队更具前瞻性。成员追求的目标不一致，导致真正合作产生分歧，一些指标没有完成，需要加强凝聚。

第三节　法式营建

农民学院的初创阶段需要整合力量，统筹机制促进活力绽放是重要工作。投资机制是核心内容，比如谁掏钱、谁组班、谁来学，其实都是在算投入与产出的绩效。在办班的过程中，运行机制就显得更为重要。我们以丽水职业技术学院为办班主体的丽水农民学院为样本，讨论运行机制的创新问题。

丽水职业技术学院被学生们亲切地称为荔枝园（立志园），我们把依托该校成立的农民学院在运行机制方面的创新取名为"法式营造"，在多次被学习后，笔者进行小结，希望有样本推广的意义。

俗话说："民以食为天，食以安为先。"我国是一个农业大国，但迄今为止还不是农业强国。当今世界农业科技日新月异，突飞猛进。相当多的发达国家和地区，已经实现了农业现代化，进入到了现代农业的发展轨道。

与先进的国家和地区相比，我国农业产业大多还停留在传统的生产经营模式上，生产方式落后，市场对接不够充分，农业抵御自然灾害和市场风险的能力还十分脆弱，农产品科技含量低，农产品"卖难"问题和有害有毒现象时有出现，农业效益和农民收益甚微，导致我国农民始终处于弱势群体。所有这些问题的存在都与农业经营主体弱小，经营者综合素质不高、实用技术掌握欠缺有关。要解决这些问题，当务之急就是要创新农民培训机制体制，提高农民文化水平和综合素质，让其掌握更多的现代农业实用技术，推动传统农民向新生代农民、传统农业向现代农业转型与升级。丽水农民学院的成立，不仅标志着丽水216万农民有了自己的大学，而且更是创新了新生代农民培养培训的机制体制，明晰了农民培训的职能与职责，在推动传统农民、农业向新生代农民与现代农业转变，促进农业增效、农民增收等方面发挥了重要的作用。

一　农民学院的六个做法

（一）确立宗旨，明晰职能是农民培训工作的基石

丽水农民学院成立后，首先确立了以"服务三农发展，培养新生代农民，提高农民综合素质和现代农业实用技能，促进农业增效、农民增收，按照'三化同步'的总要求，弘扬创业创新精神，致力于打造在全省具有一定影响力、产学研农科教一体化的农民教育培训和管理服务基地"的工作宗旨。

不仅如此，丽水农民学院还把城乡统筹、就业导向、技能为本、创业优先、终身培训、注重实效、创新平台、优化机制、完善设施；强化项目开发，加强师资队伍建设；通过农村实用人才培训、农民转移就业技能培训、新型农民创业培训、"技能＋学历＋创业"教育等多类教育培训形式和举办农民大讲坛、开设创业俱乐部等多种拓展形式，重点培养满足新农村建设以及城乡企业用工需要的中高级创业型、技能型人才，为农村经济又好又快发展提供强有力的智力支撑和人才保障作为自己的工作职能。

（二）构建机制，理顺体制是农民培训工作的切入点

丽水农民学院成立之初，就确立了"崇德尚农，竞业精技"的办学理念，建立起了"党政主导、学院运作、部门共建、各界支持、农民受益"的农民教育培训工作推进机制；构建起了以开放型教育资源为主体、农业产业首席专家（顾问）制度为支撑、专家教授为核心、丽水职业技术学院教学管理和市、县（市、区）农村实用人才示范实训基地、成技校、农广校为基础的教育培训资源优化配置机制；努力形成纵向连接市、

县（市、区）、乡镇（街道）、企业（村）等四级培训网络，横向覆盖有关条块部门的农民教育培训组织架构；健全长期与短期结合、本地与异地结合、集中与分散结合、学历与考证结合的农业技术人才教育培训体系。

丽水农民学院实行院务会议负责制。由中共丽水市委人才工作领导小组办公室、丽水市农村工作办公室、丽水市人力资源和社会保障局、丽水市教育局、丽水市农业局、丽水职业技术学院共同组建而成。学院日常工作设置在丽水职业技术学院内，办公场地与教学设施由丽水职业技术学院配备。在各县（市、区）设立农民学校。

（三）整合资源，紧密配合是农民培训工作的保障

长期以来，我国绝大多数地区在农民培训工作上，始终存在着培训资金分配给各涉农政府部门，由其自行组织培训的多部门分散"放羊式"培训的现象。这种做法的结果就是同一项目重复培训（重复组织、重复参训），造成培训资金严重浪费，达不到培训应有的效果。

丽水农民学院成立后，通过多层次、多渠道的协调，在各级涉农部门的紧密配合下，改革为不再给各涉农部门分配培训资金，每年所有的涉农培训资金统一由农民学院归口管理、按规使用，每年年底由各涉农部门申报培训项目，再由农民学院根据产业发展需要统一平衡后分配培训项目资金，并要求按计划及时完成。如有违反，下年度不再给予培训项目与资金。这样一来，极大地提高了各涉农部门组织和农民参与培训的积极性，避免了重复培训的现象，大大提高了农民培训的质量和效果。

（四）聚焦产业，创新项目是农民培训工作的生命线

紧贴区域经济，聚焦农业产业，创新符合农民实际需要的培训项目，是农民培训工作的生命力所在。为此，农民学院以满足农民需求为导向开创了大批涉农培训项目。例如，丽水是超市经济之都，全市共有10多万农民在全国各地开办大大小小的超市。为了鼓励更多丽水农民走出丽水，通过超市创业致富和提升已经在外从事超市创业农民的业务经营技能，增强核心竞争力，农民学院举办了超市创业老板、超市店长和超市营业员培训班。同时农民学院还开展"千里送教、情暖丽商"活动，先

后送培训到云南、贵州、河南、陕西、安徽、山西、四川、宁波、台州等地。举办超市经营业务提升培训班，既满足了事业发展的需要，又暖了丽水外出创业人员的心。正是如此，农民学院的"农超培训"已被国家商标局批准成为注册商标。再如，丽水市是全国第一个被批准命名的生态城市，好山、好水、好空气是丽水的优势。不仅生态旅游资源优越，而且农产品生产经营优势明显。市委、市政府把打造千亿级生态旅游产业和发展民宿经济以及生态精品农产品放在了重中之重的位置。随着丽水生态旅游业的迅速崛起，生态精品农业特色小镇的（含森林小镇）的建立，全国各地乃至世界各地来到丽水旅游的人越来越多。为此，农民学院开辟了生态旅游城市"零投诉"培训班和启动旅游教师为期三年培训计划，举办"生态＋旅游"名师培训班、"民宿创客、管家系列、民宿（农家乐）乡土导游""农产品营销技能""农产品经纪人""农产品质量与安全""农产品电子商务""来料加工系列"以及各类农业产业技能与管理水平提升等培训班。

为了服务丽水"老三宝"产业发展，农民学院举办了以青田石雕、龙泉青瓷、龙泉宝剑的传承人和技能提升等为主题的各类培训班。近些年来，随着农村物质生活水平不断提高，越来越多的农民转向对精神文化的需求。于是农民学院就开辟了"乡村春晚系列培训"，诸如乡村春晚主持人、乡村春晚明星、乡村春晚导演、乡村春晚调音师等培训班，并要求全市每个村春节必须有一台由农民自编、自导、自演的乡村春晚，同时选择质量较高的春晚通过网络向世界直播。反向强烈，影响之大和广，收到了极其好的效果。在此基础上，农民学院与市文体广电局联合举办的"全国乡村村晚百县联盟培训"和对话"乡村村晚"乡村文化艺术普及品牌乡村村晚百县联盟沙龙、2017年乡村村晚发展论坛等活动，声名远播。总之，自农民学院成立至今，围绕农业产业发展，每年创新性地举办涉农培训60余个项目、近2万人次。限于篇幅，其余项目不再一一介绍。

（五）严密组织，科学管理是农民培训工作的关键

要提高农民培训质量和效果，严密组织与科学管理是关键。丽水农民学院经过这些年发展，所得到的体会如下：一是坚持市场导向，摸清

农民培训需求，再由培训主办单位下发文件，将每期培训班学员人选通过文件形式分配到各县（市、区）、街道和乡镇，并由其组织好报名或推荐工作，确保生源足额和质量。二是科学编制人手一册的培训指南（含报到须知、教学计划、学员名册与基本信息、课程课件、学员笔记等）。三是严格聘请和筛选师资。培训要有高质量、高效益，选好师资十分重要，决不能滥竽充数。要明确师资条件（品德与技能兼备），在建好师资库的基础上，严格聘请程序，科学遴选。四是精准组织培训，做好教学管理。第一，要认真做好学员报到通知工作，提高学员报到率。第二，配备专职班主任，全程跟踪管理。第三，要搞好开学典礼。每个培训班开班必须有主办单位和承办单位领导出席并讲话，以示培训的严肃与重要。第四，要严格实行课堂签到（决不准代签）和不定时点名（与餐券发放挂钩），加强课堂教学管理。第五，安排好食宿。要高度重视学员的用餐和住宿，做好各种后勤保障，满足学员生活需要。第六，培训结束，要做好培训总结，编制好经费决算。为了检验培训质量，年终要由主办方委托第三方做出绩效评估和经费使用审计报告。近期又组织了动态数据检测组和培训实效研究组，对各次培训进行质量监控方面的研究，以提供更为精准的培训服务。

（六）农业增效，农民增收是农民培训工作的根本

农民培训的目标是助推农业增效，农民增收，在全面建成小康社会的冲刺阶段，高效的农民培训就是提高生产力。培训项目的精准性是扶贫攻坚的前提。农民学院创设的一些项目，都是在广泛调查、数据分析的基础上，选好项目，设好课程，精调师资，全程评估而有效完成的。从培训后的创业率、带动产业发展效益、转移就业率等指标看都达到了预期的目标。

农业增效、农民增收是农民学院开展农民培训工作的根本。浙江试行三级农民培训模式，省级农民大学、市级农民学院、县级农民学校，各级农民培训单位要精准定位。市级农民学院承上启下，培训的项目要引领县一级，要更具指导性。这也是农民学院良好发展的关键。

从运行机制的角度分析，新型农民学院需要创新的主要有：一是导向机制创新。依托产业孕育空间、校企互动动力储备。通过政府、学校

和企业对培训学员创业进行积极引导，使他们创办的企业直接融入区域经济。二是激励机制创新。调动利益相关方的积极性、主动性很重要。政府埋单为主的培训，也要考虑合作企业的积极性，这是新农民学院的重要努力。企业的利益诉求点还是利益最大化，储备人才是为其服务的。人才培养、精准服务是学校层面的目标，教师个体关心的是专业发展，待遇收入与工作投入的性价比。三是服务机制创新。全方位服务或是联合体式服务，都是服务机制的创新。学院提出"眼睛向内，学校第一，集中精力做好学校的事情"。不同的阶段有不同的目标，不同的层次有不同的服务能力，其实都是不矛盾的。四是保障机制创新。创业风险的存在及其防范机制的欠缺，打击和挫伤了新农民的创业意愿，影响到"两创"的实效，如小微企业的科技担保、零资金注册。

二 法式营建——机制创新的讨论

农民学院的机制创新，除了运行机制外，作为办学单位，质量保障体制的创新特别重要。我们通过建立质量诊断改进机制，完善质量保障体系。并创新各种合作共同体，引导培训全过程的良性合作，以取得良好效果。

机制泛指一个工作系统的组织或部分之间互相作用的过程或方式，如市场机制、竞争机制。[①] 机制是在很多资源配置上市场还没有发挥决定性作用的间隙发生作用的。

体制、机制、增长模式经常会放在一起讨论。新常态、新萎靡（New Malaise）、新庸碌（New Mediocre）是带有好恶价值判断机制方面的经济学术语。

对于农民学院这类多单位、不同诉求组织形成的联合体式组织，机制的创新是最为重要的发展平台。灵活、实用、各方受益是机制设计的起点。

北京大学国家发展研究院金光教授张维迎认为，所谓机制设计，是

---

① 《现代汉语词典》，商务印书馆 2012 年版，第 597 页。

指没有私人信息的一方设计某种机制（合同）让具有私人信息的人把信息真实地显示出来。机制设计的本质是如何让人说真话。说真话的基本条件是所设计的机制必须满足激励相容约束。激励相容约束意味着说真话（或选择设计给自己的合同）比说假话（或选择设计给他人的合同）要好。理论假设是当一种机制使得说假话比说真话要付出更大成本时，人们就会说真话。①

（一）协调与合作的机制创新

协调问题与合作问题是社会面临的基本问题。机制创新，原意是指企业为优化各组成部分之间、各生产要素之间的组合，提高效率，增强整体企业的竞争能力而在各种运营机制方面进行的创新活动。企业机制包括利益机制、激励机制、竞争机制、经营机制、发展机制、约束机制等，我们农民学院的协调与合作方面的机制创新，也可以从以上维度开展研究讨论。

最优的机制设计可以使得设计者获得最大利润，但资源配置达不到帕累托最优。农民学院培养新生代农民也是一个正和博弈的过程，在柔性助推新兴农民发展的过程中，生动的实践证明农民学院需要创新的机制主要有以下几种。

第一，利益机制创新。培育新生代农民、发展现代农业、建设决胜全面小康社会的命运共同体是最基本的服务目标。

法国哲学家让－吕克·南希在《无用的共通体》中，阐述了他的共通体思想。他认为，自然家庭、雅典城邦、罗马共和国、最初的基督教共同体、行会、公社或兄弟会等，强调既不能认为共通（同）体已经丧失了，也不能认为有一个可以实体化和主体归属的共通体统一性的组织，而是要在文学和写作的共通体中展开独一性存在的彼此的共在，并且在肯定与保护彼此之间的间隔，以此空无的敞开来形成无用或非功效的共通体。

我们在多年实践农民学院的过程中，也深深感到紧密的共同体是种乌托邦理想，只有"各美其美、美人之美、美美与共"，才能天下大同。

---

① 张维迎：《博弈与社会讲义》，北京大学出版社 2014 年版，第 295 页。

在服务"绿水青山就是金山银山，对丽水来说尤为如此"，勇当绿色发展探路者和模范生的过程中，认为命运共同体是一种更为宽松的联合体。"做好花篮子，大家都有花戴"才是农民学院合作的基调。

命运共同体式思维要与行动相对业绩比较机制的要求相适应，因为在相对绩效比较的时候，委托人不是看代理人产出的绝对值，而是把他的产出与其他处于类似环境下的人的业绩比较，然后决定对他的报酬。[①] 合作各方最为认可的是公平公正，这是合作的原动力。

第二，激励机制创新。美丽经济、美丽村庄、美好生活，建设主客共享、生态友好的生态共同体是激励相容的约束目标。

激励机制的设计实际上是一个动态博弈的过程。我们在设计一个激励机制时，委托人要预测到，给定政策后，代理人会采取什么行动。只有预期合同得到执行时，激励机制才有意义。[②] 政府的需求是农民学院最大的办学目标，为区域战略服务是农民学院工作的重点。比如丽水农民学院服务秀山丽水、三美融合、主客共享是符合丽水市政府的发展理念的，因此得到大力支持。

三美融合，要求我们不仅保护好绿水青山的美丽环境，还要大力发展生态精品现代农业、生态旅游业等美丽经济，做好"生态 + 文章"，实现点绿成金、助农增收，为人民群众创造美好生活。

主客共享，丽水老百姓既要享有好生态以及好产品，丽水更要以更宽阔的视野、更开放的姿态，主动服务于全省、全国大局，让全省、全国人民共享丽水好生态、好产品，共赢发展、共创未来。

政府的战略是激励机制的核心，是设计培训项目的起点。农民学院服务政府主战略，发展才有真正的动力源。

第三，竞争机制创新。构建绩效评价指标体系，让想法办法战法变成生动实践，建设正和博弈的创新驱动体是协调合作目标。

同台晒业绩比激情话担当，"首善担当创一流"是莲都区的新做法。"打擂台晒实绩"是让干部赛着干的竞争机制。

备受青睐的无印良品（No Brand）经营理念，并非无品牌而是以新

①　张维迎：《博弈与社会讲义》，北京大学出版社 2014 年版，第 318 页。
②　同上书，第 314—315 页。

理念服务新人群。我们在考察学习中发现其经营特征，也是其胜出的密码：材料的选择，工序的检查，包装的简化，强调物美价廉。注重家的理念，是一种平民时尚。展示有理由的便宜，绿色、自然、时尚。关心在哪里都能通用。和我们正在学习的环境革命样板诚品书店（苏州生活版）类似，其竞争机制创新公式为："好的产品＋好的推广信息＋好的展示环境"。

农民学院也要以真材实料、以培训的核心竞争力而设定一些密码，"同心同向同力，共建共融共享，善谋善作善成"，这些竞争力的培育是正和博弈的过程，是创新驱动的和谐发展。比如莲都区农业局的"青峰班"，创新干部培养模式，促进年轻干部成长，实现"让从事农业在年轻人里流行起来"，正是学院培育师资3.0班和年轻干部"红旗班"引进的竞争新机制。

第四，经营机制创新。培育新农业经营主体，发展新业态新零售新模式，建设新兴农民的合作完全体是重点工作任务。

在共享经济时代，品牌是现代农业核心标志。学院助力的"丽水山耕"的品牌效应正在显现，与此同时"丽水山庄"品牌的打造是重点工作。"山海、山水、山耕、山居、山城"，山字文章要做足。

丽水全域旅游战略中，非常重视"丽水山庄"的经营机制。希望通过它实现农旅融合的发展态势。其创新的基点是O2O，即线上与线下的有效融通。

庄园经济浙江有好的样本：浙东文化以王、谢为代表的北方望族影响最大，属于上层的文化典范。谢灵运家族的始宁墅正在浙江绿城的努力下重放光芒，成为引领农旅融合、新型现代田园的样板。

谢灵运的《山居赋》描写了他家的始宁别墅。"考封域之灵异，实兹境之最然。茸骈梁于岩麓，栖孤栋于江源。敞南户以对远岭，辟东窗以瞩近田。田连冈而盈畴，岭枕水而通阡……"从此段文字可知，始宁别墅包括平原地区，以及河流湖沼，物产丰富，实在是一个名副其实的"鱼米之乡"。[1]绿城的宋卫平在此修农庄，是精神里最饱满最动人的支撑。

---

① 林文月：《谢灵运》，生活·读书·新知三联书店2014年版，第59页。

丽水山庄，绿谷庄园正蓄势待发。乡居的植物配置是学校的拿手好戏。松阳枫坪乡的丁坑植物园是否借鉴与复制学校自然教育园的做法，以及云和的民宿六头元素的挖掘的合作等，服务丽水山庄正在破题阶段。

"念好山字经打好特色牌，加快建设美丽幸福新丽水。"新的生活，新的人群需要，农民学院需要敏锐把握，提出新的项目设计，要多琢磨新需求、新方向，服务新的经营主体需要久久为功。

第五，发展机制创新。生产、生活、生态"三生共融"，乡风、乡趣、乡亲"乡村联动"，政府、农户、院校混合投入，建设正向存养的发展联合体是产学融合的有效载体。

丽水农民学院发展态势良好，得益于发展联合体的建设。本书团队多次发文讨论联合体式合作是高职院校产学研合作的有效载体。实践中的联合体学院在决策指挥、质量生成、资源建设、服务支持、监督控制等方面优势明显，发展联合体是学院形成全面合作协同发展的新机制。

丽水山耕精品农业品牌的创建是典型的案例。2017 年学院开展"微商＋民宿"培训班，希望在全域旅游的新导向上，结合好乡村旅游生产、生活、生态"三生共融"，乡风、乡趣、乡亲"乡村联动"的核心关切，设定政府主导，新生代农民需要助力的好项目。

第六，约束机制创新。有所不为，制度供给与守望真一，务实清廉与干净干事，建设正心问学的学习共同体是办学初心与坚守。

农民学院的办学要在提高质量上下苦功，要明确内部质量监控的关键点。明确内部质量诊断与改进的流程，制定学院内部质量控制指标体系，形成定期自查自纠并循序改进的工作机制。"从调研找差距、从数据看质量、从内涵谈发展"，学院借鉴了金华职业技术学院的好做法。

农民学院的办学是有经济效益的，近几年继续教育和科研社会合作都是高校审计的重点。学院一直在强调要守望真一，学院的初心并不是赚多少钱，不是追求经济效益，而是要关心社会效益。培训好新生代农民，他们真正脱贫致富才是第一目标。

"丽水山耕"既有政府背书的权威性，又有行业约束性、市场灵活性，就是兼顾了守正出新与守望真一的统一。

机制有正负相关性，在办学过程中要强调制度和增长之间的关系。

从变量的选取到变量的度量，再到模型的设置，都是基于理论，更要利于实践。要强调净效应，特别是政策效应的提高，资源配置效率的提高，有利于改进人类的福利。人民对美好生活的追求是农民学院的办学初心，要通过一件件事情的成功，进行积分，促进新生代农民总体提高幸福感。

办学过程中，是创新驱动中的融合。学院要的不是合作各方的比拼，也不是相互客气，而是以一方为主，另一方在协助，这需要各方都足够自信，也足够谦卑。共情能力会直接影响一个人的应对机制，也是机制创新的关注点。

农民学院在体制创新方面也要不纠结自己的"小红包"，多关注"大红利"，多倾情诗和远方的未来。

机制创新，最为重要的是人才培养的机制创新，创新人才培养的体制机制，在体制机制上保证创新人才培育体系化、科学化。优化财政支出结构，完善人才发展投入机制，加大人才开发投入力度。建立政府、企业、社会多元投入机制。

农民学院 2015 年开始推进教学学术运动，该活动有许多值得讨论的话题。比如混合式教学、翻转课堂、微课、慕课等教学形式的借用，到底适合什么课型，需要找到哪些结合点？活跃的教学就应当是充满了问题的教学，生动的课堂就是问题构成的空间。如何让沉默的课堂充满生机？如何让过于寂静的脑海翻腾起来？如何让学生和教师有真正的心灵会见？如何让职业倦怠变成积极主动行为？等等，都是我们培训过程中需要数据采集分析的问题。

（二）新型农民学院的机制博弈

规则是一种限制，需要在约束性规则中找到施展才华的领域，需要把生硬的规则通过机制创新变成发展人的新能力和新本事的权利。如何为新兴农民最大限度地成长服务是农民学院办学的关键，要通过机制创新创造条件满足需求。

高校服务区域社会经济发展，可以有多项绩效评价指标和体系，学院设定的对农民学院评价的体系，从增加教育的可选择性、多样性等角度，去创新机制和政策、制度供给。

可选择的高等教育，最核心的有五方面观测点，也是农民学院需要重点博弈的维度。

一是有选择的权利。我们经常说起点公平，北上广深或者北上深杭、"长三角"等都能提供更好的选择权利，而偏远欠发达地区可选择的余地就小。

二是设定选择的规则。越是发达地区，越讲政治讲规矩。浙江实践中国样本，浙江最大的样本意义是讲规矩；农村"三改一拆""五水共治""浙商回归"的政策设定，就是要求在此框架下选择。

三是创新体制机制。改革重要的内容是体制机制方面的创新，体制设计面广，机制创新的试点意义更可观测、更好操作。比如供给侧改革，从讲供求关系，到讲产品有效供给，就是机制方面的创新；学院创新的正和博弈合作，联合体式学院，利益共同体、学习共同体等，都是某一层面的创新。

四是找好有效工具。方法和工具是从想法到达成现实的重要环节，办法、想法、战法要实现，选择有效的工具和路径至关重要。学院在培训品牌的选择上，找到了农民超市经营人员的业务培训为突破口，办出"农民超市"培训品牌，就是工具方面的选择。超市就是在买卖公平的规则下找到一种高效、人性的商业模式。学院创新的"丽水农民超市"，异地就业3万余人，就是提供了有效工具。

五是寻求支持。农民学院的工作需要整合各方资源，集中优势力量做有效培训。正如市场化、工业化、城市化才是经济发展、环境保护最有力、最持续的保障。怎么做好保护资源与发展经济需要变化的博弈呢？需要智库的建言献策。制度创新、机制创新，就是要找到好的办法、好的模式，增加教育的可选择性。

高校谈教科研的有效融合，怎么让科研与教学不是两张皮，而是相得益彰，是学院苦苦的探索。我们认为最关键是要找到两者博弈的黄金分割点。科研考核就是对教学的间接度量，推教学学术活动、推工作式研究、推校本研究项目。给科研人员做教科研融合发展的辅导，是基于这样的理念：一个学得透的人，不可能把问题讲不明白，而且一个很容易可以把课讲好的人，是不会刻意把课讲差的。因为有教科研的教师，进行学术思考已经成为他的习惯，变成一种生活方式。

高校部分教师借口上课忙无暇搞科研，宁可把时间花在打游戏、看连续剧、玩微信等简易、有娱乐性、不用太动脑筋的事情上。他们的课其实也是差强人意。部分教师喜欢做课程、写教材是一种专业的选择。部分教师开展应用型研究，或者"立地式"技术服务，学术品质值得商榷，立杆见效确实对，经济收益的性价比高也是可能的。高职院校的职称评聘制度改革，核心点是对学校排名的影响因子，希望放弃一些硬指标，比如论文级别、项目层次，用人为认定去推进对本校有用的研究，只能是一种探索。

对政策供给是经常想有科学的决策前支持的数据与理论依据，社科专家作为政府智库的首选，在投决机制、优化扶持政策等选择时希望发挥正能量。在这指挥棒下，官员批示的级别成为高校部分教师的一种选择。自然科学研究讲成果推广产生的经济社会效益，社会科学的成果认定相对弹性，评奖可能是同行评价的一种有效方法，领导批示、正式被吸收为政策内容更是一种方法。

清晰的权利界定和良好的法治是市场经济的最重要的两个前提，当前混合所有制、PPP融资等，政府资金投入与社会风险投资融合，两者的权利界定成了问题。公有的资本与私人性质的资本同时进入高校的公共领域，天然被认为有政策寻租的嫌疑。但经济学认为，任何有价值的资源都不可能是真正的公有，产权最终都会落到个人，怎么办呢？体制创新的矛盾焦点正在这里集结。农民学院经常要权衡这方面的问题。

（三）新生代农民培养的创新问题

创新是中国发展的关键词，创新从制度开始，制度供给中灵活性更大的是体制创新。党的十八届五中全会提出："坚持创新发展，必须把创新摆在国家发展全局的核心位置，不断推进理论创新、制度创新、科技创新、文化创新等各方面创新，让创新贯穿党和国家一切工作，让创新在全社会蔚然成风。"

新生代农民的培养也有市场规则中的需求与供给的问题博弈。热词"供给侧改革"，只是从一个维度谈问题。供给与需求是经济学中一对重要的概念，供不应求到产能过剩，从关心需求想当然地生产产品，到生产时通过数据分析不能过多生产，从供给一方进行精准生产就是创新。

"美途丽水"文化创新团队，以及丽水高级人才联合会社科专委会的调查研究任务，选择丽水的特色小镇，观察新生代农民的成长密码。只有找到新生代农民培养的密码，才能创新一些机制，精准服务他们的成长。

研究意味着改变。创新是科学研究的关键点。科学就是不断拓展人类知识的边界。"每拓宽一个边界就照亮一个领域，使人类从黑暗中走出来。"从英国科学家尤因（Alfred Ewing）的这个观点出发，创新驱动发展是所有高校的良好政策选择。当然尤因进一步说，"人类在还能够掌控自己之前就先掌控了自然"，先具备了掌控自然的能力。这个事件将要引起不可预测的后患。如何解决这个问题？法律、政策、机制、规定等都是供给方面的选择。新生代农民培养的创新一直在路上，有很多的选择可能。

第 五 章

新样态学园摹画

    归零翻篇开新局，我们要思考建设一个什么样的新样态学校。比如建设一个温暖如家幸福如花的命运共同体？假如把新成立的旅游与贸易学院设计为生态学园，对它们的期望就是幸福如花、温暖如家的新样态学院。激发办学活力根本在于催活内生动力。学校的办学活力不够，内生动力不足，是制约教育健康可持续发展的突出问题所在，由此展开的理论研究和实践探索层出不穷。新样态学校作为其中的一支改变力量，致力于探索后发型学校的内生式发展，找寻到基于文化内生的学校高质量发展之路。前不久颁布的《中国教育现代化2035》指出，将体制机制创新作为教育现代化的根本动力，充分运用新机制、新模式、新技术激发教育发展活力。这给新样态学校的深入推进实施再次指明了方向，确立了新的目标任务。所有学校，不仅仅是新样态学校，都要深入思考和研究，提升学校办学活力和内生动力的机制、模式和技术，将新样态学校建设进行到底。

    新型农民学院应该是一所新样态学校，其新主要体现在机制创新上。有故事、有温度、有美感、有人情是它们的关键词。新型农民学院是从特色学校走向品牌学校的过程，其经验一旦达到一定高度，能够引导其他学校的发展。我们试图将其经验、成果抽象、概括出来，达到可复制、可让别的学校学习的程度。

第一节 学习社区

　　高职院校建设公共学习社区是正向处理高校四大职能后的位移，在"U"型理论指导下建设区域协同创新中心是高职院校的制度安排。制度设计过程中，要关注三大力量，适应发展的新环境；要着眼于培育四大特性，应对发展的新要求；要着力于建设三大共同体，协同社区幸福美好发展。

一 问题的提出

　　高职院校以培养职业人为根本任务，职业教育是使人与职业密接的教育。相比高校的四大职能，高职院校更强调社会服务功能，因为职业教育是面向人人的教育。中国正处于新的重要发展战略机遇期，十八大后的十年将更富挑战性，但也迎来了高职发展的黄金期。在横向沟通、跨界合作的时代，高职院校需要做出新准备，以新的贡献服务未来全面建成小康社会的新胜利。

　　美国麻省理工学院的奥托·夏默（Otto Scharmer）提出的"U"型理论为高职院校提供了顶层制度设计的线索。该理论关注未来学习，提倡共同开始、共同感知。目前，大多高职院校正处于发展的节点，示范院校建成后该怎样进一步求发展？学校制度的顶层设计方面又该怎样来安排？这些都是急需思考和解决的关键问题。要想抓住高职院校发展的这个黄金十年，就必须结合决策者的科学谋划和执行者的同心协力。

　　大学是由各个不同学科的学者通过劳动分工而从事学术大生产的组织，简言之，大学是一个学术共同体（Learned Community）①。高职院校要努力成为学习共同体，因为其办学的核心是帮助师生有效学习以尽快适应培养职业人才的要求，而公共学习社区是值得期望的一种位移。

　　高职院校是师生个人发展、社会进步、社区更新的"助推器"和

---

　　① Kant, *The conflict of the Faculties*, English Translation and Introduction by mary J., Gregory, Ambaries Books, inc, 1979.

"动力站"。面对来自各方面的考验，高职教育必须付出比大学更多的努力。不断学习，善于学习，掌握和运用新思想、新知识和新经验，以提高解决实际问题的能力。

本章谈的"学习社区"，借用社区支持农业（CSA）中的界定，是指一定区域范围内有共同消费理念的一个群体。社区其实是一个共同体，社区成员有着很多的工作交叉，并且以此形成了一个闭合的网状结构，社区也是有共同价值观的一个群体的结合。①高职院校大多依托地级城市办学，需要紧跟城市的发展主线来开展院校的顶层设计，以区域协同创新为基点，实现位移与转身。

二　学习社区的基本功能

理想大学是求学求知求真理及知识创造的精神乐园；以尊重知识、思想自由、学术民主为特征和学术至上为条件。② 我们期望建成的公共学习社区是一个充满学习与研究生命力的组织，为幸福美好的生活奠基是其核心要求。具体来说，该社区大致具有以下功能。

第一，技术技能人才中心。这是该社区的最主要功能。主要包括两方面：把学生培养成受社会欢迎的技术技能型职业人才，使他们走出校园后有美好的前程，是高职院校最为核心的工作；同时要让参与到高职院校培训的学员掌握核心技能，助力创业创新。

第二，学者社团学习中心。这是公共学习社区的最重要功能。把高职院校发展成为高层次教师学者的集聚地；教师专业生活和学术发展的福地；"双师"型教师的理想工作场所与精神家园；教育教学管理保障类教师有价值有尊严地发展，过完整幸福和充满人文关怀的生活乐园。

第三，惠及全民创新中心。这是该社区最需努力的功能。把高职院校办成市民喜爱的科学技术研发与推广中心；地方人文社科发展与传承中心；市民终身学习与继续教育服务中心。努力让公共学习社区成为民众具有共同想象力的高地，崇尚知识、珍视卓越的协同创新中心。

---

① 石嫣：《我在美国当农民——80 后的"插队"日志》，生活·读书·新知三联书店 2012 年版，第 38 页。

② 眭依凡：《关于"理想大学"与大学理想主义的思考》，《江苏教育》2012 年第 4 期。

好的高等教育宏观治理制度只是大学理想与否的充分条件，而好的大学内部管理才是大学优秀的必要条件。[①]改革创新是教育事业发展的必由之路，高职教育的综合改革要在体制和机制方面找到突破口。下面用"新环境、新要求、新平台"来谈谈关于建设公共学习社区的思考。"新"在这里只是一种综合表述，既有自我的创新和改良，也有对前人的继承和发展。

三　建设学习社区的新环境

党的十八大报告明确提出："在改善民生和创新管理中加强社会建设"，"要努力办好人民满意的教育"，"加快发展现代职业教育，推动高等教育内涵式发展，积极发展继续教育，完善终身教育体系"[②]。根据报告精神，高职教育正面临三大发展新环境。

（一）高职教育迎来了"着眼经济社会发展，加快发展现代职业教育的新机遇"

现代职业教育体系的核心设计是发展思路、功能定位、保障机制等制度创新。贯彻报告精神，近期与高职教育最相关的有两大任务：一是"城镇化是扩大内需的最大潜力。要实现产业结构、就业方式、人居环境、社会保障等一系列由乡到城的重要转变"。二是"产业转移升级是创新发展的紧迫任务"。高职院校要按照构建现代职业教育体系的要求，中高职衔接发展。围绕现代产业建设和产业升级对人才的需求，改革人才培养模式，调整专业课程设置，促进内涵发展。

新机遇鼓舞人心，职业教育将迎来发展的春天。虽然这中间也有不少担心的声音。中国人民大学前校长、中国职业技术教育学会理事长纪宝成在接受中国青年报的专访时就曾判断，现在几乎没有市委书记、市长与县委书记、县长的孩子上职业院校，就连说职教重要的人的孩子一般都没有上职业院校。造成这种局面的重要原因是中国的职业院校办学还缺乏政策与制度的保障，这也是高职教育可持续发展的"瓶颈"。但

---

① 眭依凡：《关于"理想大学"与大学理想主义的思考》，《江苏教育》2012 年第 4 期。

② 《胡锦涛在中国共产党第十八次全国代表大会上的报告——坚定不移沿着中国特色社会主义道路前进，为全面建成小康社会而奋斗》，2012 年 11 月 8 日。

是，新机遇为高职教育带来的发展潜力仍将是主流。因为，国家重视民生，教育是民生的重要内容；国家正在努力缩小贫富差距，而职业教育是重要的实现手段，它是社会阶层上升的一个重要通道。

更值得一提的是，具有农林特色的高职院校的政策支持情况更为利好，"要特别注重农业科技创新，构建发展高产、优质、高效、生态、安全农业的技术体系，加快发展现代农业"。抢抓机遇，积极作为，实现区域协同创新各主体间的紧密合作，高职院校将会有美好的前程。

（二）高职教育迎来了"提高质量是教育改革发展的核心任务"的新挑战

高职教育已经走出以规模扩大和机会增长为核心的历史时期，进入了以质量保障和内涵提升为核心的新阶段。这就要求我们要做到"树立科学发展观，把促进人的全面发展、适应社会需要作为衡量教育质量的根本标准"。"把立德树人作为教育的根本任务。"

面对新挑战，未来几年高职院校的竞争将更趋激烈化。但是，往往挑战和机遇并存，新的挑战也将是职业教育发展的新机遇。为了迎接新机遇，高职院校需要特色办学，以协同创新思想培育自己的核心竞争力。同时，教育发展是一种追求教育质量的社会行动。职业教育的进一步发展不仅需要教育部门的支持，更需要有全社会的共同协作。

（三）高职教育迎来了"推动实现更高质量的就业"的社会新期盼

职业是社会分工的产物，建立现代职业教育体系是完善社会分工体系的重要内容。正如十八大代表、宁夏回族自治区教育厅厅长郭虎认为："职业教育要面向民众、服务社会，助民、惠民、富民；要牢固树立抓职业教育就是抓经济、抓就业、抓扶贫、抓增收，促进职业教育就是促发展、促稳定、促和谐。"因此，高职院校要"加强职业技能培训和就业服务"，"加强职业技能培训，提升劳动者就业创业能力，增强就业稳定性"。培养合格的职业人是高职教育的最重要任务。

就农林特色高职院校来讲，有序推进农业转移人口市民化将是今后几年的工作重点。大量农村富余劳动力及人口将转移到城镇，高职院校要努力为农民工及其家属提供基本公共服务，帮助农民尽快地转变为市民。

示范校建成后，高职院校要使学校发展成果更多惠及全体教师和学生，让每一位师生都能在一定程度上有更进一步发展，把学校建成惠及社区居民的学习中心是一大作为。这也是示范校建设的目的和示范校建成后的重要工作。面对建设公共学习社区的新情况，高职院校要关注"三大力量"，并有针对性地位移与示范。

一是关注社会目标。对高等教育共同体而言，应该关注将其精力导向何方的社会主流目标，以及形成最终支配关系的政策和其他具有"适当敏感度"的机制。高职院校要关注政府的长期公共议程，将高等教育发展与区域未来的生活质量以及经济发展联系起来；将财政政策、问责制与公共议程相联系；追求能力建设和能力利用间的策略平衡。总而言之，和区域的社会发展目标相对接是高职院校的重要目标。

党的十八大把"生态文明"列入中国特色社会主义事业总体布局"五位一体"新部署，又提出"美丽中国"新蓝图。浙江省也提出要走在全国前列、实现"物质富裕、精神富有"的目标。这些发展战略都是浙江省的高职院校办学的主要依据。耶鲁大学的校长理查德·雷文说道："大学可以成为经济发展的动力，我们必须要对价值达成广泛共识，具有共同的方向感，并始终做到根据新情况修订过时的计划。"[①]区域发展的社会主流目标是高职院校办学导向。

二是关注技术进步。信息时代为社会带来了巨大变革，也改变了人们生活的方方面面。例如，交流方式、工作场所、科学研究和娱乐活动等都发生了重大变化。知识的性质、教与学的过程、高等教育中教与学的社会组织，是对高职院校影响最大且变数最多的因子。

新技术下的学生是主动学习者，教师从以前的"讲坛智者"演变成指导者和顾问；多场景学习社区、虚拟高等教育等新的学习情况要求有不同的学习风格和不同程度的学术准备；"现场、课堂"的关键经验、学习节奏、学习速度等新变化都让高职教育遇到了前所未有的挑战。

新型的学生、各类参与培训的学员已是高职校园一道亮丽的风景。为了适应职业变迁而接受教育或培训，有助于人们的终身职业发展。众多的渠道为社会失业者提供职业教育或培训，帮助新市民进入职场，新

---

① 〔美〕理查德·雷文：《大学工作》，王芳等译，外文出版社 2004 年版，第 7 页。

技术的推广与应用对他们这些"新学生"更需要有的放矢。

三是关注成本绩效。高等教育应该为其办学效能和效率负责，要用合理的成本达到既定的目标。学校的优势办学资源要向重点发展专业、重要教师倾斜。高职院校要处理好政府责任要求、社会正当利益和院校自我利益的关系。

高职办学指标中，经济效益、社会影响很重要。有好处的发展，并不仅仅指物质水平的提高，为师生创造成长的机会与有尊严的人生和出彩的体面工作也是重要标杆。

四 建设学习社区的新要求

"以人为本""科学发展"的指导方针要求高职院校在发展进程中，进一步凝练和培育"高教性、职业性、公共性、开放性"四方面特性。

高教性是指高职院校要有大学的一些特性，比如科研与学术作为教师的工作内容，助推区域经济社会发展的服务思想，"崇尚真理、追求科学""大学自治、学术自由"等追求与坚守，自由教育、民主教育、技术教育的结合与分野等思想。

职业性是指高职院校培养人才的定位，要把培养真正管用的技术技能型职业人作为人才培养目标。通过人才培养模式改革，把服务职业人才的成长成才作为重要任务。

公共性是指高职院校是公共知识分子集群地带，需要有进行思想碰撞和学术交锋的平台和场所；教师是公共知识分子，需要更关心社会进步与发展；应该为学生提供更多共同生活的机会和平台，为其社会化打好坚实基础。高职院校应该为区域公共学习提供更多指导，承担更多社会进步发展的重任。地级城市办学，由于拥有共同的文化与共同的现实背景，在许多办学基本方式上，他们的机构模式和规范准则具有一致性。"大学是一个公共机构。如果大学偏离公共期望与需要太多，那么在多种的压力与手段之下，大学也会被迫屈服与遵从。"①

开放性是指高职院校的资源要对区域（社区）开放，努力办没有围

---

① ［美］菲利普.G.阿特巴赫主编：《21世纪的美国高等教育》，中国海洋大学出版社2007年版，第57页。

墙的大学。高校与社会一直是某种模糊的若即若离的关系:"高校既是参与的,也是远离的;既是服务性的,也是批判性的;既需要社会支持,也是社会所需要的。"①作为社会机构的高职院校,应该拆除一切有形无形的围墙,以更为开放性的姿态回应社会的支持。

五　建设学习社区的新平台

高职院校需要正向处理教学、科研、社会服务、文化传承四大高校职能间的关系。专业学术的目的在于生产本专业高深的学科知识,教学学术则是大学教师对于如何更好地传播专业学科知识而进行的科学研究。高职院校要以"三大共同体"建设为着力点,建设幸福美好的学习社区。

(一)　建设学习共同体

高校作为传播知识场所,首先要把服务其成员的学习作为首要办学任务,成为受学生(员)欢迎的学习中心或学习社区。

学习中心以课堂为主场地。"课堂是一个独特的思想市场,国家的未来不是依赖于权威性的选择,而是依赖于通过敞开广阔的胸怀,进行真诚的思想交流以及从不同声音中发现真理的方式所培训出来的劳动者。"②

学术研究是非常重要的。但是,学术活动往往是寂寞与艰苦的,学者需要同伴的精神呼应、鼓励以及大家的团结共进,并在学术上实现成果共享。为此,我们需要为学术共同体搭建一个交流与协作平台。

(二)　建设创新共同体

"大学是一切形式上无条件地求真的地方,是学者与学生求真的共同体"③,大学联合人们坚定地追求真理以及智慧生活。高职院校集思想高地、文化殿堂、技术进步和技术推广站为一体,应该是成员们物质生活

①　石嫣:《我在美国当农民——80后的"插队"日志》,生活·读书·新知三联书店2012年版,第38页。

②　Key shawn v. Board of Regents, 385U. S. 589, 603 (1967).

③　John M. Braxton, Alan Bayer, and Martin Finkelstein, "Teaching Performance Norms in Academia", *Research in Higher Education*, Vol. 33, 1992, pp. 553 – 570.

与精神生活的共同体，应该有惠及社会的共同平台或者开放平台，成为社区创新的共同体。

物质文化、精神文化、制度文化、行为文化四大文化层面的载体，在学校环境建设中要尽可能考虑区域共享，为成员们创建更多的公共空间，特别是要完善"政校企"和"校校企"等以科研协同创新为主要任务的产学研合作教育平台。

"云和师傅"等劳务品牌研究渐入佳境，超市店长培训等服务培训已颇具品牌效益。示范院校建成后，学院获得了教育信息化全国试点资格，以后将会有更多的开放共享资源，帮助市民学习，丰富市民业余生活。

（三）建设发展共同体

高职院校要在政府主导下，与行业企业深度合作，"合作办学、合作育人、合作就业、合作发展"。"根植地方、服务地方"的职业教育集团是集团化办学的一个示范平台。

丽水市成立了农民学院，希望学校成为新农民的好朋友。学院将尽量把学校建成开放的校园。校内的园艺生物科普基地等正逐步向公众开放；农林教授服务区域主导产业，建基地作示范，以学院为辐射源，带动新农民的培养，共建美好的新农村。

合作是发展的核心，正和博弈思想指导下开展"联合体"式合作是公共学习社区的有效试验。正和博弈基本界定为参与博弈各方的利益都有所增加，或者至少是一方利益有所增加，而另一方或多方的利益不受损害，因而整个社会的利益有所增加。①联合体强调合作主体的平等地位，合作各方处在"你和我"平等的环境，才能合作共荣。学院成立的"联合体"学院，良好的运行情况，充分说明了其合作的发展潜力。

"高等教育与社会的联系越来越密切，并肩负着重要的社会职责，联合体式的产学研合作是实现其职责的重要路径。"②自愿联盟与区域契约组织都有共同的目标，美国中西部高等教育委员会提倡"提高产出、鼓励

---

① 刘克勤：《正和博弈：高职院校产学研合作教育研究》，浙江大学出版社 2012 年版，第 3 页。

② 刘克勤：《高校产学研合作中几个重点问题》，《教育研究》2012 年第 7 期。

入学、促进学术合作、推动教育创新以及促成合理的公共政策"。把高职院校建成社区欢迎的公共学习中心，以此服务区域经济社会发展，将是幸福美好的选择。

　　注：本文核心观点发表在《丽水学院学报》2013 (4)。

案例 5—1
"两山"发展

　　2019 年 2 月 13 日，市委书记胡海峰同志在全市"两山"发展大会上作了《高举发展的行动旗帜 奋力书写"丽水之干"的"两山"时代答卷》的报告。胡书记的报告立意高远、内涵丰富、振奋人心、鼓舞士气，始终高举"两山"理念的行动旗帜，准确把握丽水新时代的历史方位，精辟阐释高质量绿色发展的时代主题，明确指出丽水已经站在了大建设、大发展、大跨越的重要历史关口，迎来了大有可为大有作为的重要战略机遇期。全市上下必须牢牢扭住"生态是最大优势、发展是最重任务"的基本市情，围绕习近平总书记"丽水之赞"寄予的使命任务，把士气鼓得高高的，把行动落得实实的，在全力奔跑中彰显"丽水之干"，在开拓创新中回应"丽水之赞"，奋力开辟高质量绿色发展的新境界。

　　胡书记的报告旗帜鲜明地提出了"两山"发展论，指出"两山"理念不仅仅是关于发展的科学观点，更是一场深刻的发展观革命、一场深远的思想认识革命。它是关于发展的世界观，大道至简却意味深长，内涵丰富、富于哲理、思想深邃。必须在实践中深入领会"两山"理念的精神实质，在发展中不断丰富"两山"理念的时代内涵，用创新行动书写高质量绿色发展的"两山"时代答卷。

　　"两山"发展论既是世界观，又是方法论，既是宣言书，又是行动令；既是理论创新，又是实践指南；既是对丽水市绿色发展的实践总结与经验升华，又是对生态文明建设理论的生动阐释和创新发展。反映了习近平生态文明思想在丽水大地的落地生根开花，揭示了新时代高质量绿色发展的价值取向与客观规律，彰显着丽水共产党人鲜明政治立场和使命担当，折射出 268 万丽水人民追求幸福美好生活的热切期盼与奋斗精神。"两山"发展论蕴含着丰富的时代性、创新性、思想性，体现出重要的针对性、引领性、指导性。

一　深刻理解"两山"理念的精神实质

1. 绿水青山与金山银山的实质内涵

通俗地说，"绿水青山"代表着优质的生态环境，体现为清新的空气、洁净的水质、温暖的气候、肥沃的土壤，是维护人类生存和生命健██自然条件的物质基础。能够称之为"绿水青山"一定是结构稳定、功能良好的生态系统，是生物多样性丰富、动态平衡演进、和谐协同共生的自然环境，更是宜居、宜业、宜游的促进生命健康协调发展的社会环境。"金山银山"代表丰富的物质财富及其民生福祉，包括自然财富、经济财富、社会财富以及满足人民对美好生活需要的一切条件的总和。既包括 GDP 反映的经济增长或经济收入，又包括 GEP 反映生态系统所提供的全部服务和产品。既包括人民物质生活的需求，又满足人民精神生活的需要。

2. 绿水青山与金山银山的辩证关系

习近平深刻指出"绿水青山与金山银山既会产生矛盾，又可辩证统一"。只要找准环境保护与经济发展的结合点，因地制宜地发展生态农业、生态工业、生态旅游，一个地区的生态盈余就能变成现实的经济收益，生态优势就转化成了经济优势，绿水青山就会源源不断带来金山银山，生态效益与经济效益也就在绿色发展中形成了辩证统一。同时必须看到的是，当人类合理利用友好保护自然时，自然的回报常常是慷慨的，当人类无序开发、粗暴掠夺自然时，自然的惩罚必然是无情的，人类对大自然的伤害最终会伤及人类自身，这是无法抗拒的规律。

"绿水青山"转化为"金山银山"充分反映了人与自然之间物质循环变换规律，马克思深刻地指出"人直接地是自然存在物，人靠自然界生活"。自然界是人最基本的生存空间和生活条件，人们通过实践活动从自然界中获取生产资料和生活资料，在与自然进行物质变换的同时形成了人类社会的生产方式，这种生产方式制约着人们的生活方式进而形成了人与人之间的社会关系，社会关系反过来又影响人与自然的关系由此产生了人们的自然观。人类在从自然中获取资源的同时，也将消费过程中产生的废物回归到自然界中去。所以"人同自然界的关系直接地就是人与人之间的关系，而人和人之间的关系直接地就是人同自然界之间的关系"。

二　深入探索"两山"转化的规律性路径

"两山"转化是一场深刻的社会革命，涉及到发展道路、生产方式、生活方式的全面转型与深度重构。必须因地制宜深入探索"两山"转化的规律性路径，努力寻找适合本区域发展基础和发展阶段的最㾑的胡海峰书记在深刻把握"两山"转化规律的基础上找到了开启丽水绿色发展新境界的三把"金钥匙"，明确提出以大刀阔斧的改革创新和久久为功的坚韧求索，实现由新技术、新人才、新知识、新模式、新思维等全新生产变量驱动的新生产函数重建。推动绿水青山蕴含的生态产品价值在实现环节和供给侧端的改变改革和创造创新，通过构建生态价值产品实现机制、强化生态制度供给、创新生态服务模式、培育生态消费市场，全面开创绿水青山价值倍增、高效转化和充分释放的发展格局。

跨山统筹是着力解决生产力布局"散"、现代产业集群的规模效应和对外区域竞争的整体优势没有真正形成的问题。破除长久以来依山而居、靠山而作、划山而治的"分散式"路径依赖，建立一体化、协同化、差异化发展的思维，构建"一带三区"发展新格局，推动生产力由散到聚、以聚促变，聚力打造具有区域竞争力的新增长极，进而培育形成区域发展整体规模优势和特色差异品牌。创新引领是着力破解丽水当前发展面临的突出短板就是创新不足的问题，坚定不移、毫不动摇地把创新摆在事关发展全局的核心战略位置，深入实施创新驱动发展战略，组织实施"创新能力提升行动计划"，创造一切有利条件引进优质创新资源，着力提升自主创新能力，协同推进管理创新、模式创新、制度创新等各领域的全面创新，让创新成为高质量绿色发展的鲜明特征和强大引擎，实现GDP与GEP协同较快增长、GEP向GDP高效转化。问海借力是着力破解丽水内生动力不强的问题，跳出丽水看丽水，紧紧抓住并用好"一带一路"建设、长江经济带发展特别是长三角区域一体化等带来的历史性机遇，重点聚焦长三角沿海发达城市，架设起山海协作、向海发展的大桥梁大通道，加快吸引集聚更多外来优质要素和高端资源，促进经济增长内生动力的大幅提升。充分发挥海外华侨的资源优势和"山海协作"的机制优势，打造多类型、多层次、多领域的高等级合作发展平台。

用好三把"金钥匙"是丽水绿色崛起的第一要务、第一选择、第一工程。必须始终坚持科学发展的观点，高举发展的旗帜，坚信发展是解决一切问题的关键，坚持生产力最高标准，在发展方式和发展路径上进行一场深刻的革命。跨山统筹是为了破除依山而居、靠山而作、划山而治的"分散式"路径依赖，建立一体化、协同化、差异化发展的思维，构建"一带三区"发展新格局，聚力打造具有区域竞争力的新增长极，培育形成区域发展整体规模优势和特色差异品牌。创新引领是着力破解丽水当前发展面临的突出短板创新不足问题，把创新摆在事关发展全局的核心战略位置。创造一切有利条件引进优质创新资源，着力提升自主创新能力，让创新成为高质量绿色发展的鲜明特征和强大引擎。问海借力是着力破解丽水内生动力不强的问题，紧紧抓住并用好"一带一路"建设、长江经济带发展特别是长三角区域一体化等国家战略带来的历史性机遇。加快吸引集聚更多外来优质要素和高端资源，充分发挥海外华侨的资源优势和"山海协作"的机制优势，打造多类型、多层次、多领域的高等级合作发展平台。

三　深度推进高质量绿色发展的实践进程

"两山"发展论的核心要义是实现高质量绿色发展。从供给侧结构性改革入手，通过顶层设计、系统布局、整体谋划，科学完整地构建起丽水绿色发展的"四梁八柱"，清晰准确地擘画出丽水生态文明建设的时间表、路线图，以加快推进绿色发展的体制机制改革为总抓手，在发展度、协调度、持续度三方面推进正和博弈，在速度、质量、生态效益三个维度实现均衡协调，全域、全程、全员、全方位、全视角、全领域实施"六个致力于"系统工程。

致力于生态提标，打造绿水青山新优势。对标世界一流，优化空间布局，创建国家公园，升级美丽城乡，创新保护机制。致力于产业创新，培育生态经济新引擎。"生态经济化"优先发展基于绿水青山生态优势的内生性产业。以"经济生态化"大力发展与绿水青山和谐相生的外源性产业。以创新驱动架起通往"现代化生态经济体系"的桥梁。致力于交通先行，构建区域发展新轴线。畅通区域交通主动脉，构筑市域经济交通网，完善全域旅游交通网。致力于改革开路，激发体制机制新活力。强固"四梁八柱"，突破关键点位带动系统改革。致力于开放合作，构建互利共赢新局面。融入"一带一路"和长江经济带、长三角一体化等国家大战略中，深化打造"山海协作"工程升级版中，实施华侨要素回流工程。致力于民生改善，创造幸福美好新生活。抓增收促致富，办实事优供给，守底线保平安。

"六个致力于"目标明确、思路清晰、措施得力，范围上全面覆盖、时间上前后一致、内容上相互贯通、逻辑上有机统一。"六位一体"构成了美丽幸福新丽水的宏伟蓝图。全面实施"六个致力于"系统工程，必须坚持"以人为本""以人民为中心"的初心，把提供更多优质生态产品以满足人民对美好生活的需求作为始终不渝的奋斗目标，坚定不移地走"生产发展、生活富裕、生态良好"的绿色发展道路，杜绝唯利是图不以生态伦理规则筛选盈利机会的商业文化。防范"大发展、大破坏、边发展、边破坏"的系统性风险，切实保护生态环境，坚决守住蓝天白云。必须全面加强党对生态文明建设的领导，建设有"丽水铁军"共同身份、标准和使命的协同作战团队，以"丽水之干"担纲"丽水之赞"，奋力书写高质量绿色发展的时代答卷。

问题是时代的号角，理念是思想的先声，伟大的实践催生时代的真理。在"两山"发展论指导下，站在1.7万平方公里的丽水大地上，汇聚268万儿女的智慧勇气，孕育高质量绿色发展的磅礴伟力，丽水迎来了前所未有的黄金机遇，丽水人民正以高昂的斗志、奋进的精神、奔跑的姿态，努力擘画浙江最大一块宝地上最为壮丽的时代诗篇。

案例点评：两山发展大会是丽水市委市政府的创举，吹响了高质量绿色发展的集结号。"丽水之赞"是习近平总书记对丽水"绿水青山就是金山银山"发展理念的高度肯定，"丽水之干"更是回应"丽水之赞"的实际行动，必将书写好人民满意的答卷。

"两山之路"生态产品价值实现机制国家试点，是丽水高质量绿色发展的路径探索与实践。体制机制创新是加快生态产品价值实现的支撑保障。两山学院编写的100个案例，第二篇11个案例中，总结提炼规律，助推生态产品价值实现的支撑路径，有四条：一是基于老屋拯救、溯源体系、生态气象、森林安防、科技服务等的保障增值支撑。二是基于绿色惠农卡、林权抵押贷款、"农合通"贷款等金融模式的要素支撑。三是基于流域上下游横向生态补偿、出境水水质财政奖惩制度的流域水生态激励机制创新。四是基于"飞柜经济"的山海协作机制创新。

第二节　质量指数

　　加快形成新生代农民培养的干事创业机制，树立人才是经济社会发展第一资源的理念，把农民学院的体制创新作为高校全面深化办学改革的重要任务。

　　如何让举办学校的机构科学高效，是办学系统要思考的。它不但要靠自身的努力，还要靠校内外的监控与管理，更需要科学的质量评价体系，特别是质量指数。

我国是一个农业大国，"三农"问题是国家发展的重中之重，随着国家建设新农村、城乡一体化、农业现代化的发展进程，国家对农民问题的关注重心也在不断地转移与提高，对农民的素质诉求从新农民到新生代农民在不断变化，农民再教育和再培训的需求不断扩大，高素质农民的培养形势喜人。

丽水市新型农民学院作为农民培训和再教育的主要机构和重要平台，立志成为高素质农民培育的示范性榜样角色，农民培训培育的质量高低直接关系着农业高素质人才的输出。丽水市新型农民学院作为浙江省成立的第二所农民学院，因其农业大市的优势，多年来出色地完成了多项农民素质提升项目与工程，在省内乃至国内形成了自己的品牌效应。

在实地调查的基础上，根据丽水市新型农民学院一流大学建设的诉求与学院对高等教育教学质量的高度重视，为规范并保障新型农民学院成效的目的聚焦丽水市新型农民学院质量保障体系研究。笔者通过文献资料的梳理统计提出基于目标保障、条件保障、过程保障、监督评估为代表的四大质量保障体系，并着重对丽水市新型农民学院监督评估体系就监督主体、监督内容、监督机制、评价主体、评价方法、评价内容展开探讨，从宏观大局上提出"多层次"系统性质量保障体系，微观上构建丽水市新型农民学院质量监督主体到机制的监督体系和基于评价主体到评价内容的质量评价体系，并就评价体系提出了"多元呈现"组织层次构思、"优势互补"的评价方法建议。

新型农民学院工作职责界定。2008年丽水市委组织开展培训工作正式拉开了农民培训序幕，主持丽水全市农民培训5万人次以上，为丽水地区走向现代农业发展提供了良好的本土人才基础。随着世界现代化农业发展的竞争升级，我国农业发展面临着新的格局与新任务，为响应习近平总书记"四个全面"发展战略和"绿水青山就是金山银山，丽水尤其如此"的发展指示精神，中央文件对新生代农民的新定义与新任务，浙江省委全面实施"八八战略"和"千万农民素质提升工程"、"三位一体"农民教育培训服务体系建设。市委促进丽水市农业产业转型升级，加强丽水市农村实用人才队伍和新生代农民培育的三级政府层农业发展计划，秉承服务区域经济发展、引领"三农"发展和新农村建设的宗旨，围绕丽水市主导产业、特色产业和优势产业，开展具有丽水产业特色、实际有效的实用人才技能培训和"双元制"大专班教育工作。基本按照各年份顺利组织了30多个示范培训项目与绿色食品与经营专业的双元制大专学院工作。按照"政府主导、部门参与、学院承办、各界支持、学员受益"的培训机制，具体执行工作在丽水职业技术学院刘克勤副院长分管、继续教育学院院长胡德华教授带领下由工作小组进行管理与组织，在全市范围内形成了"长期与短期、集中与分散、本地与异地、理论与实践、学历与考证"相结合的农村实用人才的教育培训体系，打造以"丽水农师"为代表的农村实用人才品牌体系。严格的农村实用人才管理服务机制，有效的农村实用人才创业扶持机制，建设整合了一大批农村实用人才培训社会实践基地，为丽水农业服务产业增效、农村发展、农民增收做了积极的贡献，品牌知名度和美誉度不断提升。

实用人才技能培训工作以丽水农民素质提高与创业就业技能提升为工作目标，开展服务"三农"理论研究、产业发展市场调研与项目开发、师资队伍建设、项目培训流程工作、创新合作平台建设、学院培训日常管理服务工作等重要实用人才技能培训组织环节。多年来精准对接产业发展需求，精准对接农民增收需要，初步形成了特色人才培训品牌和大批量的培训数量规模，积累了大量各行各业的优秀学员与工作经验。

"双元制"教育工作于2014年正式起步，是一种学历＋技能"双证书"的新生代农民函授制教育形式，在丽水职业技术学院相关涉农专业的前提基础上，整合学院资源开展成熟的农业专业双元制课程。目前顺利地开设食用菌和茶叶两个方向的班级，构建基础理论、专业基础、生产实践等课程体系，旨在培养有文化、懂技术、会经营、善管理、有担当的双证书新生代农民。

一　研究背景

我国是农业大国，农业人口占我国总人口的一半以上，农民工作至关重要。"三农"问题作为重要的民生工程，直接关系我国的小康社会建设进程与社会和谐发展，党和国家高度重视新农村建设、"三农"工作、城乡差距问题，十多年来中央一号文件一直以服务"三农"为发展目标。

笔者认为解决农民问题是"三农"问题的重点突破口，新的历史时期的人才强国战略要求新时代农民有更高的发展标准。当前国家发展围绕全球竞争建设人类命运共同体，农民的素质是拖后腿的，是需要补课的。解决历史遗留的农民教育问题，把他们培养成新生代农民，发展新型农民学院是当务之急。

培养新生代农民是新型农民学院的主要任务，只有开展有效的农民再学习、再培训，才能最大限度地为创造地方农业经济提供人才支撑，完成传统农业向现代农业转型的任务，进而实现全面小康社会建设的任务，实现中华民族伟大复兴的中国梦。另外，也只有进行有效的农民再教育、再训练，才能对"旧农民"的生产生活方式进行转型、升级、换代。完成新型农民转型工作，对接市场发展所需，为新型农民提供劳动力转移的技术和能力，改善"旧农民"务农的单一出口困难，直接为农民就业创业提供服务。

遵循发展县域经济的"三农"策略指导，浙江省根据自身农业特色，主打生态现代农业品牌，探索发展浙江省的"五化"发展路线，在现代化建设中一直走在新型农民教育的前列。浙江省委、省政府就新型农民教育提出了浙江省关于"省级设立农民大学，市级设立农民学院，县级设立农民学校"的发展路线，各地积极响应号召为农民学院献计献策，期望通过分层分级的组织网，争取为浙江省农民提供家门口的教育服务。2010 年 4 月湖州农民学院作为浙江省第一家农民学院挂牌成立，2012 年 4 月、11 月分别成立了丽水农民学院与衢州农民学院，2013 年 10 月、12 月金华农民学院、浙江农民大学相继挂牌成立，通过各方的努力，一大批学者为学院办学理论与实践探索尽心尽责，下基层做总结，交流概括办学经验，为地方农业发展、农产品品牌打造做贡献，形成了一系列的研究成果和实践经验。

二 研究意义与目的

2014 年《现代职业教育体系建设规划（2014—2020 年）》单独将建立职业教育质量保障体系作为职业教育体系建设的重点任务，并强调今后加强监测评估的保障工作。2014 年《国务院关于加快发展现代职业教育的决定》为机制体制问题、创新发展问题、资源整合问题、人才质量问题、保障问题等献计献策。从国家战略指导的建议出发，对职业教育今后的发展目标和道路都进行了相应的工作指导与安排，结合我国农业大国的国情，民生工程的重要地位，研究农民学院的质量保障体系符合我国社会经济发展与教育发展的需要。

丽水农民学院作为浙江省的第二所农民学院，从其学院前身历史挖掘，学院从事农民培训、劳动力转移工作已有十几个年头，响应国家对"三农"问题的关注，丽水农民学院在已有工作经验的基础上于 2012 年揭牌成立，受到地方政府多方的支持与关注。国家统计局数据显示，丽水农民经济发展分别获得浙江省经济增幅的冠军，到 2017 年已经实现了经济增幅 8 年列全省首位的成绩，研究丽水农民学院教育质量保障体系，总结其办学特色与经验，为发展地方农民学院提供实践与理论指导意义重大。

丽水农民学院质量保障体系研究可借鉴国内质量保障体系研究成果分析。赵志群提出我国当前的职业教育质量保障体系研究工作主要为理论研究、质量标准的技术基础研究、教学过程控制与实践探索、职业能力测验研究几个方向。笔者从自身阅读体验出发，当前的质量保障体系研究作为一个大体系，涉及的内容多种多样，而研究的成果无论是从理论的需要还是从实践的需要判断，研究成果都显得较为薄弱，研究成果在适用性、特殊性、完整性等方面都不够完善。另外，丽水农民学院科研团队就丽水农民学院研究内容分析，产学研、工学结合等合作办学、实训基地建设、人才培养模式创新、区域协同发展研究都已形成相应成果，质量保障的研究成果相对稀少。研究丽水农民学院质量保障体系不仅是国家教育质量保障体系的内容需要，也是新型农民学院创新机制实践研究课题完善的需要，这正是全国教育科学规划国家一般项目邀请参与研究的目的。

三　研究综述

（一）质量保障体系的几大理论基础

国务院关于加快发展现代职业教育决定以社会发展需求和教育发展需求为主，也可以解释为时代发展下教育质量观的一种理论探析。以需求为指导，质量保障体系辅助达成底线标准或教育目标，因而学者提出了基于质量要求、合格标准、目标达成的质量保障体系。

基于要素集的质量保障体系是指将影响质量保障的要素组合构成一个体系，也要学着通过分析要素来进行质量保障体系下各子系统的分析。该种分类方法从微观的视角关注影响教育质量过程中的各因素和职能分配，达成的共识是质量保障体系的动态性与过程性的特征。要素集的形式还起源于对质量保障体系的运行机制的考虑，将运行机制包含的教育质量要素组合形成体系。

基于全面质量管理的内外部保障体系的几个关键词是国际标准ISO 9000，国外质量保障体系的代称，对全面质量管理的迁移中认同了主要的观念全程性、全员性、参与性的质量管理的原则，与前期研究比较其开拓丰富了质量管理的新理论。内外部的教育质量保障体系分析，将全员参与与社会参与不同程度地引用改造，如何达成调动全员性参与，明确职责分配是学者一直的方向。质量时代同时也繁荣了各国的教育评估评价工作，因评价理念的早期需要与引入也由此会形成质量保障与质量评估挂钩现象。全面质量管理等系列理念对教育评价事业又起到了推动作用。

　　基于责权论的多层面质量保障体系是指参考国外的体系结构，学者所提出的政府、地方、学校等多方参与的一种保障组织结构的设计，旨在认识我国教育体制下，思考权力下放，调动学校和社会参与的积极性，增加民主的理念。责权论的理论基础同时批判了评估等质量保障工作的奖惩工作不到位、角色混乱的现象，讨论的根源在于我国教育质量保障体系一直存在的制度不流畅、结构不合理的问题。该类文章主要由国外质量保障体系比较研究居多，而由上而下的三级责权的质量保障体系结合我国的教育体制的设计成果较为成熟。

　　基于系统论的质量保障体系则是立足体系的完整性、运作的高效益作为构思的出发目的，系统性更加强调的是质量保障体系的动态运作能力，关注的问题是整个体系的有效合作与资源的整合。文章中准确提出系统论的学者并不多，但却能在文章中读到对"系统"一词的分类准则，因此笔者也将系统论的思想观念列出作为教育质量保障体系理论基础研究的一类。

　　上诉质量保障体系的主要典型理论基础的讨论，书写了教育质量保障体系的发展轨迹。不同的理念是相互联系又具有各自时代特色的发展，可以发现其中反思与紧跟时代发展的努力。总体趋势分析学者对质量保障体系的关注范围不断延伸，由于与社会发展的契合度高，几种有关的质量保障体系理念中当前认可度较高的主要是全面质量管理、职权论、系统论。三种理念基础是学者研究质量保障体系的重要本源。

　　（二）质量保障体系研究现状

1. 质量保障体系概念的探讨

　　首先从概念本身出发，质量保障体系在学者的讨论中成果并不能用繁荣来形容，学者都从"质量""体系"等词组进行概念的组合或迁移，"质量保障体系"整个词组的概念介绍成果数量不多。在质量保障体系的研究中著作或者论文都会存在质量保障、教学质量、评估监督限定下的相应教育领域内的质量保障体系，或者在质量保障体系的题目下却只阐述了评估体系，上述种种现象被认为是片面的。笔者在写作的同时也遇到相应的问题，如果只写体系的构成点之一还能称为是质量保障体系吗？质量保障体系陷入体系的探讨中，然而有关的讨论似乎并没有形成突破

性的成果，因此聚焦性的结构组织体制改革、评估研究更有利于实践性
和可操作性的稳步发展。质量保障体系探讨哪些因素才是体系构成的部分
并没有形成统一的高度认可的成果，换个角度研究这个体系是否就是片
面，这也是本书一直思考的问题。

2. 质量保障体系要素的研究

质量保障体系的要素分类种类繁多，学者所倡导的体系要素起源与
过程性、动态性的质量管理认识，就从全程的质量保障分析，整个过程
中可能影响质量的因素都属于质量保障体系，而具体应该选择哪些作为
主要的构成要素，研究的成果还未达成共识。在笔者看来，沿着这个要
素构成因素分析的研究一度陷入困境，研究成果似乎总存在不完善，无
论哪种分类标准，似乎都存在缺陷。此外，考虑质量保障体系的研究就
必须研究这个体系的运作和构成吗？针对这个体系的课题，总是容易直
观地接收体系所带来的限制，被困限在定势的短板中，在强调多元、多
样、多方的社会背景下，体系的构成要素是否需要研究出统一的构成结
构，还是需要确认出一些共识。

3. 质量保障体系中国特色探索研究

质量保障体系的研究起源国和提议者都不在我国，学习迁移是其
进入各行各业的主要研究路径，避免不了的就是相应的借鉴与改用，
考虑综合大环境，为适应各行各业进行调整。其中借鉴的有关质量保
障体系组织机构设置与职责类成果比较成熟。另外，正如前面所提到
的要素集的研究、运行机制的研究仍在探索中。有关质量保障体系的
部分个别系统包含教育评价体系、法律规范化也在积极的思考中。学
者已经认识到统一标准的局限性，提倡多元主体参与、多种方法组合
的不同教育领域的评价体系。质量保障体系需要根据学校的不同性质
而差别对待。根据国外组织机构运行机制研究提出了我国国情下的三
层面质量保障体系组织结构，如前文总结在质量保障体系的思想观念
上也在不断地探索适合我国教育情况可行的理念支持基础。质量保障
体系的理论研究与实践仍存在差距，理论与实践的结合工作仍是学者
需要克服的困难之一。

4. 质量保障体系标准研究

质量保障体系中的标准研究主要是评价体系的相关问题，由谁评才

具有客观代表性；评价又应该评价什么内容，才能反映一个学校的质量情况，才能为学校工作提供有效的反馈意见；而又是用什么方法评才客观科学，有关三方面的争议和问题都有待解决。国际上在全面质量管理的思想下，ISO 9000 标准针对各行各业制定了相应的指标，这种背景下学者仍在积极地探索更加适合国情和学校的评价体系与标准。另外，教育评价的研究比质量保障体系的研究更早进入人们的视野，一直也是作为质量保障体系的重要构成部分形成一系列思想、方法、评价指标成果。

（三）质量保障体系研究趋势

质量保障体系的初步发展研究使学者已经认识到了质量保障体系未来多元主体参与、多层次机构体系、多样化的普遍规律，法律化和规范化的需求也会随着质量保障体系理论研究的深入提出新的要求，特色化与适应性仍是我国教育质量保障体系需要不断深化与探索的重任，而具有国际性的质量保障体系也作为更高的新要求新建议被提出。此前学者在保障主体层次研究、质量评估体系研究、质量管理运作研究、理论基础研究涉猎较多，新的阶段下质量保障的环境问题和理论基础研究中的适应性和特色化虽已形成一定的研究成果，完善补充深化发展将是质量保障体系研究的主要任务。其中案例性的特色研究是成人高等教育质量保障体系进入实践研究的重要步骤，具有最为直接的适应性研究价值。相应的质量保障体系的环境问题则主要集中在我国教育体制、思想观念、组织机构安排、法律环境等方面，只有有序的、科学的良好环境才能为教育的质量保障体系提供前提保证。赵志群提出新的时代下职业教育质量保障体系应该从理论基础、质量标准的技术基础、过程控制的实践探索、学生职业能力测评方面开展工作。笔者以保障体系建设理论研究为基础，并着眼学校内部质量保障体系实践探索做经验积累。

四　研究限定

本章的立足点是基于新型农民学院的高校发展需要，而不是将培训工作作为研究的落脚点，因而在对新型农民学院的个案展示中先从学院发展的层面展示学院的工作，同时结合学院培训的具体工作进行展示。

本章更加趋向于新型农民学院质量保障体系的理论层面的建构，因而在质量保障体系、监督评估体系的建构过程中，会将目标作为一流高等教育的一分子进行设计，参考具体培训实践进行相应内容的修改与完善。

新型农民学院的工作具体执行是通过委托继续教育学院来完成的，在继续教育培训的项目中分为 4 个板块的内容。其中丽水实用人才培训明确属于新型农民学院，而就业创业项目的培训又有涉农部分项目，在实际的工作中项目的划分存在分歧点，因而在具体的新型农民讨论过程中，不排除就业局牵头的就业创业项目。明确可以排除的项目为浙江中小学教师教育的培训项目。

五 新型农民学院运作现状

新型农民学院基本情况。本章以丽水农民学院为样本，考察与构建新型农民学院的组织机构。

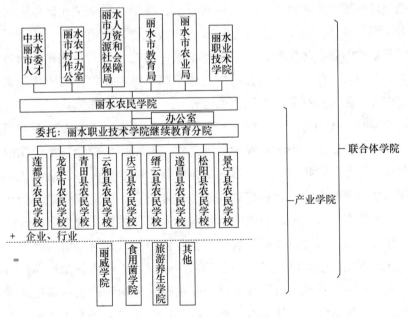

图5-1 丽水农民学院组织机构

如图 5 - 1 所示，新型农民学院是一所联合体学院，是国有政府性质的新生代农民培训学校，其实践创办的联合体学院包含两种性质的集团合作形式。首先新型农民学院是 2012 年由中共丽水市委人才工作领导小组办公室、丽水市农村工作办公室、丽水市人力资源和社会保障局、丽水市教育局、丽水市农业局 5 家市政府职能部门牵头的纵向连接市、县、乡镇、村的四级行政政府部门的产业合作形式。该种合作形式具有国家行政管理机制，是一种政府、行业、事业单位、学校紧密结合的深度合作模式。在展开具体的培训工作中构建了一条行之有效的信息沟通桥梁，以年度工作考核为标准将农民培训工作落实到相应培训学员，在信息传达与信息反馈环节上起着至关重要的桥梁作用。如丽水香榧产业链中由管香榧产业发展的市农业局、县农业部门、乡镇农业部门、村农业从业管理人员负责香榧产业相关农民的发展指导工作，每年年末结合农民的需要上报农民培训的需求与发展政策的掌控，市香榧管理部门进行汇总向市农办汇报培训总计划，市农办与农民学院确定协商培训计划与资金的落实，继而由市农办通过各级香榧农业部门以具体工作文件下发，带有强制性的执行要求使工作得以顺利开展，新型农民学院在该组织过程中并不参与具体的招生工作。另一种合作模式则是政府、学校、企业组成的联姻式的联合体学院，主要指新型农民学院与庆元食用菌、丽威科技有限公司等企业、公司联办的联合体学院，是职业教育集团化中常见的合作体，相比具有职责共同体的合作模式。该种合作模式不具备直接的制约内容，违约与不作为的成本低，合作优势内容主要表现在实践基地的建设中。新型农民学院农民培训工作主要由丽水职业技术学院的继续教育工作办公室执行，在具体的工作执行中继续教育培训系统包含了实用人才培训、中小学教师培训、创业就业培训、其他四个板块的培训业务。其中实用人才培训和创业就业培训系统往往存在着交叉糅合的部分，培训对象上都会涉及新型农民，就业创业培训相对实用人才培训的对象比较不仅限于农民。组织的主管部门进行比较就业创业培训是由就业局牵头的人事系统，实用人才培训是由市农办牵头的农业系统，为了明确新型农民学院的具体事务，相关的执行人员将实用人才培训作为农民学院的培训项目，其他的三块培训业务划分为继续教育学院工作。

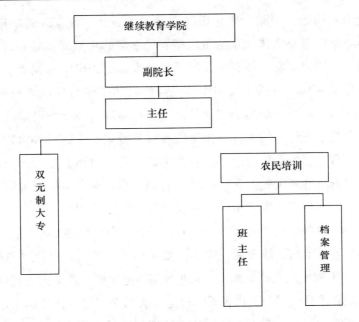

图 5-2 新型农民学院执行组织机构

农民学院分管副院长（丽水职业技术学院副院长）是所有项目主要把关与工作指导者，农民学院主任（继续教育学院院长）负责农民学院培训项目的具体执行工作组织，主要负责对外进行培训方案的沟通与协商、培训项目的计划制订、培训项目的培训方案编制等任务。农民培训与"双元制"大专又分为不同的项目组管理，农民培训系统主要由班主任与档案管理人员组成。班主任系统负责各项目培训过程中的管理服务工作，档案管理系统负责相关流程重要文件档案的整理建档。

新型农民学院示范培训项目的建设主要包含两条途径：一是院领导小组通过调研，根据丽水产业市场需求以及农业产业政策导向向市农办提交培训项目主题；二是由县、乡、村等相关涉农部门根据农民需要向市农办提交培训项目主题。新型农民学院的培训项目主要由第二种途径进行申报，学校为服务"三农"区域经济发展的需要，会根据政府发展政策导向以及行业产业调查经验，组织相关工作队伍对构建开发重点农民培训项目进行设计。目前就业创业项目的重点培训项目中民宿系列、"微商+"系列等就是由学院为代表提出的重点示范培训项目。培训项目的申报常规定在每年的年末，之后由新型农民学院与市农办进行上报项目的整合与筛选，剔除一些初级与重复的项目，整合相近的申报项目，市农办于第二年发文件公布给予新型农民学院的年培训计划，落实培训项目资金。同时下发文件到相关的下级涉农部门，组织分配落实好各地区培训学员名额，以供下级相关涉农部门具体工作与培训学员的上报。由此完成新型农民学员培训工作的准备支持事项。新型农民学院在接收市农办年度培训计划的文件后由继续教育学院院长主持对外协议、开班计划、课程计划的策划与落实。对外协议主要指与相关涉农部门签订合作协议，开班计划主要包含项目培训时间、培训对象、培训内容、项目经费预算、课程安排表等事项。课程计划主要是指根据培训对象、政府政策导向、主办单位要求、已有师资库进行培训项目的课程、课时编制。技能培训要求不高的培训课程安排主要是给予 1 天的开班报到与典礼准备，2—3 天相关产业政策解读、农业技能理论知识以及 1 天的实训课程；技能培训要求高的课程则将 5 天的理论与实训统一安排在合作基地进行。市农办规定的课时为 5 天，针对特殊的培训项目也会在培训时间上进行协商延长，具体的培训时间根据农民农时以及主办单位要求进行规划。针对新项目、重点项目的课程设置将召开课程沟通协调会讨论课程的师资与课时。

计划工作落实到学员、教师、相关工作人员的基础上由班主任管理人员在开班前一周编制《培训指南》作为农民培训项目的本土教材。培训指南内容包含上级的政策文件、培训纪律、课程安排表、教师培训课件、随堂笔记、学员名单等部分。编制成书面册子以备具体培训开班报到时人手一本，以期做好整个培训时期的学员住宿、教室、纪律管理、跟踪服务工作。培训结束后由学员帮助填写问卷表、发放班级合照与结业证书，档案管理人员进行相关培训项目资料文件的整理与归档，继而形成总结材料，经费结算申请、验收表等与农办核算经费。整个培训项目从申报到实施管理再到验收结算形成完整的培训工作闭环流程。

新型农民学院培训项目"丽水精英农师"主要由农业产业首席专家、"三农"教授团和其他业务教师构成，开展具体的培训工作之初更是在地方党委和政府的支持下构建了一批农村特派员服务新农村工作，在农村一线收集服务农民工作，为科研成果转化、优势产业开发、基地建议等学院培训工作铺设了大量的前期辅助桥梁，才能使新型农民学院培训工作顺利进行。新型农民学院培训项目的师资 2/3 来源于校外，农业产业首席专家主要由各高校、研究院所相关涉农产业教授、所长、主任等组成，他们不仅具有成熟的涉农知识，更是在现实生活中实在接触研究相关涉农产业的一批高级知识分子；"三农"教授团主要由丽水职业技术学院涉农教授、兼职校外教授组成，在学校工作中不仅充当培训的师资，更是农业跟踪服务的主力军，为农民、乡镇干部解决实际技术难题；其他主要指产业创办者、农业领头人。从人员构成上又包含了高校教授、行业内专家、政府业务人员，在课程设置上分别从事理论前沿研究、实践操作知识、政策方针导向理论的教学职责，保证课程内容的前沿性、科学性、导向性与实践性相结合。

　　丽水农民学院的初创基础是 2008 年至 2011 年在丽水市委组织部以及市人劳社保局的组织下由丽水职业技术学院承办首批农超品牌农民培训工作，形成了以农民培训为主要责任的培训式学校工作。2011 年至 2012 年是新型农民学院筹备时期。为响应浙江省农民大学规划在市级成立农民学院的想法，丽水市相关行政部门以及丽水职业技术学院合作构建丽水农民学院，2012 年 4 月进行丽水农民学院授牌仪式，丽水农民学院正式成立。2012 年至今新型农民学院进入创新发展时期，学院进行了"双元制"大学生培养工作探讨、"三位一体"人才培养模式探析、正和博弈联合体学院建构、进乡入户精英师资建设等创新活动，并积极整合多方资源开展分层次多样化的培训模式研究，如关注农民产品的 O2O、新农业经营主体和"丽水农民超市"劳务品牌打造，帮助农民增收的同时开展非物质文化遗产的保护项目，多方面的有效工作得到政府和社会的认可。丽水农民学院承担了国家社会科学基金"十二五"规划课题和农业部课题，分别获得多个教学研究奖项，受到政府、同行和媒体的关注。学院在获得好评的同时还不忘对外开展双向的沟通交流，与湖州、衢州、江苏农林等互相学习探索有效的新生代农民培养经验。新型农民学院的工作培养了一大批服务在全国各地的优秀学员，特别是丽水农民学院的"世纪家家福"等"丽水农超"学员在完成增收目标的同时还获得了世界级、省级、区域级荣誉称号和奖项。

　　表 5 - 1 是丽水农民学院的生源师资情况。

表5-1 生源师资情况

年份	教师（人次）	培训人数（人）	项目数（次）	学历教育人数（人）	培训班次（次）	科研人数（人）
2008	269	3201		0	38	1
2009	296	3309		0	40	1
2010	368	4146		0	52	1
2011	380	5013		0	54	1
2012	472	6386		0	60	2
2013	486	7239		0	65	3
2014	832	10385		38	116	3
2015	955	11838		38	165	4

六 丽水市新型农民学院成果

（一）丽水市新型农民学院成果

新型农民学院培训工作起步普遍较早，前身都在各省市担任相应的农民或成人培训工作。浙江省按照"省级设立农民大学、市级设立农民学院、县级设立农民学校"的农村人才培养思路，在已有湖州、丽水、衢州、金华农民学院办学实验点的情况下继续推进新生代农民培养工作，并于2013年12月正式授牌浙江农民大学，形成基于高校与科研院所合力的全国第一个省级农民大学。各市级农民学院更是作为农民学院实践先锋，积极探索基于新生代农民、服务"三农"研究的农业部新发展方向，形成了一系列丰富的成果。湖州农民学院和丽水农民学院作为浙江省内的第一所和第二所授牌学院，办学工作受到社会和领导的关注，在农民学院办学中多次受到领导和社会的认可，占据领军性的地位。

2010年4月浙江省第一所市级农民学院湖州农民学院授牌成立，学院工作由学院管理委员会领导、市本级和三县分院统筹管理，依托湖州职业技术学院进行办学。"四位一体"农民大学生培养项目成为农民学院新发展方向，并形成了政府主导、多元主体参与的农民办学体系、农民教育方面更是强调探索结合地方结构的多层次教育类型，在技术推广工作中探索多方资源整合模式，为地方农业产业和新生代农民培训服务。为调动学员积极性进行培训模式创新与探究，在课程设置上侧重实用与产业需求，并编制完成了湖州农民学院的乡土教材，为落实理论与实践服务，在后期服务中形成跟踪指导，对优秀潜力学员更是不断给予支持与表扬推广。在学院特色品牌中包含了大学生计划，各类地方产业实训基地，并在此基础上形成了特色农产品"银杏果晶""湖羊产业""康源牌黄桃"等湖州地方农业品牌。

丽水农民学院在 2012 年 4 月进行授牌仪式正式成立，学校开展"三位一体"人才培养模式探析、正和博弈联合体学院建构、进乡入户精英师资建设等创新活动，并积极整合多方资源开展分层次多样化的培训模式研究。在资源开发利用上展开正和博弈多方合作办学工作，形成了政府主导、学校培养、行业企业参与的联合体合作办学实践。构建了"政府 + 教育集团 + 行业企业"的人才培养合作机构。在助力区域农业经济发展上打造了"云和师傅""松阳茶师""农村创客""乡村讲解员""丽水农民超市"等系列的劳务品牌，助力以中药材、茶叶、水果、食用菌、蔬菜为主的生态精品农业，并结合丽水经济转型特色进行了"公社食堂"农家乐、"柿子红了"民宿、"白鹤尖"现代农业精品园区等生态旅游产业提升与新创工作。在创新培训模式探索中为满足各类农民培养需要形成技能培训、创业创新培训、学历教育为主导的培养模式形式，构建了"北界红提""城北猕猴桃"等多个生态农业教授服务基地（平台），鼓励"三农"一线师资"站在村头开讲座、拿起枝条作讲解"。打造亲农、尊农、为农的丽水精英农师服务团队，脚踏实地地为农民和地区经济发展做贡献。

2012 年 11 月衢州农民学院挂牌成立，学院工作由省、市政府以及市农办相关部门共同管理，政府推进"一村一品"战略计划，主打有机农产品特色，结合区域地方农产品特色，致力有机农业产业新模式探索，为农民学院培训形成了有机橘子、猕猴桃、有机鱼、有机稻田、葡萄生态链，为有机粮食、有机水果蔬菜、有机茶叶、有机蜂蜜、野生产品品牌发掘工作指导。农家乐主攻乡村旅游、民宿经济、乡村文化产业开发，已经形成了十多个旅游休闲山庄与园区。在需求的基础上，衢州农民学院举办了家政服务、乡村农家休闲产业、有机农产品、绿色产业电商等板块的农民培训班，成功地打造了衢江月嫂、油茶"宗师"品牌，建成了电子商务孵化基地与合作培训点。

2013年10月金华农民学院揭牌成立，学院在市农民素质提升培训工作组依托金职院进行管理。金华农产品"金华火腿"在全国享有盛名，然而在其他的农产品品牌建设上还存在较大差距，无公害有机蔬菜食品的品牌建设急需提升，农民传统作业方式突出。金华农民学院的成立，在开展培训工作同时于2014年开始农民大学生培养项目。

（二）丽水市新型农民学院成果保障措施

高职课程建设问题是探究近年高职就业问题的重要着眼点之一，社会报道职业教育课程设置与市场需求严重脱钩，造成大量学员就业困难、企业招工困难的双重障碍，不对口就业使职业专业教育也失去了应有的意义。丽水农民学院作为农民培训工作的主力军，课程设置需要直指需求，不仅考虑学员的需求，更要立足市场调查数据，以最少的时间最大化地扩大培训的效果。丽水农民学院在大量有效调研的基础，发掘地方区域的特色产业，为农民课程建设做针对性服务；另外，课程建设通过设立相应的"点菜"模式，由各地方的负责部门进行课程目标选报，汇集到丽水农民学院成人教育部，再进行课程可行性选择安排，从而形成培训课程包建设；新时期丽水农民学院欲进一步推行农民大学生培养项目，课程设置出发点紧紧围绕新型农民职业技能需要进行课程的系统设置，相应的课程设置中增加了市场考察、创业设计的指导，最大化地扩大课程实效性。配套服务于课程设置的两个重点辅导工作在于丽水农民学院前期的实践调研以及联合体学院的资源整合建设，从而为课程的现实可行性与信息交流工作提供了通畅的沟通路径。创新的课程设置模式为学院开设的课程提供实用价值的保障，在农业职业吸引力上为需求和就业提供保障。

针对学院各项职能的功能开发问题，丽水农民学院分别提出了"三位一体"人才培养模式以及"四位一体"人才培养模式的构想。"三位一体"人才培养模式是指"学校、政府、基地"三位一体的高技能职业农民的创新培养模式，并在此基础上，进一步发展提出了"政校企农"的四位一体的人才培养模式创新构想。通过联合体学院的建设思想，将人力、财力、物力、权利整合到一体，达到资源最大化利用，为农民学院产学研建设最为有效的组织结构特色。在办学类型上不断创新发展，从农民技能培训工作出发，响应政府号召，进行了创业创新、学历教育的办学类型扩张，在横向扩张的同时，学院不忘进行课程的纵向发展，结合本地农业特色形成了各类超市系列、农业实用技术系列、农家乐系列、经纪人系列、电子商务系列、基层服务系列、高技能系列的培训项目，农场主系列的创新创业项目，涉林（农）的大学生学历教育项目。

　　在教学质量保障方面，丽水农民学院首先在教师团队上打造了教授"三农"服务团，深入"三农"工作前线直接服务。派出农村工作指导员进乡指导农村发展工作，发挥上级单位与农民的桥梁作用；科技特派员则负责农业产业的技术指导工作，为提升农业产业服务。同时提倡"双师"型教师团队，"丽水精英农师"队伍建设，既负责课堂又负责实践。通过接受培训后的学员问卷来监控上课教师的满意度，继而建设新型农民学院的师资库，将学员喜爱的教师筛选出来，从师资创新与建设上为教学质量提供保障。其次在教学平台建设上，丽水农民学院在"多位一体"的人才培养模式下，灵活进行资源的整合利用，将课堂与基地有效结合，课时与农时协调，因人因地在教学载体上保证教学质量。另外，学院针对不同的培训需求，建设了不同规格的教室，在教室文化上分别建设了产品展示厅以及休息室，从学习环境方面保障学习质量。在"云和师傅"的研究中学院分对象分层次的资格证书认证管理制度已较为成熟，为各类培训资格认证学习效果进行评价保障。

　　为了更好地服务农民培训工作，丽水农民学院教师团队在下乡指导与调研的工作中为农民培训工作做了重要的前期积淀，倾听来自基层的声音，与农民形成了良好的互动关系。在培训过程中，丽水农民学院更是提倡老师开展田野教育，"站在村头开讲座，拿起枝条作讲解"等口号概括逼真；除了日常与农民建立友好的沟通渠道，丽水农民学院更是将服务工作延伸到农民培训后的跟踪采访以及问卷调查，每位参与培训的学员在课程结束后都会参与一份有关课程培训的问卷调查，以了解学员学习的需求，进而不断地对日后的培训工作进行调整与改进。学院还充分利用现代信息技术，构建每个班级的QQ联系群、微信联系群并设置相应负责人，畅通后期的跟踪服务构建渠道，给予学员与教师联系的方便。学院工作项目组通过与报社合作，针对性地对县域农业创业者进行走访，了解农民的技术困难与需求，将成功的案例总结成实用的技术经验，成为研究的宝贵资料，近期将有一套实用技术教材配套出版。总之，农民学院竭尽所能从农民服务满意度上保证教育质量。

丽水农民学院及合作单位丽水职业技术学院先后承担了农业部有关"农业职业院校参与农技推广工作机制研究""新生代农民教育培训机制探讨""新型农民学院的创新机制实践研究""构建浙江省新生代农民培训体系的路径研究"等农民学院工作相关课题，被列为国家级省级重点课题，研究发表了多篇核心学术期刊文章，并完成了相应的专著编写，研究成果还曾获得过国家级与浙江省的教学成果一、二等奖。调研过程中发现在刘克勤副院长的领导下，除了研究小组外，丽水农民学院的任课老师也在积极地进行相应课程的课题申报与研究工作。"三农"研究是丽水农民学院在理念基础上保障工作方向、保障高校办学思想与观念的先进性，为学校发展做好引导作用。开展研究的同时，学院领导积极参与一流高校建设的对外交流工作中，全国各地的农民培训单位都有交流，主动探究适合时代发展的新型农民学院发展理念。

在具体的培训工作中，新型农民学院做示范培训项目严格筛选参与培训的学员对象，初级的培训项目交付给县里的农民学校进行培训，新型农民学院承担着市里培训工作的引领榜样作用。根据各部门申报的项目计划于第二年的三四月组织农民培训协调会是惯例。根据项目的发展前景、确定项目的可行性、创新性评估，继而确定是否作为新型农民学院的重点培训项目。在重点培训项目的基础上，进行各县市培训学员的选拔与推荐工作。原则上将50个名额划分到丽水市莲都区的各村镇，并由相关农业产业的政府单位进行举荐，在学员条件上保证优质性与匹配性。通过培训项目的先进性、学员的优质性做好新型农民学院培训质量的首要环节。采用班主任制度进行培训班级的纪律、服务工作，保证培训学员的到课率。每个培训项目配备一名班主任全权管理培训班级的纪律，在具体的培训工作中与培训人员同课制。课前进行到课人员签名制度，配合餐券发放的制约机制。特殊情况需要请假的需要书面向班主任申请，一天以上的需要副院长审批同意。同时学员的到课考核将向学员的报送地相关政府单位反映，因而在一定程度上形成了纪律的制约。开展农民切实需要的技能知识培训，选择农民参与培训后回到一线可直接使用的技能知识，开设具有吸引力的课程。考虑农时的忙闲时间进行课程的安排，解决农民学习的忧虑，严格的培训管理制度和强吸引力的课程保证新型农民学院培训的学习质量。

充分整合培训项目的资金，使培训资金得到最大化的使用。改变过去各单位独自分工的情况，使重复的培训项目得以整合，从而将培训的资金统一划分给丽水农民学院进行使用。该种资金整合方式避免了培训人员的重复，如农业局、林科院、林业局都欲举办油茶培训，则三方的资金将统一划分给丽水农民学院，而参加培训的人数都为丽水市的相应产业的农民，学院可以组织一次培训完成三方的诉求，同时避免了该批培训人员重复培训的现象。另外，有限的资金通过整合可以发挥最大功效，资金的合理利用可以使更多的农民享受到培训的实惠。将每个项目整合剩余的资金用于其他项目的策划中，更多项目影响更多农民，扩大培训面，从更宽广的层面上带动农民致富。在资金使用上为新型农民学院质量提供保障。

具体的工作事项由三方进行监督，学院负责培训与资金的使用，相关送培单位作为培训项目的主办申报与发起单位，市农办作为培训项目的总策划者负责项目的审批与资金分配。三方责权分立，相关项目的主管单位不直接参与资金使用，学院培训项目的工作与资金的使用受相关单位与市农办的直接监督，采用中间的抽查、事后的审查、年度的结算等手段分别进行教学组织的监督和资金使用合理性监督。市农办委托第三方对农民学院培训质量进行评估。

案例 5—2
"两山"转化先锋

丽水市"两山发展大会"是推动丽水发展步入新台阶，实现新跨越的重要历史机遇期召开的一次盛会，是新时代丽水科学谋划和奋力书写践行"绿水青山就是金山银山"理念的时代答卷。我们备受鼓舞，决心奋力建好中国（丽水）两山学院，为创新践行新时代"两山"发展新境界完成提供智力支持的使命担当。

2 月 17 日我在《丽水日报》理论版发表了题为《"两山"发展：高质量绿色发展的旋律》的学习体会文章，认为要深入探索"两山"转化的规律性路径，深度推进高质量绿色发展的实践进程，深刻理解"两山"理念的精神实质。

一 深刻理解"两山"理念的精神实质

1. 绿水青山与金山银山的实质内涵

通俗地说，"绿水青山"代表着优质的生态环境，体现为清新的空气、洁净的水质、温暖的气候、肥沃的土壤，是维护人类生存和生命健康的自然条件的物质基础。

大家知道能够称之为"绿水青山"的，一定是结构稳定、功能良好的生态系统；是生物多样性丰富、动态平衡演进、和谐协同共生的自然环境；更是宜居、宜业、宜游的促进生命健康协调发展的社会环境。

"金山银山"代表着丰富的物质财富及其民生福祉，包括自然财富、经济财富、社会财富以及满足人民对美好生活需要的一切条件的总和。也就是说，既包括 GDP 反映的经济增长或经济收入，又包括 GEP 反映生态系统所提供的全部服务和产品。它既满足人民物质生活的需求，又满足人民精神生活的需要。

2. 绿水青山与金山银山的辩证关系

习近平总书记深刻指出"绿水青山与金山银山既会产生矛盾，又可辩证统一"。只要找准环境保护与经济发展的结合点，因地制宜地发展生态农业、生态工业、生态旅游，一个地区的生态盈余就能变成现实的经济收益，生态优势就转化成了经济优势，绿水青山就会源源不断带来金山银山，生态效益与经济效益也就在绿色发展中形成了辩证统一。同时我们必须看到的是，当人类合理利用友好保护自然时，自然的回报常常是慷慨的；但是当人类无序开发、粗暴掠夺自然时，自然的惩罚也必然是无情的。人类对大自然的伤害最终会伤及人类自身，这是无法抗拒的规律。

"绿水青山"转化为"金山银山"充分反映了人与自然之间物质循环变换规律。马克思深刻指出"人直接地是自然存在物，人靠自然界生活"。自然是人最基本的生存空间和生活条件，人们通过实践活动从自然界中获取生产资料和生活资料，在与自然进行物质变换的同时形成了人类社会的生产方式。这种生产方式制约着人们的生活方式进而形成了人与人之间的社会关系，社会关系反过来又影响着人与自然的关系由此产生了人们的自然观。人类在从自然中获取资源的同时，也将消费过程中产生的废物回归到自然界中去。所以"人同自然界的关系直接地就是人与人之间的关系，而人和人之间的关系直接地就是人同自然界之间的关系"。

"国以才立，政以才治，业以才兴"，实施人才强国战略，是抓住和用好重要战略机遇期，应对日益激烈的国际竞争的必然要求。下面重点谈谈我们将守正创新、真抓实干，培养高素质两山人才，当好转化先锋，引领丽水高质量绿色发展问题。

二　积极抢占丽水绿色崛起高质量发展战略机遇期

胡海峰书记在全市"两山"发展大会上的讲话立意高远、振奋人心，明确指出丽水站在了大建设、大发展、大跨越的重要历史关口，迎来了大有可为也必须大有作为的重要战略机遇期。全市上下必须牢牢扭住"生态是最大优势、发展是最重任务"的基本市情，围绕"丽水之赞"寄予的使命任务，鼓高士气，扎实落地，在创新实践中砥砺"丽水之干"，开辟新时代"两山"发展新境界。

经过10多年的艰苦努力和不懈奋斗，丽水取得了绿色发展的喜人成绩，抓住了加快发展的战略机遇，赢得了前所未有的高度赞誉。当前的丽水正处于一个绿色大转型、绿色大变革、绿色大崛起的特殊时期。潜力无限、希望无限。我们赶上了丽水高质量发展的好时代，幸福美好的新丽水正向我们走来。

"两山"转化看人才，人才是第一资源，是丽水高质量绿色发展的引擎和"变压器"。

1. "两山"转化是一场深刻的社会革命

胡海峰书记的报告思想理念先进、方法路径科学，水平高指导性强，是丽水高质量绿色发展的行动指南。特别是他概念的"两山"理念精准科学。

"两山"理念不仅仅是关于发展的科学观点，更是一场深刻的发展观革命、一场深远的思想认识革命。它是关于发展的世界观，大道至简却意味深长，内涵丰富又富于哲理。"两山"实践是一场深刻的经济科技革命，涉及到发展模式、生产方式、生活方式的转型升级与深度重构。

打开"两山"转化通道，必须深刻理解"两山"理念蕴含的发展内涵。我们必须始终坚持发展的观点，高举发展的旗帜，坚信发展是解决一切问题的基础和关键。要充分认识发展是硬道理，发展是当前丽水的第一要务。要坚持生产力这一最高标准，在发展方式和发展路径上来一场深刻的革命，以大刀阔斧的改革创新和久久为功的坚韧求索，实现由新技术、新人才、新知识、新模式、新思维等全新生产变量驱动的新生产函数重建，推动绿水青山蕴含的生态产品价值在实现环节和供给侧端的改变改革和创造创新，从而开创绿水青山价值倍增、高效转化和充分释放的发展格局。

当前的"两山"实践中，必须克服"不必转化"的守成心态、"不用转化"的盲目认知、"不敢转化"的畏难意识、"不会转化"的本领欠缺。

2. 人才决定"两山"转化的深度和广度

"两山"理念的核心是高质量绿色发展。路径是"生态经济化、经济生态化"，逻辑是以"绿起来"带动"富起来"进而实现"强起来"。其内在要求是"两个较快增长"，即 GDP（地区生产总值）和 GEP（生态系统生产总值）规模总量协同较快增长，GDP 和 GEP 之间转化效率实现较快增长。

GDP 是衡量一个地区经济发展水平的综合性指标；GEP 是一个地区生态系统提供的产品和服务的经济价值总和，包括提供的物质产品以及调节服务和文化服务，是衡量一个地区生态环境质量及其所蕴含的生态产品价值的综合性指标。形象地说，GDP 反映的就是金山银山的价值总量，GEP 反映的就是绿水青山的价值总量。

绿色发展、技术为王，创新发展、人才致胜。我们必须清醒地认识到，技术决定了"两山"转化的范围和数量，人才决定着"两山"转化的深度和广度。

世界经济社会发展的历史表明，经济发展的"一荣"未必带来"共荣"，生态环境的"一损"必然带来"俱损"。推进绿色发展的人才必然是懂生态规律、经济规律、社会规律，会生态技术、产业技术、服务技术的人才。绿色发展的竞争归根到底是人才的竞争，两山高质量绿色发展的关键是人才培养。

3. 丽水绿色崛起的最大短板是创新型人才

由于历史和地理的原因，丽水人才总量少、质量低、结构差，外地人才难引进易流失，本土人才培养造血功能不足。如果说人才是丽水最大的短板，高层次创新人才就是短板中的关键板，高等教育就是支撑人才大厦的地板。

按照绿色发展的内在要求，丽水最紧缺的人才包括五类：一是生态环境保护与修复人才，二是生态资源开发与利用人才，三是生态资产经营与管理人才，四是生态产品加工与营销人才，五是生态文化传承与创新人才。这是两山学院人才培养的核心任务。

胡海峰书记指出必须用好"跨山统筹、创新引领、问海借力"三把"金钥匙"，背后依托的都是自带能量的高端创新型人才。当下的丽水，比任何地方、比任何时候更加急需高层次创新型人才。

但我们必须清醒认识到，高端人才靠引进、初级人才靠市场，中端人才量大面广。引进人才解决急需，自己培养主力军，丽水的高等教育任重道远。

三　主动担当"两山"学院发展的重要历史使命

中国（丽水）两山学院于 2019 年 3 月 6 日成立，是丽水市人民政府主办，丽水学院、中国科学院大学、中国科学院生态环境研究中心、浙江省发展规划研究院，采取"政府—高校—科研院所"协同创新、共建共享的全国首家两山学院。

1. 我们的使命：潜心"两山"研究；服务"两山"实践；培养"两山"人才；打开"两山"通道。

2. 我们的职能："两山"理论与实践研究中心；山区高质量绿色发展新型智库；全国"两山"应用型人才培训基地；生态产品价值实现机制协同创新平台；国际交流协作高地。

3. 我们的目标：

——科学研究：聚焦生态产品价值实现，围绕美丽中国建设的重大理论与实践问题开展应用研究。挖掘生态价值、引领绿色发展、奉献美丽中国。

——人才培养：系统构建"生态＋、山区＋"特色鲜明的学科专业体系，面向全国培养"有生态文化、懂生态经营、会生态技术、善生态管理"的新时代生态文明建设人才。

——社会服务：立足丽水、面向山区、辐射长江、服务全国，聚焦生态资源价值评估、生态产品价值核算、生态产权产品交易、生态信用体系构建等方面开展决策参考、信息咨询、规划编制、咨政建言。坚持"深耕大丽水、对接大战略、服务大山区"。树立"走进山区、感知山区、撬动山区"的服务精神。

4. 我们的行动：经过 1－2 年的努力，面向长江经济带开展"最前沿的理论研究、最鲜活的实践探索、最有特色的人才培训、最具价值的咨询服务"，形成一批具有示范效应的可复制、可推广的经验与模式。到2020 年助推丽水建成"生态产品供给者、生态标准制定者、生态理论研究者"。力争成为"生态价值实现的前沿阵地、山区绿色发展的创新高地、美丽中国建设的示范基地"。

第三节　质量自治

基于教育质量评估新理念，我们对高校联合体学院的指标体系进行建构研究，旨在解决评估对象参与被动性和指标设置的"一致性"等高等教育质量评估理论研究需要突破的瓶颈。以两山学院教育质量自治评估工作为案例，以创新高校教育质量内涵建设内容为切入点，探索符合时代特色的教育质量评估指标，推动高校新型学院建设。

教育质量评估是推进高等教育发展的重要途径，我国开展高等教育质量评估研究已有30 多年的历史，从高等教育评估诞生、制度化、多元化、发展化的成长发展中，先后通过发达国家经验借鉴、中国特色实践探究的方式，形成了一系列中国特色的高等教育质量评估研究成果。

高等教育评估研究与现代大学相伴而生，与高等教育从精英教育到大众教育再经普及教育变迁同步，先后历经计划经济、市场经济、全球化经济的转换，形成了一套中国特色高等教育评估理论。基于国际化人才竞争教育背景，教育部提出双一流高等教育质量提升战略，高等教育质量成为国家教育事业发展的关键内容。如何满足时代性特征保障高等教育质量是高等教育评估持续性的话题。

一 两山学院背景介绍

我们的案例高校——联合体学院中国（丽水）两山学院，由丽水市人民政府主办，丽水学院、中国科学院大学、中国科学院生态环境研究中心、浙江省发展规划研究院创办，是政府、高校、研究院所协同创新联合创建的全国首家两山学院，2019年落户浙江省丽水市。

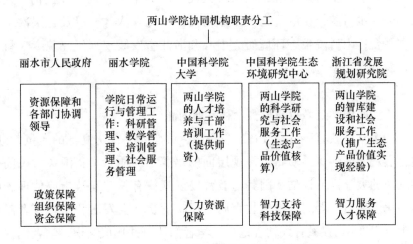

图5-3 两山学院协同办学机构职责概要图

两山学院遵循高质量绿色发展的办学理念，办学职责定位于："两山"理论与实践研究中心，山区高质量绿色发展新型智库，全国"两山"应用型人才培训基地，生态产品价值实现机制协同创新平台。根据国科大等五家签订的《中国（丽水）两山学院合作共建协议》和正在论证的《中国（丽水）两山学院建设与发展规划》，联合体学院明确自身定位为：努力打造集人才培养、科技创新和产业服务三位一体的综合性平台，助推生态产品价值实现，打开两山转化通道提供智力支持、科技支撑和人才保障。目标是建成省内领先、国内一流、国际知名，集小规模、高水平、专业化、生态类、应用型为特点的特色新型学院。

当前，推动长江经济带发展领导小组办公室发布《关于支持浙江丽水开展生态产品价值实现机制试点的意见》（第 88 号），同意丽水市开展国家级生态产品价值实现机制试点。中国（丽水）两山学院是《试点方案》中的重要建设内容之一，将主要为生态产品价值实现机制试点提供人才科技支撑。

两山学院充分挖掘协同单位优势，坚持以提高人才培养质量为主题，以提升科学研究水平为主线，以增强社会服务能力为关键，以创新文化传承模式为重点，高起点、高水平建设好中国（丽水）两山学院，进行各协同单位职责分工。

从职责分工可以发现，丽水市人民政府为主要协调领导机构，人才培养分为中科院提供的生态类本硕博高层次专业人才，以及各层次干部培训平台，中科院生态环境研究中心和浙江省发展规划研究院专攻科研技术及社会服务。

二　两山学院教育质量概念和发展内涵

两山学院教育质量。教育质量是学院办学水平优劣高低的质量判断，包含宏观层面的体系质量，微观层面的培养对象质量。我国各大民间机构发布的大学排行评估，因其与教育发展规律有偏差而被指评估理念的片面化。瑞典学者胡森提出教育质量反映的是社会发展和受教育者需求的满意程度[1]，在教育评估理论中被学者们认可并形成共识，学者们提出的多元主体、相关利益者等高校教育评价研究正是该理念的延伸发展。

基于管理学现代化治理的理论发展，教育质量被认为反映的是一种管理和治理能力。学者们逐步认识到教育质量除教学质量还应包含管理质量。目标管理理论则认为教育质量应是预设目标达成情况的符合程度，这也是目前教育指标设置的主要指导方法。在教育主体缺失的背景下，学者们提出学生能力发展学习效果等以生本位的教育质量理论进一步完善补充。结合以上教育质量的观点解析，两山学院教育质量从自治的角度出发，应当全面把握教育质量的综合内涵。

两山学院教育质量评价。高等教育质量评价体系的构建离不开质量

---

① 司佳：《我国高校教育质量管理制度创新与执行力的研究》，哈尔滨工程大学 2011 年。

标准的标尺，这也是学院办学追求的目标。结合潘懋元教授的教育评估高校分类分层理论，从两山学院的高校属性来理解质量评价，具体分为三个层面：第一学院教育基准质量标准，体现在人才培养、科学研究、社会服务和实现文化传承的价值特点，是国家教育强国战略下高素质人才的基本色彩，这是基于高等教育办学的本质属性，也是高等教育的基本要求。第二高等教育专业（特色）质量标准，从属两山学院的应用属性，也是新时代高等教育内涵式建设的根本，具体突出的是"生态 + 山区 +"的一流特色学科专业特性，人才培养定位依托不同主体分别培养两山特色高层次人才和生态农业类应用型人才，既是专业学科的新挑战，也是人才培养的新模式。第三学院教育发展质量标准，体现在学院的创新性、先进性与时代性等特点。两山学院结合如何更好地把"绿水青山"转化为"金山银山"的高质量绿色发展理念，进行新时代"生态 + 山区 +"特色鲜明的学科专业体系建设和生态农业类人才培养以及生态产品价值（GEP）转化。理念新、任务新，以此背景构建适切的质量保障体系，形成两山学院教育质量评估文化，为高校创设发展空间、为教育定位和决策支持提供动力。

三　两山学院教育质量评价指标分析

（一）两山学院教育质量评价指标的现实依据

两山学院教育质量的核心主题是人才培养，其职责在于生态文明类高层次人才培养及生态农业类干部培训，其中培训的办学体制前期以新型农民学院的质量保障体系研究进行了经验总结，形成了部分指标成果，因而可以作为两山学院教育质量指标建设的实践参考。

在新型农民学院质量保障研究中，通过学院发展大环境、质量评价理论、质量评价价值取向、学院质量保障实践等内容，沿着评价主体、评价方法、评价内容的构建途径，进行新型农民学院质量评价绩效指标的探讨。指标按照内外部的总框架，下设三级分层指标，包含一级指标 5 大类，二级指标 14 项，三级指标 48 项，并结合操作层进行可行性内容说明。

指标建设初衷在于围绕新型职业农民培养需求和三农科研的社会经济服务特色展开。已有成果从培训办学机制上可以作为两山学院教育质量评价指标中教学管理指标构建的实践基础，鉴于两山学院教育质量的内涵以及教育评估初衷的不同，指标构建仍需要进行新高等教育质量评估理论补充。从学院职能定位、办学目标就教育评估价值取向、评价指标标准、评估指标方法、评价指标内容等各方面进行调整和新探索。根据一流特色新型学院办学目标构建适切的教育质量评价指标体系，希望在学院办学初期明确办学定位职能，办学过程通过比较研究、评价诊断来坚定发展信念，实现教育质量评估的价值功能，为推动两山学院创建、改革提供决策支持。新学院、新时代、新特征，两山学院教育质量评价指标需要立足实践又放眼未来，两山学院教育质量评价指标体系建设分析包含以下三方面：

1. 遵循高等教育发展规律，突出内涵式发展导向

我国教育评估运动为遵循高等教育发展规律而提出调整，但也在反思中不断探讨实践形成了中国特色教育评估成果，奠定我国"建、改、管"三字方针，指明高等教育评估突出高校内涵建设和特色发展的总指导思想，也为两山学院教育质量评估构建确立方向。教育质量内涵式发展的本质是学校办学自治基础上与之相适应的教育发展规律。

两山学院教育评估应从具有适切性的高等教育本质属性、专业属性的基本发展规律出发，强调发展属性的内涵式导向，形成两山学院教育质量发展主体意识、两山学院教育质量保障文化、培育两山学院教育质量反思性提升实践者，保障教育评估活动的正确方向和指导性。

两山学院评估指标构建坚持指标效用价值基础，突出发展生成效用，是指学院评估保证诊断性和总结性价值的基础，突出发展性和生成性的评估效用。从已有实践经验总结，保证办学条件、教学和科研的常规性指标监控，突出时代性指标如高等教育发展、高等教育质量前沿理论，专业社会适需性、人才培养创新性等理论研究。结合政治、文化、社会的支撑体系构建，分层次综合为两山学院发展预留空间，保证高层决策科学性与前沿性。认识教育生成性的本质特征，教育产出不同产品，没有实物为参照，只是相关能力证明的指标预设。近年来学者们的研究将评估重心转向学生成长与发展、学习表现为主的生成性指标，改变以往以投入保质量的工具性评价观念，在绩效和认证评估为主的高校教育质量评估背景下，遵循教育产品生产性特点，结合绩效产出进行内容指标的调整。

2. 科学定位学院评估目标，坚守学院评估内涵完整性

两山学院教育质量评价指标的建设科学性，需要依托两山学院教育发展定位，立足学院办学责任主体，以学院教育综合实力评估为目标需求把握教育评估完整性，具体表现为：守护评估内涵的完整性，评估主体的完整性，综合考虑评估教育规律，适应社会、政治、经济，满足相关利益者的需求，进行大环境内部影响因素的权衡分析。在评估内容上合理分析整体与局部，评估指标是对评估项目目标的细分。随着教育质量评估研究的深入，学者们分别就教育属性进行教学质量、专业质量、科研质量、满意度、学习效果等教育关键项目的指标探讨，结合两山学院教育质量综合实力评价目标，有必要充分论证整体与局部的关系，避免以偏概全、以部分代整体；质量评价的系统化，一方面是指教育评价指标体系建设从构建到结果反馈调整的系统化过程，也是基于投入、过程、产出、反馈等的系统环节。另一方面要综合考虑大环境，政策环境各类因素的系统性和配套性，才能最大化提升教育评价的功效；评估质量研究完整性，体现在评估是一个发展运动，需要结合高等教育时代背景、国际竞争、发展状况的变动而调整，因此评价质量研究除了创新质量评估构建还要重视元评估研究，保障评估活动的正确指导性；评估主体的完整性，需要从办学主体机构、相关利益者多元主体来保证各方利益的诉求，任何一方的缺失或利益关系的违背都将造成质量评价的偏差。

3. 遵循指标构建新趋势，优化指标建设的有效性

就指标内容而言，指标构建需要遵循定性与定量指标综合考虑的原则。一方面在原有指标内容的基础上增加量化指标，另一方面针对教育定性指标进一步细化关键指标观测点内容。原有指标体系基于理论建构的，原则侧重质量保障定性指标内容描述，其中的定性定量指标有待进一步完善和融合；增加指标的分层性，高校教育系统是一个复杂系统，指标构建也是各类相关联内容的探讨。在教育评估中指出的分层性是基于高校专业、发展现状不同而提出的实际考量。我们定义的分层性是基于两山学院内涵特色进行指标分层性构建的设想，强调综合评估，避免象征性的项目评估；增加教育质量元评估研究，把握评估目标，评估价值取向，评估结果认识，是反思指标体系有效性的重要保障，也是目前教育评估研究中逐步被大家认同的新趋势。元评估研究检查评价体系和结果反馈效果，避免高校教育评估无效性；增加评估信息化利用率，是高校现代化治理以及效率提升和克服多方参与空间时间障碍的有效途径，因而有必要建立从信息收集分析利用的独立数据系统。

（二）两山学院教育指标的理论依据

高等教育质量评价是保证和推进教育质量的有力手段，其核心在于追求人与社会的和谐发展。教育质量评价指标的设计依据分为四类：一是基于社会学理论的相关利益者需求和影响因素分解生成的关联性指标；二是基于经济学理论的资源使用效率形成的投入产出效益指标；三是基于管理学中全面质量管理形成的系统性、可持续性、发展性、分层性等提质指标体系；四是基于高等教育发展理论的高校职能、特色化指标体系建设。

教育质量评估研究新理论包含三类：一是市场经济下，大学管理主体基于相关利益者的多元主体质量保障；二是针对教育受众主体学生社会缺位而奠定的学生本位教育质量评价以及多方参与质量评价的新方向；三是局部教学管理的核心质量外，逐渐被接受的教育管理整体质量概念－质量评价体系，元评估、结果使用，整体管理效果的现代化质量管理研究。

研阅我国高等教育评估运动文献，教育评估从 1985 年的教育体制改革就已初露头角，"镜泊湖"会议的召开昭示教育评估运动正式在我国高等教育事业中开展。通过学习刘益东《我国高等教育评估 30 年的发展与变迁》高等教育评估 30 年的发展与变迁一文[①]，遵循其梳理的教育评估政策文件精神，进行我国高等教育质量评价指标的搜集，从而保证指标的权威性。沿着我国教育评估运动及政策文件的线索，找到针对高等教育质量评估颁布试行的指标文件分别有《普通高等学校本科教学工作水平评估方案（试行）》（2004 年）、《普通高等学校基本办学条件指标》，《普通高等学校本科教学工作合格评估实施办法》（2011 年），中国学位与研究生教育信息网发布的 2012 年学科评估指标体系，《普通高等学校本科教学工作合格评估方案（试行）》（2018 年）。沿用陈本友在其教育质量评估指标现在与启示一文罗列的权威民间机构[②]，进行

① 刘益东：《我国高等教育评估 30 年的发展与变迁》，《大学》（研究版）2016 年第 2 期，第 37 －45 页。

② 陈本友，金莉，赵伶俐：《高等教育质量评估指标现状与启示》，《复旦教育论坛》2012 年 10 月第 3 期，第 38 －42 页。

相应的高等教育质量评估指标收集。我们截取相关指标内容包括中国大学排行榜指标体系、大学排行评价指标体系、武汉大学的中国高校综合竞争力评价指标体系与权重，浙江大学的世界一流大学综合实力评价指标参考体系，中国重点大学综合实力评价指标体系。

目前我国坚持使用的指标体系主要是本科教学工作评估指标体系，从 2004 年到 2018 年进行了三次大调整。一级指标内容包含办学指导、师资力量、教学条件、专业课程建设、质量管理、学风建设、教学效果，特色项目，是基于教学重要影响因素而构建的一级指标项目。2012 年的学科评估指标体系，一级指标师资队伍与资源、科学研究水平、人才培养质量、学科声誉，是基于高等教育职能而构建的指标体系。综合考察民间共识性机构的高校评价指标，其中浙大研究组一流大学建设指标中着重强调国际影响、学科实力、科研和教学实力，大学排行榜指标同样基于高等教育职能设项。基于我国权威性一级指标的分析，可以发现高等教育职责的一级指标分类是常态，一流高质量大学建设的关键指标在于教学实力、专业实力、国际实力、学科实力和科研实力。从权威性二级指标设置和调整分析，2004 年的基本办学条件和教学水平（合格）指标到学校排行榜和一流高校质量指标，以条件保障、教育投入产出基本要素保障的指标设置为基础，质量指标由量到质的比重逐步向定性加定量的指标靠拢。由于指标设置是评估目的、评价价值选择的产物，不同情况所形成的成果不同，可以指出的是合格/水平指标是基准指标，一流高校指标建设是国际竞争力（高质量）选择。

四 两山学院教育质量评估指标体系建设

（一）基于两山学院教育质量内涵的指标体系建设探讨

前文从两山学院教育三大属性进行了教育质量内涵的推演，从高等教育层次尝试教育质量指标建设，沿着两山学院教育属性进一步探讨教育质量评估指标框架下的内在逻辑关联性。研读我国权威性高等教育质量评价指标体系资料，以及对指标内容的比较分析，高等教育功能定位教育质量指标具有共性，而具体的参照指标设计因其指标设置评价的基准目标要求，指标设置偏向比较性、效果性价值取向，与整体教育评估新理念、新标准存在偏差，无法满足高校自治责任主体的特色性和内涵式发展。因而补充第二层专业属性的消费者满足和社会满足程度为主的指标建设诉求，以学院现代化自治能力提升，从主体价值取向、相关利益者诉求、重要影响因素的实践经验总结，增加指标构建的适行性、特色性。第三层发展属性的质量评价指标侧重两山学院教育质量评估文化建设，主要途径在于保证高校教育质量的发展观、质量观，发展质量内涵体现在目标定位的先进性、人才培养的创新性、教育质量评估的时代性，教育质量评估的发展性。通过学院自治的质量保障研究搭建学院质量保障平台。

表 5-2　　　　　　　　　　　　高校教育属性分层评估体系构思

分层	属性	指标框架
第一层	基础属性	人才培养、科研研究、社会服务、文化传承
第二层	专业属性	"生态＋、山区＋"的一流特色学科专业特性，两山特色高层次人才和生态农业类应用型人才
第三层	发展属性	目标定位的先进性、人才培养的创新性、教育质量评估的时代性，教育质量评估的发展性

(二) 基于"五度"新标准的指标体系建设探讨

教育部高等教育教学评估中心就中国特色质量标准提出"五度"指标构建方向，内容包含培养目标达成度、社会需求适应度、办学资源支撑度、质量保证有效度、学生和用户满意度。这对指标构建指明了参照方向，点出了高等教育质量新标准，圈出了指标项目的核心点。基于五度指标指挥棒，对两山学院的教育质量指标设置除了考虑高校质量内涵下的综合功能分类，还需要进一步考虑指标设置完整性，凸显质量性和发展性指标需求。

五度标准要求指标构建从教育功能出发，强调关注质量保障体系的元评价（质量保证有效度）以及学生服务本位的满意度项目。因此结合高校教育属性的指标框架，需要将目标达成度（办学定位教育功能实现），办学资源支撑度（条件支撑）、质量保证有效度（质量保障运行机制）、学生和用户满意度分层归类。

（三）从理论和实践结合探讨两山学院教育质量评价指标

两山学院是一所政府、高校、研究院所协同创新的组织机构，两山学院具有的特色，从属潘懋元教授的高校分类中的综合型大学。其中两山研究型属性强调学院质量关键是两山科研和生态服务，而应用型本科院校特性旨在全力构建"生态＋、山区＋"特色鲜明的学科专业体系。从生态类干部培训的性质区分，两山学院还具有技术实用型的高校教育特性。

两山学院具有高等教育共性特征，同时具备"生态＋、山区＋"专业专业应用型和"培训＋"技术实用型的专门学院特色。因而采取高等教育理论建构的指标大框架，进行专业和教育特色的特殊性指标细化。遵循学院办学发展目标，守护常态指标规律，凸显发展性支撑指标，是两山学院教育指标体系构建的基本思路。整体构建路径如图5-4：

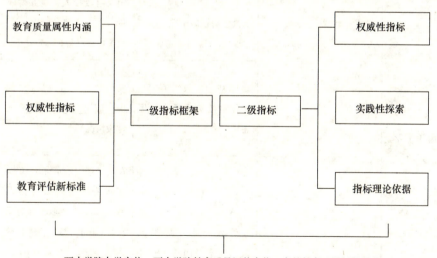

两山学院办学定位、两山学院教育质量评估定位、高等教育质量评估趋势

图5-4 两山学院教育质量评价指标构建路径

（四）两山学院教育质量评价指标体系表

表5-3是沿着两山学院教育质量评价指标构建步骤，在基本大框架中，对比相对权威性的指标内容和农民学院的实践指标内容，结合已有

学者对指标内容的修改建议，调整形成的两山学院教育质量评价指标表。

表5-3　　　　　　　两山学院教育质量评价指标体系表

一级指标	二级指标	参照点	考察点（定性＋定量）
目标保障质量*	A办学定位、B教育评估定位、C人才培养定位、D领导作用（管理不力流失淘汰）	A＋B项：定位科学性、定位前瞻性、C人才培养目标、D1理论文化把握度（教育环境把握度、教育观念先进性）D2领导艺术	A＋B项定位是否违背大环境规律 D2.1教师流失率 D2.2学生流失率 D2.3合作资源流失率 D2.4决策失误
条件支撑质量	政治保障	政策法律、社会支持、宣传渠道保障（媒体）	
	制度保障	制度文化	制度建设规范化
	物质文化	校园文化宣传	
	财政资源	财政支持增减情况	国家财政投入、地方财政投入、企事业项目投入、政策优惠、科研经费
	物质资源	实训基地、教育场所、合作单位实习场地、设备情况、	实训教育场所质量（"两山"应用型人才培训基地建设情况）
	人力资源	A管理团队（丽水学院）、B教师团队（中国科学院大学＋丽水学院）、C科研团队、D生源质量、	A1.管理团队情况B1专家团队情况（高级职称人数）、B2.专兼职教师情况（高级职称人数、特聘教授人数、杰出青年数）B3国家级团队情况 B4生师比、B5教师发展与服务*（国际交流情况）D1.1高层次生源质量（入学背景）D1.2培训生源质量（学历情况＋工作背景）

续表

一级指标	二级指标	参照点	考察点（定性＋定量）
人才培养质量（国际化合作是趋势）	A 学科质量 B 专业质量	A1 学科评估体系 B1 专业评估体系（专业规格、专业等级）	A1.1 校级重点学科 A1.2 两山特色交叉学科（方向）A1.3 生态文明研究群 A1.4 省级一流学科 A1.5 国家级一流学科 B1.1 两山特色专业情况（生态＋、山区＋）、B1.2 达标率、国家专业认证率、国际专业认证率
	C 教学质量 两山高端人才培养	C1 教材质量（教材改革＊）、C2 课程质量、（课程改革＊）C3 教学改革＊、C4 教学过程（课堂教学、实践教学、教风学风）、C5 教学管理质量、C6 教学成果	C1.1 优质校本教材、C1.2 优质省级教材 C2.1 精品课程（优质精品、国家级精品开放课程）C4.1 名课堂、优课堂 C6.1 学员满意度（基础满意度指标＋学生发展能力）C6.2（学生学习效果）国家级获奖情况、毕业设计质量（优秀博士论文情况）、本、硕、博毕业率
	C 教学质量 两山（省厅县乡基层党员）干部培训		C1.1 优质校本教材、C1.2 优质省级教材 C2.1 精品课程（特色精品、国家级精品在线课程）C4.1 到课率、授课质量（教授授课率、授课小时）C6.1 学员满意度（基础满意度指标＋学生发展能力、）C6.2（学生学习效果）国家级获奖情况、毕业率、工资水平增幅率

一级指标	二级指标	参照点	考察点（定性＋定量）
科研质量*	A 科研成果水平、B 论坛会议能力	A1 科研成绩、A2 科研质量、A3 科研转化情况、A4 科研项目情况（提供科研咨询的情况）B 主办学术会议情况及等级	A1.1 各类科研学术专著数量及质量 A1.2 各类课程申报情况 B1.1 代表性学术论文质量（含国内和国外）、B1.2 科学研究获奖情况、B1.3 国家重点研究基地 C1.1 转化成果专利情况（统计成果专利转化业绩）D1.1 代表性科研项目情况（含人均情况）
社会影响（主观指标）	A 用户满意度、B 媒体声誉、C 学科声誉、D 社会贡献、E 同行评价、F 毕业生影响	A1. 用人单位反馈 A2. 家长反馈 B1. 媒体报道情况、有影响社会服务事例 C1. 学科社会贡献（试点案例库）D1 生态产业服务 F1 毕业生影响（校友成就、案例）	A1.1 品德修养、知识结构（综合性知识、专业性知识、高层次思考能力）、应用实践能力（工作能力）、心理素质、适应能力、创新能力、学习能力）D1.1 山区高质量绿色发展新型智库 D1.2 生态产品转化服务情况（生态价值评估、生态产权交易、生态文明大数据）F1.1 知名校友情况
运行效度质量	管理保障	高校监督规范制度、质量保障体系、组织结构的合理性、信息化支持系统、成员专业性、质量改进跟踪情况	

（备注：＊发展指标，下划线部分专业/质量指标，其他基础指标）

如上表所示，两山学院以目标保障质量、条件支撑质量、人才培养质量、科研质量、社会影响、运行效度质量作为学院教育质量一级评价指标，下设22个二级指标，并进行观察点和考量点的操作性指标构建。借鉴农民学院质量保障运作经验，坚持条件支撑"硬件＋软件"的工作方向。利用联合体学院特色融合各类资源，最大化的创造有利条件。评价内容打破资源有效利用性测量观念，资源获取能力是质量保障的新动向；综合整体指标进行发展性指标体现，标注为一级指标目标保障质量、科研质量。参照点、观测点中的教材改革、课程改革、教学改革、教师发展与服务等，围绕创新性、时代性、发展性特点进行构思。基于学院基础质量保障的前提进行分层指标体现，凸显高校中目标符合性、人才培养能力、科研能力、教学能力为主的质量体系关键指标，为领导决策提供参考。根据学院办学实际人才培养指标从生态类高层次人才培养和生态类干部培训分类考察。突出专业/质量指标，用下划线对考察内容进行区分。强化以学生发展为本位的教育评估理念，在人才培养项目中体现基于学生测评主体的学员满意度项目。

本文尝试以新高校教育评估理论为构建坐标，沿着学院教育质量内涵的主线，遵循教育发展规律，跟随教育评估研究新动向，通过文献指标收集整理，结合农民学院的实践探索指标，进行两山学院教育质量评价指标的构建与迭代。不可否认，高校教育指标内容具有主观性、时代性、模糊性、间接性的特征，指标构建是一个不断修正完善的持续过程。本文所构建的两山学院教育评价指标从综合性质量评价出发进行框架的设置，无论是理论缺陷还是操作指标都有待进一步研究。

附 录 一

概念界定

（一）概念界定

1. 新型职业农民

在实施农业现代化进程中出现的新概念。2012 年中央 1 号文件提出了"大力培育新生代农民"的新要求。把"职业农民"与"新型农民"有机结合起来，突破了原来户口型、身份型的界定模式。"新型职业农民"是指有文化、懂技术、会经营的新生代农民，即具有较高的科技文化素质，掌握先进农业生产、农业现代化知识的高技能人才。

2. 高技能职业农民

指具有较高文化素质和农业生产管理技能，长期留守在农村，拥有一定生产资源，主要从事农业经营管理、生产示范、技术服务，并以此为主要经济收入来源的新一代农业管理者、经营者和生产者。主要包括：种养大户、涉农企业主、家庭农场主、农民专业合作社带头人以及其他农业新经营主体。高技能职业农民是新生代农民的主体力量，为表述方便，以下简称"职业农民"。

3. 新型农民学院

新型农民学院是指地方高校整合多方资源，专业落地促进区域农业经济可持续发展和带动区域经济社会的均衡发展，同时反哺高校产学研发展和专业建设，实现对高技能农业人才培养的农业职业教育的重要创新平台。是政府、院校、行业企业、基地、学员"五位一体"的联合体学院。

4. 新型农民学院质量保障体系

以提高新型农民人才培养、"三农"研究、区域农民服务为目标，运用系统方法，依靠必要的组织结构，将影响教育活动的各要素构成体系，形成相互促进的质量管理的有机整体。

5. 联合体学院

联合体学院是高职院校产学研合作教育合作中体制机制创新的新型学院。联合体式合作是高职博弈合作的主导思想。高职院校在政府主导下，学校、行业、企业以平等主体身份参与合作。因为合作各方处在"你和我"式的平等地位，在此环境下才能合作共荣，建设真正的利益共同体。

6. 五位一体

指"学校、政府、基地、新农人、企业（合作社）"在正和博弈思想指导下，开展联合体式区域协同创新的人才培养机制。其中学校以高职院校为主体，包括"校校企"、中高职教育合作成员，如高校、科研院所、职业学校。政府以县级政府为主，包括有基地合作的乡镇。基地包括有形基地和虚拟基地。前者指高职的农业示范基地，包括现代农业龙头企业、农业新经营主体、家庭农场、新农村建设示范基地；后者指高职人才培养创新基地或联合体合作成员，如产业学院、职业教育集团。新农人指从事新型农业、创意农业等职业农民。

7. 联合体组织

是基于同等地位的主体间的合作，是真正"去行政化"视域下真实的"你—我"式合作组织。在真正的共同体条件下，每个人在自己的联合中并通过这种联合获得自己的自由，这是衡量集体是否有意义的标准。只有在共同体中，个人才能获得全面发展其才能的手段。[①]

（二）基本特征

"全国现代农业建设现场交流会"对高技能职业农民的五个基本特征做了阐述，即以农业为职业、占有一定的资源、具有一定的专业技能、有一定的资金投入能力、收入主要来自农业。

现代农业高技能职业农民具有以下特征属性：一是农业特征；从事农业及其相关领域的生产和经营；二是市场特征，融入市场经济活动，以获取经济利润为目的；三是文化特征，具备一定的科学文化知识，以

---

① 《马克思恩格斯选集》，人民出版社1995年版，第119页。

适应新农村建设的需要；四是技能特征，具有胜任现代农业建设的技能要求，并具备创业意识和创业能力；五是职业道德特征，具备从事现代农业的职业道德素养。

现代职业农民培养的主体是涉农林类院校的高校学生，原从事农业生产经营活动的农村劳动力经过培训，也可能成为职业农民队伍的重要生力军。本节讨论的新生代农民与职业农民、现代农业高技能人才的概念可通用。

附录二

新案例评估推广

机制创新是农民学院培养新生代农民的最重要事件，是高校站在"十三五"新起点的再次出发，是机制顺畅、保障有力、突出特色、共建共享农民学院的工作要点。

机制设计是创新驱动发展的动力源泉，没有可行性、没有理性的东西，是乌托邦。我们在农民学院的办学过程中有许多机制创新的案例。

笔者在担任丽水农民学院常务副院长的过程中，有县处级办班单位的领导出席开班仪式，笔者会去致欢迎辞并谈谈办班的目标，选取一些内容以案例的方式呈现。少部分的案例与笔者或与本项目密切相关，或者是做培训示范的例子。经验介绍与学习交流中的发言，以推广的形式呈现，希望给同人们一些借鉴。

人生繁盛的基础是共情能力高。同理，新文明的核心是爱、温暖和亲密关系，这些会直接影响一个人的应对机制。教育团队是由共同教育情怀的人组成的。按照新的形态开展教育教学，分工明确、组合科学，案例与推广是粗产品。

实践案例
丽水职业技术学院获立一项全教规国家级课题

全国教育科学规划领导小组办公室公布了全国教育科学"十二五"规划 2014 年度课题立项名单。丽水职业技术学院刘克勤研究员主持的课题《"新型农民学院"的创新机制实践研究》获立国家一般项目，资助经费18万元。这是丽水职业技术学院获立的第二项国家级社科基金科研项目。

全国教育科学"十二五"规划项目分为国家级课题和部级课题。2014年度共立项422项。其中国家重点9项，国家一般106项，国家青年81项。国家级项目中仅有2项主持单位为高职院校。

实践案例

上安村的刘龙松

松阳县新兴镇上安村是个多年来一直繁荣的农村。东汉建安四年（199年）建立松阳县，县治就在这附近区域。与松古平原的核心区块古市镇隔松阴溪而望。古市二桥连接了上安村与古市小学、古市的高档别墅区。

刘龙松一直生活在村庄里，因为毗邻市镇，菜农是主业。分田到户前，刘龙松是生产队长，干得一手好农活，全乡技术能手比赛拿过好成绩。其插秧的技术师从其父刘仁富。五亩大的地块，领先开插的就是他。

种菜补贴家用是从生产队分自留地开始的，田地多，勤劳的他拓展了不少菜地。种晒红烟收入不错，抓鱼鳅也能有笔收入。

上安村的茶叶地是他和刘小高、刘以木（堂弟）、刘龙森（邻居）四家20世纪80年代初联合承包的，30多亩山地。如今大木山骑行茶园的核心，凤凰山正对区块。当年的老茶园挣不了多少钱。

小舅想承包溪滩地，于是退出建设经营果园。90年代初，50余亩果园，上面最多的是柑橘、红心李子、梨子、黄桃和白桃。这果园一直在投入状态，但也负担了培养儿子和女儿两个大学生的费用，这都是该村始迁祖刘谦五名下两个第一。

上安取名源自上善若水，安宅天开。该村一直是富庶地并且领先农业改革的潮流，如办建筑队、仓储中心、养蚕厂、瓦窑、电灌站、烘干厂。村里的经济条件好，是丽水地区第一批社会主义新农村的示范村。

如今上安村已是浙江特色小镇——茶香小镇的核心，村里又整体搬进一个村庄——小南坑村。村里来来往往的人群中，南腔北调，认识的不多了。

全国首批绿色食品一、二、三产业融合发展示范园中，松阳大木山茶园成为全省唯一上榜单位。核心区上安村茶青市场、茶产业综合体改造提升，有效推动茶生产、茶文化、茶商业与旅游休闲产业融合互动，将项目区块打造成为融运动休闲旅游、生态科技示范、精深产品研发制造、产品交易集散为一体的特色小镇。

实践案例
黄山头的苏国成

苏国成是新兴农民的代表，他的父亲是黄山头村的老支书，大学毕业留在杭州工作。其亲戚在农业领域创业，生产经济附加值很高的富硒米。他父亲开始是边工作边帮工。

后来村支部改选，子承父业，苏国成当了山村的支书，他放弃了原有的工作，带着村民致富变成了主要工作。

黄山头村是苏轼后裔的集聚地，是古市镇的高地，上安也能看到其轮廓线，是刚通车辆的村庄，管理的乡镇是赤寿乡。

苏国成岳父家注册了自然生养的甲鱼"松阳花鳖"商标。其岳父即舅舅周德松，当过电工、拖拉机手、乡镇丝绸厂厂长、果园的园主，后改行养甲鱼和卖甲鱼。其表妹当过老师，后与教师退休又当过古市造纸厂厂长的母亲一道创业，在莲都区府前菜场经营甲鱼店。

黄山头村的村庄在800米以上的高山上，但离县城并不远。村庄的新生代农民之路，从香榧种植、发展民宿业开始。如今，黄山头已被列入国家传统古村落，被保护与开发，村庄里的二代新农民正崛起。

实践案例
白鹤尖的张建芬

1986年出生的张建芬创业之始，以化工原料获第一桶金。与科技局农村发展处处长汤华伟的一次聚会，让她意识到可以"互联网＋"做创意农业，于是转行以现代农业园为主业。

白鹤尖是云和梯田景区的高地，张建芬与丽水职业技术学院合作，从项目策划、现代农业园规划开始，按永续农业的做法，使其丽水农业精品园获得长足进步。利用网络营销直接到饭桌，全程可追溯。第一年"丽水"在杭州生态农业精品展15个优秀的品牌中占12席。"丽水山耕"更是把她作为新生代农民的模范。

如今的白鹤尖，构建了一条"基地种植＋合作社＋农户种植＋电商销售＋产品深加工"的产业链，仅线上淘宝店目前已实现收益280万元。

新农人们有情怀、有文化、懂技术，有新思维，引领着新农业的发展。

实践案例
示范村负责人

"六边三化三美"是美丽家园活动重要工程，是丽水市走"绿水青山就是金山银山"绿色生态发展之路，将美丽环境转变为美丽经济，展现丽水"绿富美"的生动实践。

下个月，浙江省美丽乡村建设现场会将在丽水召开，夏宝龙书记将听全省人民齐唱《大禹治水歌》；下半年，秀山丽水将开启高铁时代，养生福地高朋满座。为了迎接发展的良好契机，我们开始了今天的培训准备。

丽水市妇联是个务实的好组织，6月15日在这里举办第8期来料加工重点经纪人提升班，我从蓝华主席的讲话中了解到该项目培养了2000名领军人物，50多亿元产值，丽水的姐妹们实现在家门口就业，为和满家庭建设做出了重要的贡献。今天又开启了一个好项目，紧紧围绕市委中心工作，打造服务妇女群众发展的《"美丽行动"三年计划》。我们可以期望，通过"三级妇联联动、万名妇女同行、助力美丽乡村"，以妇女群众喜闻乐见的方式和所需所求为切入点，开展"送美下乡"系列活动，"送理念、送技能、送服务"。各级妇联组织与妇女干部积极投身"美丽乡村"建设，以"十村十品"洁美示范村（街）创建项目为载体，鼓励妇女群众"感受美丽、创建美丽、享受美丽"，丽水丽人的品牌将越来越聚人气，丽水妇女界的美丽人生将更为精彩。

今天的培训班，是"美丽行动"的一个重要推进环节。参加培训班的学员主要是来自各县（市、区）洁美示范村负责人、妇字号民宿（农家乐）经营管理人员，目的是希望大家培训后能动员和引领广大妇女群众参与美丽乡村建设，推进丽水经济社会更好更快发展。

我们学院还有一块牌子：丽水农民学院。我们是地方院校，以服务地方发展为首要任务。借此机会，我向大家介绍一下我们的"138计划"。今年我们的活动主题叫"美丽校园"。通过一年的建设，让校园干净起来，美丽起来。明天台湾的王惠民教授将给大家讲课，他是我们美丽计划的设计师。我们的目标是建成莲都最美丽的一个村，然后是特色小镇、主题公园。3年建成全国文明单位，我们也有很多的美丽活动：无烟校区、一路文明、樟树脚凉茶摊、文化石。8年我们将建成浙江省的一流高职院校。

香港中文大学的沈校长谈"如何不负此生"时说：能过简朴的生活，能过高尚的生活，能过谦卑的生活，"知道满足、懂得感恩，贡献更多"。"不忘初心，方得始终"，与君共勉。

实践案例
农村科技示范户

农村科技示范户在广大农村中有丰富的种养加工生产经验和技术，能够积极应用、示范和推广农业新品种、新模式、新技术，获得了较好经济效益并在群众中有较强示范带动作用。农村科技示范户是农业技术推广队伍的组成部分，是新农村建设的科技二传手和致富带头人，是周边群众看得见、问得着、留得住的"乡土专家"。为充分发挥示范户的作用，加快在农村调整产业结构、推广农业先进实用技术、提高农民致富能力，由市科协、市农办主办的丽水农村科技示范户综合素质提升培训班在我院开班。

近年来，市科协高度重视农村科技示范户工作，已连续多年举办示范户培训班，培养了大量的示范人才。这些示范户能够在"科教兴农"战略中实现"村看村，户看户，群众就看示范户"，充分发挥了"土专家""田秀才"作用。你们不仅能够率先致富，更带动一片、示范一方，成为推动农村经济发展的中坚力量。本次培训班市科协和我们多次协商沟通，安排了农产品质量安全体系建设与管理、农村电子商务应用与实践、农产品包装设计、农产品营销技能提升等实用课程。我们安排了优秀的教师，精心挑选实训点，希望大家学有所成、学有所获。

实践案例

工艺美术人才

由丽水市人力资源和社会保障局主办，丽水职业技术学院承办的"2015年'丽水三宝'新苗人才及138工艺美术人才培训班"今天正式开班了！

深入贯彻市委、市政府"绿水青山就是金山银山"发展战略，依靠人才强市，传承非物质文化遗产，需要培养一批有发展潜力的工艺美术后备人才队伍，助推我市传统特色工艺产业创新发展。陈晓恒局长非常重视这项工作，亲自落实，多次来校对接培训工作。我们希望通过培训，进一步开阔学员的学术技术视野，探索技术技能积累技巧，拓展艺术创新创意思路，提升创新能力和综合素质，提高传统工艺的艺术附加值，帮助大家成长为真正的领军人才。

龙泉宝剑、龙泉青瓷、青田石雕历史非常悠久，是丽水的金名片。龙泉青瓷烧制的历史可以追溯到晋代。这几天我在读三上次男的《陶瓷之路》，他从东西文明接触点的探索高度去评价我们的陶瓷。国家主推"一带一路"，青瓷又迎来了发展的美好春天。龙泉宝剑有2000多年的生产历史，腰悬龙泉剑曾是中国文化人的无上荣光。青田石雕生产历史也有1700多年，青田华侨走出国门、走向世界，它是美好的礼物。当前，龙泉宝剑、龙泉青瓷、青田石雕相继得到巨大发展，并称为"丽水三宝"，成为丽水文化的一个代名词。

"丽水三宝"还经常被当作国礼，享誉海内外。丽水市委市政府努力扶持"丽水三宝"行业，并积极推介"丽水三宝"，希望它们越来越值钱。在义乌的文化产品交易博览会上，"丽水三宝"与世界文化产业接轨；"丽水三宝"借力上海世博会，亮相"世界之窗"，走向全世界。作为国家级的非物质文化遗产，作为一种蕴含着中华文化精神的传统工艺，

"丽水三宝"将得到永久的传承与光大。今天在座的是"丽水三宝"的希望，是主力军，同志们任重而道远。

实践案例
长寿密码

"秀山丽水，养生福地，长寿之乡，诗画田园"，我们在这里等你。

2011 年 6 月，丽水被命名为"国际休闲养生城市"；2013 年 5 月，丽水荣膺全国首个地级市"中国长寿之乡"。

"人生七十古来稀"，但丽水长寿人早就是传说。唐朝五代帝王师、被唐玄宗封为越国公的叶法善，就以 105 岁的高龄成为寿星中的翘楚。近几年优良的生态环境及老龄事业的发展，丽水百岁老人人数持续增长，据统计，2015 年年初，全市百岁老人达 225 人。90 岁以上的老人更是后继接踵。户籍人口 260 万的丽水是个小微的地级城市，却是长寿人口比率最高的城市。

影响一个人长寿的因素很多，如基因、饮食、运动等。"养生先要养心"，"养心要养浩然之气"，生态环境是长寿的最重要因素。丽水的长寿老人都有一个共同的特点，那就是乐享这片养生福地，这是长寿密码。

长寿是社会文明进步的重要标志。丽水的养生文化深厚古朴，人们聚族而居、邻里和睦，保持着耕读传家、尊长崇老的道德传统，并且形成了流布深远、特色鲜明的养生养老文化。

习近平总书记形容丽水是绿野仙踪，"绿水青山就是金山银山，丽水尤为如此"。龙泉青瓷、龙泉宝剑、青田石雕是传统的"三宝"，中国香菇城、中国摄影之乡、中国气候养生之乡等养生气质的桂冠成了新的宝贝。

今天，丽水正在"归零翻篇开新局"，全面建设美丽幸福新丽水。我们积极发展休闲养生产业，在全国率先制定并实施了《丽水生态休闲养生（养老）经济发展规划》，丽水将建成国内规模最大、国际知名的"养生福地、养老乐园"，将成为名副其实的"中国生态休闲养生（养老）第一市"。

长寿，谁不想拥有呢？长寿之乡，谁不想去生活呢？有识之士正在深入发掘与解密长寿文化。他们正在积极研究与琢磨，比如陈继理团队的《丽水百岁老人图谱》，通过对丽水全市范围内 100 名百岁老人的深度探访，以图文并茂的形式，全景式呈现丽水百岁寿星们的精神风貌，深度解密寿星们长寿不老的秘诀和养生之道；他们积极推介缙云烧饼等名小吃和养生食品，为养生养老产业新成长做默默准备。"有图有真相""有经验有分享"，值得激赏和学习。

金色阳光花园是刚结顶的楼盘，从望溪路 23 号出发，沿好溪行，第一个标准村是洋潭头。石城高低错落，金色阳光是相对的平地，并排的是朝晖名苑。这是田园牧歌式的图景，这里的民众有桃花源生活的悠游。各安其位，好好生活，就是最好的养生。以此文字完成继理兄布置的作业。

实践案例
农村产权经纪人

农村产权经纪人培训班的举办是对党的十八届五中全会精神的有力贯彻，也是推进"三农"发展的务实之举，有重要的政治意义和现实意义。

农村集体产权制度改革，是推进新农村建设的重要举措，是针对农村集体资产产权归属不清晰、权责不明确、保护不严格等问题日益突出而推行的一项新制度。党中央审议通过了有关农民股份合作和农村集体资产股份权能改革试点方案，标志着中国布局农村集体资产产权试点工作即将全面展开。试点工作的目标在于探索如何赋予农民更多财产权利，明晰产权归属，完善各项权能，激活农村各类生产要素潜能，建立符合市场经济要求的农村集体经济运营新机制。这是农村改革一项重要的顶层设计，是农村集体经济改革重大制度创新。

实践案例
民宿商学院

为加强培养莲都民宿创客、民宿主人（管家）和民宿乡土导游（解说员）人才，高质量构建"三美融合、主客共享"的乡愁旅游目的地。我们希望成立的民宿商学院能够推进莲都民宿建设与发展力度，促进莲都民宿产业经济效益和社会效益双丰收，加快带动"绿色崛起、科学跨越"。

该联合体式学院以服务莲都民宿建设与发展为宗旨，以提高民宿创客等从业者的自身素质和就业创业技能为导向，按照"三化同步"的总要求，弘扬创业创新精神，培养中高级莲都民宿创业型、技能型人才，致力于打造在全区乃至全省范围内具有一定影响力，创、管、说"三位一体"的民宿经营与管理及其培训服务基地。建立"党政主导、学院运作、部门共建、各界支持、业主受益"的经营与管理、宣传与培训同步的莲都民宿建设与发展工作推进机制；构建起开放型教育资源为主体、民宿产业首席专家（顾问）制度为支撑、专家教授为核心、丽水职业技术学院教学管理和民宿实训基地为基础的资源优化配置机制；努力形成纵向连接区、乡镇（街道）、村、民宿当事人四级共同参与的组织架构。

实践案例
特色小镇

为适应与引领经济新常态，浙江省2016年全面启动建设一批产业特色鲜明、人文气息浓厚、生态环境优美、兼具旅游与社区功能的特色小镇。这是经济新常态下加快区域创新发展的战略选择，也是推进供给侧结构性改革和新型城市化的有效路径，有利于加快高端要素集聚、产业转型升级和历史文化传承，推动经济平稳健康发展和城乡统筹发展。

瞄准高端产业和产业高端，引进创新力强的领军型团队、成长型企业，鼓励以高校毕业生、大企业高管、科技人员、留学归国人员创业者为主的"新四军"创业创新，尤其要为有梦想、有激情、有创意但无资本、无经验、无支撑的"三有三无"年轻创业者提供起步舞台。

小镇是精神的共同体。特色小镇是浙江经济转型的途径和方法，更是"组合拳"的重要内容："五水共治""三改一拆""浙商回归""特色小镇"。丽水的特色小镇是有传统文化背景的，比如画乡小镇、青瓷小镇、石雕小镇、茶香小镇。都是体制机制创新的良范。龙泉青瓷小镇建筑虽然密度低、容积率低，但小镇味道独特，引来了4位重量级大师，设立了46个创作工作室。古堰画乡以打造5A级景区为目标，在商品油画上下功夫，2016年举办高品位的古堰画乡小镇音乐节、写生节，凸显艺术气息。政策供给力求活而新，定位综合改革试验区。新的营运机制，实行企业主体。新的制度供给，实行优胜劣汰。

推广活动
"高等教育创新发展与世界一流大学建设"高峰论坛

2016年5月7—8日，由浙江省高校人文社科浙江师范大学"教育学一级学科"基地、绍兴文理学院、《探索与争鸣》杂志社、《江苏高教》杂志社共同主办的"高等教育创新发展与世界一流大学建设"在浙江师范大学和绍兴文理学院召开。第七届国务院学位委员会教育学评议组成员、教育部2012年度长江学者特聘教授、教育学重点研究基地负责人眭依凡主持论坛开幕式。

会议后半段由第六届国务院学位委员会教育学评议组成员、北京大学博士生导师陈学飞教授主持。教育部教育发展研究中心高教室主任马陆亭教授，中国人民大学教育学院院长秦惠民教授，第七届国务院学位委员会教育学科评议组成员、北京大学陈洪捷教授，南京师范大学特聘教授胡建华，丽水职业技术学院副院长刘克勤研究员分别做主题报告，刘克勤的报告题目为《创新驱动争一流："新型农民学院"样本介绍》。

党的十八届五中全会提出，"坚持创新发展，必须把创新摆在国家发展全局的核心位置，不断推进理论创新、制度创新、科技创新、文化创新"。党的十八届五中全会的精神对我们建设世界一流大学有着十分重要的指导意义。大学是国家创新体系重要组成部分，坚持创新发展，实施创新驱动战略，对新时期的一流大学建设提出了更高的要求。

推广活动

全国教育科学规划国家一般课题
"新型农民学院创新机制实践研究"在我院开题

2015年3月28日，由我院访问学者、丽水职业技术学院副院长刘克勤研究员主持的全国教育科学规划国家一般课题"新型农民学院创新机制实践研究"在我院开题。

开题专家组成员有中国高教学会副会长陈浩教授，浙江师范大学杰出学者、长江学者特聘教授眭依凡，浙江师范大学副校长楼世洲教授，金华职业技术学院院长王振洪研究员，上海市教育科学研究院研究员、《教育发展研究》编审翁伟斌。

课题主持人刘克勤首先对课题研究背景、研究意义、研究方法、研究路径、研究框架，以及课题组已有的研究积累、实践经验进行了详细阐述。课题组核心成员胡德华教授对丽水职业技术学院近年来在实施农民培训带动农民创新创业、新型农民学院创新机制探索推动农业转型升级取得的成果上进行了补充。

专家组一致肯定了本课题的研究意义和价值，并对"新型农民"的概念、新型农民学院的办学机制创新、围绕新型农民的能力和素质结构对课程体系和教学组织的安排、实践探索和理论提炼的关系把握、研究结果的普适性即推广价值、研究的规范性等提出中肯的建议。

"新型农民学院创新机制实践研究"课题组全体成员，浙江师范大学田家炳教育研究院部分师生参加开题会议。

推广活动

刘克勤在省高校社科联会议上做典型发言

浙江省高校社科联工作会议于11月26日下午至27日上午在杭州电子科技大学召开，182所高校社科联代表出席会议。浙江工业大学、丽水职业技术学院等6所高校应邀做典型交流。刘克勤的发言题目是《立足地方，服务社会，共建社区学习中心》，他介绍了丽职院社科联强化社会服务功能，有效服务地方经济社会发展的主要亮点、成效、做法。"生态存养做科研、正和博弈做科联、柔性助推做科普，服务农民社区学习中心"的工作理念，受到了省社科联主要领导的肯定和与会代表的积极评价。

推广活动
强化农业培训协作行动　推进农业培训转型升级

为推进我国农村职业教育发展，交流分享职业院校农业培训工作经验，协同创新，共谋发展，以更好地服务新农村建设，服务新型农民的培养。2015 年 6 月 10 日，由全国职业院校农业培训工作协作委员会主办、我院承办的全国职业院校农业培训工作《农村超市经营创业人才培训项目》现场交流会在我院隆重召开。交流会由我院党委委员、副院长刘克勤主持。

胡德华梳理了我院近 5 年涉农培训工作的基本情况、主要做法以及取得的成效，分享了农业培训工作的经验与深切体会，特别在领导重视、搭建平台、资源整合、创新项目和精选师资等方面，与参会代表进行了深入交流。

协作委主任李俊英总结会议并高度赞扬了我院激情、务实的风格与精神。李俊英代表协作会向大会通报预备会的有关意见：一是在各委员单位的努力下，进一步扩大了组织的规模和作用；二是推荐我院为协作委副主任单位；三是建立平台加强沟通联系。与会代表一致通过我院为协作委副主任单位。

与会代表纷纷赞叹我院涉农培训成效，认为我院农民培训目标明确、模块清晰、精心组织、师资水平高，受益匪浅。此后，各地与会代表就培训模式、教学组织与管理方法以及新生代农民培训经验进行了进一步的研讨。

中共丽水市委副秘书长、丽水市农办主任李炀德出席会议并讲话，丽水市就业管理局局长王旭彪应邀出席本次交流会。来自北京、山西、内蒙古、江苏、山东、广东、四川和浙江等省、市职业院校 30 余位代表参加了会议。

推广活动

胡德华在全国职业院校农业培训工作协作委员会年会上交流发言

2016 年 5 月 25—27 日，全国职业院校农业培训工作协作委员会 2016 年年会在北京农业职业学院召开，副院长刘克勤继续担任协作委副主任。继续教育分院院长胡德华教授出席会议并做了 2015 年度优势培训项目建设成果汇报。胡德华向与会代表介绍丽职院创新性地开辟了"民宿创客""民宿管家""民宿乡土导游"等三位一体的民宿人才培育培训工作，汇报了由刘克勤主持的《新型农民学院的创新机制实践研究》全国教育规划国家一般项目的研究过程、重点研究的内容和创新点，以及目前已经形成的研究成果。

推广活动

"生态 +"名师班

为切实贯彻落实《丽水市人民政府关于加快发展现代职业教育的实施意见》（丽政发〔2016〕16 号）文件精神，加快推进"两山"通道战略对丽水职教发展的指导，着力打造丽水"生态 +"职业教育，促进职业教育与"1 + 9 + 5"生态产业的深度融合，做大做强丽水市中职"生态 +"特色专业，为丽水生态产业经济发展培育更多更好专业技术人才，组织开展首期丽水市"生态 +"特色专业名师培训班。

在全市中职农林旅游服务、电子商务、文秘等专业教师中遴选 30 名教学骨干进行系统培养，帮助其尽快成长为丽水市乃至浙江省有较大影响的农林旅游及其相关专业的教学与学术领军人，打造"丽水生态 + 职业教育"名师团队。培养周期与方式：以 2 年为一个培养周期，分离岗集中研修、在职跟踪培育、深度指导与典型提高 3 个阶段进行。方式以拓展式培训、体验式培训及问题式培训为主。

推广活动

刘克勤研究员应邀出席
第八届中国社会生态农业大会并交流

2016 年 12 月 1—3 日在莲都召开第八届中国社会生态农业大会，刘克勤研究员应邀出席大会，并在大会分享农民学院支持社区农业发展情况。

社区支持农业（Community Supported Agriculture）或社会生态农业，简称 CSA，是在生态环节内以生态农业等体现"资源节约、环境友好"内涵的农业生产方式为主，在流通环节强调"从农场到餐桌"整个环节的生态化和短链化，其形式主要包括会员制宅配的农场、农夫市集（Farmers Market）、消费者合作社（Coop）、观光农业（Agri-Tourism）等。

本次大会的主题："中国智慧 养生农业"，主要议题：生态农业种养技术（茶、蔬菜、水果、稻米、土壤改良、养殖）；六次产业（生态农产品加工包装、民宿设计经营、生态餐饮、食农教育）；公平贸易和市场营销（互联网和电商、生态扶贫、消费者合作社、参与式保障体系 PGS、CSA 会员制与共同购买、合作社参与生态农业）；返乡青年与职业农民；乡村建设；生态农业与养生智慧等。

推广活动

省委书记点赞丽水山区大学生投身护林事业志向

"亲爱的同学们，看到你们的来信非常高兴，你们在学校取得的好成绩，我视为送给我的最好的新春贺卡，我点赞你们的志向，我相信，有志者事竟成。" 1 月 28 日，省委书记夏宝龙在丽水职业技术学院林业技术 1510 班全体同学写给他的信中做出重要批示，肯定他们学习所取得的成绩，为他们投身山区护林事业点赞，并勉励他们服务好森林浙江建设。

丽水职业技术学院林业技术 1510 班的 40 名学生，是全省首届林业技术定向培养学生，于去年 9 月入学，毕业后将定向在基层林业单位工作。1 月 18 日，在赴林场、林业站和保护区开展假期专业实践的头一天，全体同学给夏宝龙写了一封有着 1329 个字的信，汇报他们一学期以来的学习成果，表达他们的感恩和喜悦。

推广活动
教育部、国家科研课题聚焦"云和师傅"劳务品牌

日前，我市首部"云和师傅"全国教育科学规划教育部重点项目专著《柔性助推——"云和师傅"劳务品牌》由中国时代经济出版社出版，对外发行。与此同时，作为"云和师傅"劳务品牌的延展性研究课题，"新型农民学院的创新机制实践研究"获得了全国教育科学规划领导小组的课题立项，成为我市唯一一个国家社会科学基金"十二五"规划2014年度教育学一般课题。

《柔性助推——"云和师傅"劳务品牌》由丽水职业技术学院副院长、市社会科学联合会副主席刘克勤主笔，集中反映了全国教育科学规划教育部重点项目"农村剩余劳动力转移培训实效研究——基于'云和师傅'的个案分析"成果，该成果已获得浙江省教育科研成果优秀奖一等奖。

近年来，云和县农民培训转移就业办公室以农民素质培训为着力点，以农民增收为根本，充分利用"名师带高徒"和"传帮带"等培训模式，发展了11批294名云和师傅，重点培养了144户科技示范户，每年培训帮带1000多户种养大户，打造了具有地方特色的异地综合开发劳务品牌——云和师傅。作为全省唯一一个以人称命名的注册商标，近年来，"云和师傅"这个劳务品牌可谓越叫越响。（刊登于《丽水日报》2015年1月19日）

推广活动
刘克勤在全国乡村村晚
百县联盟骨干培训会议上做大会主旨发言

全国乡村村晚百县联盟骨干培训会议2016年11月3—6日在浙江丽水市华侨开元酒店举行，丽水职业技术学院音乐专业承办会议。副校长刘克勤研究员在培训工作大会上做主旨讲话。重点介绍了农民学院服务地方的发展情况，特别是在乡村创客、乡村民宿信息采集、乡村村晚主

持人、乡村村晚演员培训方面的成效。他从传统文化的保护与创新角度介绍了"美途丽水"乡村旅游文化创新团队：乡村旅游是丽水生态旅游业的重中之重，但目前丽水乡村旅游缺乏内容和文化，从游客感知角度而言，虽然自然环境优越，但是地方特色文化体验项目欠缺，因此团队创新的主方向是丽水乡村旅游文化可持续建设与服务的创新与实践。团队的具体创新点：一是构建一个开放的旅游文化建设服务公共平台，让乡村旅游建设者和体验者在"美途丽水"平台上进行自由的交换，创造出丰富多样的旅游文化产品与服务，这个服务平台是构件化的、面向互联网的；二是建立和培育地方旅游文化的众创环境，让更多的人才通过"美途丽水"得到成长、发展，为地方旅游文化发展提供持续的动力源。创新方向的表现形式是乡村旅游文化互动产品的开发、生产和运营。归纳为构建三大平台，分别是构建"美途丽水"文建服务平台，构建旅游人才培训培育平台，构建乡村旅游社科研究平台。

推广活动

刘克勤应邀出席浙江省中职
特色专业教研大组年度工作会议并任点评嘉宾

2014 年浙江省中职特色专业教研大组年度工作会议在龙泉中等职业技术学校召开，本次会议由浙江省教育科学研究院、浙江省职成教教研室主办。

《职业技术教育》主编于志晶、丽水职业技术学院副院长刘克勤进行了点评。刘克勤研究员充分肯定了 4 所学校特色专业的办学特色和建设成绩，指出四个特色专业与地方非遗文化紧密连接，具有深远的文化传承意义。要结合专业优势服务区域经济，特别是联合培养好工艺美术高技能人才。要积极获取各级政府和当地百姓的大力支持，专业对接产业办学容易出成绩。通过专业建设，要多鼓励教师积极参与到产学研合作中，为学校的发展和教师的提升搭好平台、打好基础。同时他介绍了丽水职业教育集团运行情况，以龙泉、青田为例，分享在中高职教育的衔接中如何能够在专业、课程方面紧密连接，提高合作共建涵养专业建设的成绩。

推广活动

刘克勤研究员应邀出席亚洲教育论坛并做大会发言

亚洲教育论坛 2016 年 11 月 7—9 日在四川成都举行。丽水农民学院刘克勤研究员、丽水市教育局吴燕副局长出席会议并做大会交流。

刘克勤研究员重点介绍了浙江省特色小镇建设情况和丽水农民学院培训开展经验。丽水农民学院的社会培训工作每年有 2 万人次，50 余个农业培训项目，目前正培育 90 个省中小学教师培训项目。刘克勤认为对于培训师来说，培训的本质是影响他人作积极的改变。对于组织来说，培训是一种战略行为，是企业对于未来的投资。对于受训者而言，培训是提升自我价值的途径。规范的培训包括四个环节：需求分析、规划设计、组织实施和成效评估。培训可以解决三个层面的问题：技能、知识和观念。培训是一种有组织的知识传递、技能传递、标准传递、信息传递、信念传递、管理训诫行为。

学习是一个学习者满足需要、争取自我实现目的的过程。培训是建设学习共同体。很赞成高扬《我对培训的理解》：单纯从自然资源、实物资本和劳动力的角度，不能解释生产力提高的全部原因，能使资本和财富转换形态的人的知识和能力是社会进步的决定性原因。但是它的取得不是无代价的，需要通过投资才能形成，组织培训就是这种投资中最重要的一种形式。

推广活动

刘克勤研究员在南京林业大学各函授站会议上的讲话

为总结交流南京林业大学招生、教育教学、站点管理等经验，进一步提高办学水平、办学质量和办学效益，促进高等学历继续教育科学发展。近日，南京林业大学在我院举办 2017 年全国函授站点工作暨业务培训会。南京林业大学 20 家合作办学站点负责人和继续教育学院相关人员共 40 多人出席了培训会。我校党委委员、副校长刘克勤出席并致欢迎辞。南京林业大学继续教育学院院长王亚玲主持培训会。

推广活动

丰城市委农工部副部长周国强等到我院交流学习

2017 年 4 月 5 日，江西省丰城市委农工部副部长周国强带领新生代农民培育考察团一行 4 人到我院交流学习。考察团听取了孙苗关于丽水农民培训模式、丽水农师品牌打造情况的介绍；胡德华关于我校基本概况、农民学院组织架构、基本做法以及近几年培训情况、取得的经验和成效的介绍；朱剑夫关于我市新生代农民的建设经验、做法的介绍。双方就培训资金使用、教学组织与管理等方面进行了深入的交流。丰城市委农工部对我校农民培训工作高度赞赏，特别是顶层设计、工作细致度、敬业度等方面值得好好学习，项目创新、培训管理等方面值得好好借鉴。

实践案例与推广活动其实是以笔者为主的农民学院工作实录。选择的部分案例是在各次开班仪式上的讲话。继续教育学院的组班项目负责人要求出席讲话，会给笔者提供办班的一些背景材料，然后融入笔者研究的一些心得。

推广活动写了几次被要求典型发言时的想法，没有逻辑性，但或多或少有启发与推广复制的意义。

"他山之石，可以攻玉。"笔者利用农业培训协作委微信平台发布资讯，选取部分兄弟农民学院的好做法，以"他山之石"的方式加以介绍。

附 录 三

附件1:
农业创业主胜任力模型构成要素及行为描述

构面	要素	序号	行为描述
个人特质	主动性	1	积极主动开展工作,努力辨识机会和问题,快速采取行动和对策,不轻言放弃,不浪费时间
	组织承诺	2	热爱农业事业,以企业为家,可以为企业利益牺牲个人利益,关注企业的长远发展
	政治修养	3	高度的政治自觉性,对党对事业忠诚,能无私奉献,有强烈的社会责任感,具有为"三农"献身的精神
	个人成熟	4	遵纪守法,品行端正,诚信廉洁,勤奋敬业,团结合作,作风严谨,有良好的职业素养
	成就导向	5	始终渴望有所建树,能够设立并努力达成富有挑战性的目标
	自我控制	6	具备承受压力的能力,在压力环境下保持冷静,不轻言放弃,并以建设性的方法回应,以利于企业健康成长
人际特征	团队协作	7	注意分享所有相关的或有用的信息,共同完成或达到目标
	服务意识	8	帮助服务他人,无论是员工还是客户,了解并满足其需要
	培养他人	9	以培养下属为己任,通过良好的沟通和教导发挥员工潜能
	团队领导	10	公平对待企业员工,提升员工的归属感和一体感,努力增进员工的士气,提高企业生产能力
职业需求	市场应变能力	11	在市场环境发生变化的情况下,积极主动调整企业行为以适应环境
	关注质量和秩序	12	关注农产品质量安全、注重环保,关注农业信息化和标准化建设
	基层沟通	13	能够适应低素质管理对象,通过表达使自己的想法、观点在从事农业生产的基层员工和一线农户中迅速达成共识
	技术专长	14	掌握农业自身的发展规律,熟知农业知识和市场经济对农业的特殊作用的影响

续表

构面	要素	序号	行为描述
管理技能	战略决策能力	15	洞悉企业内外环境的特征，准确判断、把握机遇、规避风险，作出对企业发展有益的决策和行动
	组织协调能力	16	使企业活动的各方面、各要素协同一致、高度配合、有条不紊地开展工作，充分做到经济活动中的人尽其才、物尽其用
	计划与控制	17	设定富有创见的工作计划，确定最适合的方法和合理的资源，并管理这些资源以达到预定目标
	改革创新能力	18	有强烈的变革意识，围绕农业产业化的发展主线不断调整，运用知识对已有的环境和工作方法进行不断改进

附件2:

农业创业者胜任力调查量表

尊敬的女士/先生:

您好！感谢您抽出宝贵的时间来回答本问卷。本问卷的目的是了解一个优秀的农业创业者应该具备的胜任力基本特征，我们研究人员将对农业创业者的胜任特征进行提炼，并将结合后续的研究，最终建立农业创业者胜任力模型，为农业创业者的培养和成长提供理论上的依据。

您所提供的数据仅用于学术研究，请您根据自己的判断据实填写；直接在选项上打钩或将回答写在题后空白处。

衷心地感谢您的支持与合作！

对于您目前从事的农业创业工作来说，您认为该项胜任力特征"极不重要"—请选择1；"不太重要"—请选择2；"一般水平"—请选择3；"比较重要"—请选择4；"非常重要"—请选择5。

序号	行为描述	重要程度
1	始终渴望有所建树，能够设立并努力达成富有挑战性的目标	1　2　3　4　5
2	积极主动开展工作，努力辨识机会和问题，快速采取行动和对策，不轻言放弃，不浪费时间	1　2　3　4　5

续表

序号	行为描述	重要程度
3	遵纪守法，品行端正，诚信廉洁，勤奋敬业，团结合作，作风严谨，有良好的职业素养	1　2　3　4　5
4	高度的政治自觉性，对党对事业忠诚，能无私奉献，有强烈的社会责任感，具有为"三农"献身的精神	1　2　3　4　5
5	热爱农业事业，以企业为家，可以为企业利益牺牲个人利益，关注企业的长远发展	1　2　3　4　5
6	注意分享所有相关的或有用的信息，共同完成或达到目标	1　2　3　4　5
7	能使用讲道理、谈价值观、激发情感等技巧去影响他人，激发热情并达到成功	1　2　3　4　5
8	以培养下属为己任，通过良好的沟通和教导发挥员工潜能	1　2　3　4　5
9	能够适应低素质管理对象，通过表达使自己的想法、观点在从事农业生产的基层员工和一线农户中迅速达成共识	1　2　3　4　5
10	公平对待企业员工，提升员工的归属感和一体感，努力增进员工的士气，提高企业生产能力	1　2　3　4　5
11	使创业活动的各个方面、各要素协同一致、高度配合、有条不紊地开展工作，充分做到经济活动中的人尽其才、物尽其用	1　2　3　4　5
12	掌握农业自身的发展规律，熟知农业知识和市场经济对农业的特殊作用的影响	1　2　3　4　5
13	主动积极、持续不断地寻找、收集与企业发展和农业产业等方面的相关信息，并有效利用信息为企业增长带来资金支持或收益	1　2　3　4　5
14	帮助服务他人，无论是员工还是客户，了解并满足其需要	1　2　3　4　5
15	洞悉企业内外环境和特征，准确判断、把握机遇、规避风险，作出对企业发展有益的决策和行动	1　2　3　4　5
16	熟知经营管理的方法技能，在日常工作中有效运用，有力保障企业的健康运转	1　2　3　4　5
17	有强烈的变革意识，围绕农业产业化的发展主线不断调整，运用知识对已有的环境和工作方法进行不断改进	1　2　3　4　5
18	设定富有创见的工作计划，确定最适合的方法和合理的资源，并管理这些资源以达到预定目标	1　2　3　4　5

续表

序号	行为描述	重要程度
19	在市场环境发生变化的情况下，积极主动调整企业行为以适应环境	1 2 3 4 5
20	具备承受压力的能力，在压力环境下保持冷静，不轻言放弃，并以建设性的方法回应，以利于企业健康成长	1 2 3 4 5
21	关注农产品质量安全，注重环保，关注农业信息化和标准化建设	1 2 3 4 5

附件3：

"新型农民学院" 创新机制实践研究调查组深度访谈

（一）访谈对象

1. 村支书或村长

2. 农村合作社负责人

3. 农场业主（含乡村旅游从业人员、新农业经营户等）

4. 乡镇干部（含农业局、农办等涉农政府官员）

5. 浙江特色小镇的各种人群

（二）访谈提纲

1. 您认为在农业创业过程中取得成绩，最重要的是什么信念在起作用？

2. 您进行农业创业希望实现什么样的目标？

3. 请您谈一两件影响您做重要决策的具体事情。

4. 您认为一个优秀的农业创业者应该具备哪些职业素养？

5. 您认为对一个农业创业者来说，哪些特点会直接影响工作表现？

6. 您认为哪些方面的因素能使农业创业者产生创造更好业绩表现的动机？

7. 请您简要介绍近几年您创业取得的成功之处。

8. 您认为优秀的农业创业者需要具备哪些基本素质？能否结合您自己创业或者您了解到的实际情况加以说明。

9. 从农业发展趋势来看，您认为未来农业创业者还需要具备哪些素质？为什么？

10. 近几年您身边的农业新鲜事都有哪些？

11. 新农村建设对农民培训的评价。经过培训的学院培训率、就业率有多少？

附件4：

××市新生代农民培育调查问卷

您好！面对当前"三农"问题，紧跟现代化农业发展的趋势，需要培育一批"有文化、有技术、会经营、善管理、能创业"的新生代农民，我们为了更好地了解当地农民实情，特组织这次实地问卷调查，希望您给予配合，我们将会保留您的个人信息，非常感谢您的积极参与。

（在下面的问题里，如果您认为是符合自己条件的选项，请在题号上打"√"。）

1. 您对新生代农民了解吗？

A. 非常了解   B. 了解一些   C. 不太了解   D. 不知道

2. 如果了解，那您是通过什么途径了解的？（可多选，不超过四项）

A. 电视广播   B. 报纸

C. 村委村干部宣传   D. 亲戚朋友

E. 网络   F. 工作单位宣传

G. 其他

3. 您的性别？

A. 男   B. 女

4. 您的年龄是？

A.25 岁左右   B.35 岁左右   C.45 岁左右   D.50 岁以上

5. 您的家庭是否以务农为主？   A. 是   B. 不是

如果以务农为主，您的种植（或养殖、经营）规模为：＿＿＿＿＿（请注明具体数值，单位为亩或头或万元）

6. 您的家庭总人口数：

A.2 个   B.3 个   C.4 个   D.5 个

E.6 个及以上

7. 您家庭的劳动力人数：

A. 1 个　　　　B. 2 个　　　　C. 3 个　　　　D. 4 个

E. 5 个　　　　F. 6 个及以上

8. 您家庭内部从事农业的人数：

A. 1 个　　　　B. 2 个　　　　C. 3 个　　　　D. 4 个

E. 5 个　　　　F. 6 个及以上

9. 您喜欢从事什么行业？

A. 农业生产　　　　　　　　B. 工业、服务业

C. 市场经营与管理　　　　　D. 就业、创业

10. 您受教育程度？

A. 0—6 年　　　B. 7—9 年　　　C. 10—13 年　　　D. 14 年以上

11. 您对子女上学接受文化知识教育的态度是怎样？

A. 坚持支持子女上完高中　　　B. 上学不如务农

C. 上学取决于家庭经济条件　　　D. 无所谓

12. 在您家庭的经济来源中，农业方面的收入占多少？

A. 20% 以下　　　　　　　　B. 20%—50%

C. 50%—70%　　　　　　　　D. 70% 以上

13. 您目前的文化程度？

A. 大学学历　　　　　　　　B. 专科学历

C. 高中或中专学历　　　　　D. 初中小学水平

E. 文盲

14. 您获得农业技能、技术的渠道是？（可多选）

A. 农业科技推广部门　　　　B. 电视、广播、报纸

C. 邻居、亲友　　　　　　　D. 农村专业技术学会

E. 科技书刊

15.（1）您接受过哪些方面的培训？（可多选）

A. 农业生产技术培训　　　　B. 市场信息

C. 管理知识　　　　　　　　D. 创业技能

E. 农业政策法规　　　　　　F. 其他

（2）如果参加过农业生产技术培训，您目前掌握技术情况如何？

A. 基本不能掌握　　　　　　B. 掌握部分技术

C. 较能掌握技术　　　　　　　D. 完全能掌握

（3）如果参加过经营管理方面的培训，您感觉这方面的能力提高了吗？

A. 提高很多　　　　　　　　　B. 相对提高一点

C. 没感觉　　　　　　　　　　D. 没有提高

（4）通过培训，您在从事的农业经营生产过程中有无创新？

A. 有　　　　　B. 无

16. 您认为当前农民最希望学到什么知识？

A. 与农业生产有关　　　　　　B. 与市场经营有关

C. 与文化知识有关　　　　　　D. 与法律法规有关

17. 您所属的经营主体是：（可多选）

A. 小农户　　　　　　　　　　B. 种植大户

C. 养殖大户　　　　　　　　　D. 家庭农场

E. 农业产业化龙头企业　　　　F. 农民专业合作组织

G. 其他

18. 您目前所从事的工作领域：（可多选，不超过两项）

A. 种植业　　　　　　　　　　B. 养殖业

C. 农产品加工业　　　　　　　D. 服务业

E. 零售业　　　　　　　　　　F. 其他

19. 您认为目前农民最希望学到些什么技术？

A. 种植业、养殖业技术　　　　B. 农业机械的使用

C. 非农技能　　　　　　　　　D. 信息网络技术

E. 其他方面

20. 如果现在有与农业有关的学习知识与技术的机会，您会参加吗？

A. 肯定会　　　　　　　　　　B. 无所谓

C. 不会　　　　　　　　　　　D. 从没想过

21. 您从未参加过培训或学习是因为什么？

A. 感觉不需要学习　　　　　　B. 觉得培训内容没什么用处

C. 培训费用较高　　　　　　　D. 期望免费培训

22. 您认为农民外出务工的原因是什么？

A. 增加收入　　　　　　　　　B. 打工比在家务农赚钱多

C. 出去闯闯，多见见世面 D. 赚钱机会多

23. 假如参加培训，您希望是哪种培训方式？

A. 现场实践与理论结合 B. 面对面传授知识

C. 电视教学 D. 信息网络教学

E. 其他方式

24. 最近几年，您觉得家庭经济收入怎样？

A. 明显提高 B. 有所提高

C. 一般 D. 提高一点

E. 基本没有变化

25. 您觉得培训中存在的问题有哪些？

A. 收取费用偏高 B. 培训内容偏离实际

C. 时间、地点安排不合理 D. 宣传不到位

E. 其他原因

26. 您在目前工作过程中，遇到哪些困难？（可多选，不超过五项）

A. 经营规模小 B. 病虫害

C. 技术落后 D. 种子质量低

E. 管理技能差 F. 抗风险能力小

G. 资金不足 H. 缺乏销路

I. 土地分散 J. 化肥等成本太高

K. 农田水利基础设施差 L. 其他

27. 您对目前的工作生活状况：

A. 满意 B. 非常满意 C. 不满意，但没有办法

28. 您是否会担心自己从事的农业生产经营不景气？

A. 偶尔会 B. 经常会 C. 从来不会 D. 一直会

29. 您是否会因工作、生活压力而烦心？

A. 偶尔会 B. 经常会 C. 从来不会 D. 一直会

30. 您选择何种方式应对压力？

A. 转移（不愉快时娱乐、游戏） B. 发泄（哭、倾诉、写日记）

C. 压抑（喝酒、睡觉、假装高兴）D. 顺其自然、自然调整

再次谢谢您的配合与支持！

附 录 四

English Training[*]

Nowadays, as internet and transportation improves, China gets involved in the globalization trend. Chinese agriculture is no reason to get away from the globalization trend. The Chinese national program "Practical Study of New Farmer-Training College's Innovatory Mechanism" aims at establishing a famer training college to enhance Chinese farmer's agriculture skills. There is no doubt that English training plays a key role in this program, under the globalization trend, to find out a practical way for the English training in Farmer-Training College, this article did research, pointed out the problems of current farmer English training, and proposed a model for famer English training in the Famer-Training College.

Farmer Training College; English Training; Training Model; Farmer English Training Assessment

Introduction

The Farmer-Training College is established by the thought of how to improve Chinese farmer's agriculture skills. To enhance this thought, the researchers of the program "Practical Study of New Farmer-Training College's Innovatory Mechanism" have done some studies on Chinese farmers and successfully gotten Chinese national fund. Now, the researchers of the Chinese national program

  * 注:本文内容发表在 The Fifth Northeast Asia International Symposium on Language, *Literature and Translation*, May 26 – 29, 2016, Langfang, China。

"Practical Study of New Farmer-Training College's Innovatory Mechanism" is on the way of their study and this program targets at promoting an effective path to establish Chinese Farmer-Training College (Liu Keqin, Hu Dehua, Wang Ruimin, Chen Ruping, Zhan Hongyi, Pan Yaoting, Han Min & Zhong Yang, 2014).

China has joined into WTO for sixteen years and globalization has become a trend in the world. For these reasons, English training has to be an important elementary in the Chinese Farmer-Training College. As an aspect of Farmer-Training, English training should not only improve farmer's translation skills but also help Chinese agriculture internationalize. As one sub-study of the national program "Practical Study of New Farmer-Training College's Innovatory Mechanism", this article studies the current circumstance for Chinese agriculture, studies Chinese farmer's status, points out the problems of current famer English training in China and tries to find out an effective model of famer English training for Chinese modern farmers.

Current State of Farmer English Training

As a country's basis, agriculture is of great value, and agriculture's improvement has already been on the agenda. Farmers, the important human resource of agriculture should improve their agriculture skills. Because of the world's globalization, English should be one of the agriculture skills that Chinese farmers have to get.

Globalization put Chinese famers into an unprecedented circumstance which requires them to learn advanced skills from all over the world and they has to do business with people from other counties to expend their business (Zhang Meihua, 2000, p. 51, 28 – 31). Farmer training programs have been proposed in many provinces of China (Zhao Banghong, Zhang Liang & Zhang Runqing, 2010, p. 89, 43 – 45). However, the farmer training programs are not always effective and the English trainings for famers sometimes get problems.

Globalization push famer trainings get English training included

Globalization brings China into a new circumstance, which is a great opportunity for Chinese agriculture. Globalization helps get every county in a free and justice international market.

After China joined in the WTO, an open market is offered to Chinese agriculture. Lots of Chinese agricultural products are exporting, which means Chinese farmers has to do some business in the international market (Wang Ronghong, 2004, p. 23, 1 - 9). English communicating skills is needed by Chinese modern farmers. Most Chinese farmers are not good at English communicating, let alone reading International Trade Law or signing a contract.

To Chinese agriculture, globalization brings a good opportunity for it to absorb new skills and technology. Comparing with the developed countries, the problem for Chinese agriculture is the low level of science and technology (Xu Jieling & Wang Wenxiang, 2009, p. 13, 18 - 20). Doing business with in the international market is no doubt a behavior to help Chinese agricultural products compete with advanced agricultural products in the international market. Under the globalization circumstance, importing advanced agriculture products from other countries also makes Chinese agricultural products lose their competing opponent in the China inner market (Wang Ronghong, 2004, p. 30, 19 - 20). Advanced agricultural skills are needed by Chinese farmers to enhance the quality of the agricultural products. Most advanced agricultural skills are written in English. To learn the advanced agricultural skills in a quick and clear way, English as a second language for Chinese farmers should be taken into consideration in farmer trainings.

On the level of management, most Chinese famers do not have skills or experiences on how to run their own agricultural organizations and how to do the business. In developed countries agricultural, management experiences are mature, while in China agricultural organization, brand management and market management lags behind the world. China does not have any good brand agricultural products. In most agriculture organizations, management is not well operated (Zhou Pei, Yao Junmin, Li Hongmei, Fei Yao & Zhou Yashu, 2014,

p. 386, 23). Because of Chinese farmer's lack of management experience, farmers need learn the experiences from other countries. To learn the management experience from world's developed countries, Chinese modern farmers need English.

Farmer English training takes status of Chinese farmers into consideration

Chinese farmers' concept, knowledge level and age distribution makes Chinese famer English training have its own characters. Famer training in China should take these characters into consideration.

Chinese farmers' conservative ideas and concepts block their second language learning level. They objectively think that learning second language will delay the progress of agriculture progress (Wang Xiaoping, 2006, p. 18, 19 – 20), thus they do not want to join the famer trainings let alone English training. Chinese famers used to leave in the traditional way and they do not want to accept new things. Although China has already joined WTO for sixteen years, Chinese farmers still keep a traditional agriculture running model. English as a second language is not useful in farmer's concept. This negative concept makes Chinese farmers' low ability to get English trained. Famer training especially English training should firstly change farmers' concept about trainings and English.

Lack of knowledge leads Chinese farmers be less able to get new knowledge. After Chinese reforming and opening in year 1978, most Chinese farmers' improved their knowledge level from pupil school to middle school. However, compared with developed countries, Chinese farmers' knowledge level is not enough. In most developed countries, farmers get high education or vocational education. In France, over 7% famers have gotten bachelor's degree; in Germany, 7% farmers have gotten bachelor's degree and 53% farmers have gotten vocational education; in Japan, 5.9% farmers have graduated from college, 74.8% famers have graduated from high school, and 19.4% famer have graduated from middle school (Wang Xiaoping, 2006, p. 11, 4 – 7). Lack of education brings down Chinese farmers' learning ability. As not all paths to farm ownership and success are the same (Ruhf, 2001), searching out a fit path to improve Chinese farmer's English skill is important.

Changes in the age distribution of Chinese farmers push farmer trainings change their traditional models. The training contents, training measures, teachers and decision make measures should be changed. Chinese famers are getting older. On 2013's report about Chinese famer's age, the farmers who are on the stage of age 16 to 26 is only 17.5% of the famers who are on the stage of age 36 to 45, only 16% of the famers who are on the stage of age 46 to 55, and only 17% of the famers who are on the stage of age 55 to 65, which means the main part of urban farmers in China is from age 35 to 65 (Zhong Funing & Xiang Jing, 2013). The data from the report showed that famers are mostly adults and most of them are over 35.

The students in farmer trainings are mostly adults, so the farmer English trainings should be different from common school English trainings. According to critical period hypothesis (Lenneberg, 1967), people's acquisition of language has a certain period. In the second-language acquisition, younger learners tend to be more native like while older learners are not good at learning accent. Those elder language learners are good at grammar and passage comprehension (Liu Shaolong & Shen Xianqin, 2002, p. 29, 24 – 25).

According to above researches about the difference on second language learning between younger learners and old learners', farmer English trainings have to focus on adults' advantages and disadvantages in second language learning. Adults' advantages such as learning soon and good at grammar should be mentioned when famer English training system is made.

Current problems for famer English Training

As farmer trainings have already been put into agenda, famer training programs are popular (Zhao Banghong, Zhang Liang & Zhang Runqing, 2010, p. 89, 43 – 45). Currently, farmer English trainings are low effective because of the problems in training system.

Common school English training models are focusing on the grammar, pronunciation, listening, reading and writing. This is because common school English trainings train juveniles from pupil school to college. Juveniles' trainings are systematical and comprehensive. Critical period hypothesis (Lenneberg, 1967) points out those Juveniles tend to be native like level.

However, adults tend to learn much faster. Therefore the famer English training should be different from the school language trainings on contents, methods, assessment and the training system. Farmer English trainings are ESP (English for Specific Purpose), but teachers of the farmer English trainings often are confused with the common college English teaching and ESP (Chen Liping, 2012, p. 174, 44 – 51). Common English training programs mostly focus on the language training itself, while ESP such as farmer English trainings will focus on the special famer English skills. After the farmer English training programs, trainees are improved obviously on the vocabulary, spoken English, international laws of agriculture and advanced management skills in the world.

How language process is remained is a problem, so in farmer English training programs, program makers should take care of the process. People will be confused with the standards to evaluate the performance of farmer English training programs; actually the evaluation standard of language teaching is hazy. However it is difficult to define the evaluation standards. Thus, this remains a problem of farmer English training program (Chen Liping, 2012, p. 174, 45 – 48).

On Chinese language training market, there is no responsible charger for farmers. Having no charger causes the above problems of farmer English trainings. Most English trainings in Chinese language training market are for children; however the training program especially for famers is rare in the training market. To make a formal and official farmer English training, the college in china has to take over this response. (Chen Liping, 2012, p. 174, 30 – 36)

An appropriate model for farmer training

The premise for the appropriate model

To establish an appropriate model for farmer English training program, a common understanding of farmers' second language training should be accepted. As is mentioned before, Chinese farmers are lack of knowledge and keep their concept of English is useless. Therefore, to get an effective farmer English training program, Chinese farmers should change their concept first, and this is going to be the premise of farmer English training program. Another premise for farmer English training is that colleges in china have to take responsibility of farmer English training. Besides, the content, progress and evaluating standards of farmer training programs should be defined.

The content of the appropriate model

The content of farmer training program should be different from common English training. Common English training, such as ILSE and TOFFLE, targets on higher scores. Therefore Common English training will focus on the ways of improving scores. Farmer English training as ESP is targeting on the English skills of farmer, and it aims at improving farmer's communicating skills on commerce, reading skills on agriculture, reading skills on laws, and management skills on agriculture. Therefore, the content of farmer English training could be designed as follows. Practice spoken English on agriculture and commerce. Teachers should find out the words and sentences on agriculture, commerce, commercial laws, and management as these four aspects of English are going be used by farmers daily. Teachers could design some simulation scenarios such as business contract making scenario to let farmer students practice. Practicing advanced farmer skills with English scenario such as letting students reading advanced passages or use advanced machine with English explanation on it. Teaching farmer students commercial laws in English is going to improve farmer's English skills on laws. Beside, teaching farmer students management skills in English.

The form of farmer English training class

The forms of farmer English training class should also be different from common English trainings. In common English trainings, teachers used to stand in front of the class, and this form causes most of the students not attending the class. A better way for farmer English training is to let farmers attend the practice more, such as take more communication practice. Therefore, the form of farmer English training class should be "round table" as "picture 1" shows. Teacher is not separated from students and the total number of people should be 8 – 16. Sitting on the round table, teacher and the students could learn English by debating and discussing.

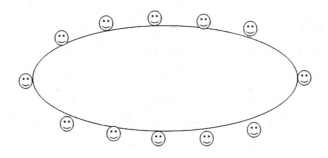

Figure 1

The assessment of the appropriate model

When it comes to evaluate the result of common English training, the standard is only scores. However, farmer English training should not adopt the same assessment standard, as it aims at improving farmers' comprehensive English skills, and the assessment should be multiple.

To assess the model of farmers' English training, understanding is going to be the standard. As is mentioned above, Chinese farmers the main part of urban farmers in China is from age 35 to 65, that means, Chinese farmers are high aged farmers. They tend to learn quickly but will not be native – like. So, oral English assessment for farmers should be "native speakers understand". If a trained farmer could let a native speaker know what trained farmers are talking about, and make a successful business with a native speaker in a simulating scenario, he could pass the oral test. For the reading skills, the assessment should be "farmers understand". If the trained farmers could read contracts and use commercial legal provisions, the farmers are trained successfully. For the agriculture skill, the assessment should be "farmers understand". If the trained farmers could study the advanced agriculture skills in English, the training is successful. For the management skill, the assessment should be "case understanding and analysis". If the trained farmers could read and analyze an agricultural management case, the training is successful.

References

Chen Liping, "On the predicament and mode innovation of rural vocational training in Higher Vocational Colleges: Take vocational English training as an example", *Rural Economy and Science-Technology*, Vol. 23, No. 11, 2012.

Lenneberg, E. H., Biological Foundations of Language. Wiley, Retrieved from https://en. wikipedia. org/wiki/Critical _ period _ hypothesis # CITEREFSingleton1995.

Liu Shaolong & Shen Xianqin, "Individual differences and foreign language teaching: an investigation and analysis of the initial age and achievement of foreign language learning", *Shandong Foreign Language Teaching*, Vol. 3, No. 88, 2002.

Liu Keqin, Hu Dehua, Wang Ruimin, Chen Ruping, Zhan Hongyi, Pan Yaoting, Han Min & Zhong Yang, *Practical Study of New Farmer-Training College's Innovatory Mechanism*, The 12th five-year plan of national educational science, 2014.

Ruhf, K. Z., Northeast new farmers: Opportunities for policy development. New England Small Farm Institute, Belchertown, MA. Retrieved December 12, 2009, from www. smallfarm. org/uploads/uploads/Files/Policy_ Background_ Paper. pdf.

Wang Ronghong, China's Entry into the WTO and Countermeasures studies of China's agricultural development—The Agriculture Dveloping Current Analyses of Huangchuan County, Henan Province, Wuhan University, 2004.

Wang Xiaoping, Studies on Chinese Farmers' Quality, Northwest A&F University, 2006.

Xu Jieling & Wang Wenxiang, "Current Status of Peasants' Quality in China and Cultivation of New Peasants in the View of New Countryside", *Asia agriculture research*, Vol. 1, No. 2, 2009.

Zhang Meihua, "The Influence of Economy Globalizing on Chinese Argricultural Development" *Journal of Chongqing university (Social Sciences Edition)*, Vol. 6, No. 3, 2000.

Zhao Banghong, Zhang Liang & Zhang Runqing, "An empirical study on the influencing factors of new farmers' training", *Statistics and Decision*, Vol. 11, 2010.

Zhong funing & Xiang jing, Regional comparison and policy implication of the age structure of rural population in China, Modern Economic Research. Retrieved September 4th 2013, from http://www. hprc. org. cn/gsyj/jjs/rkzyyhj/201309/t20130904_ 238683. html.

Zhou Pei, Yao Junmin, Li Hongmei, Fei Yao & Zhou Yashu, "Countermeasures of promoting the development of modern agriculture in China", *Times finance*, Vol. 1, No. 2, 2014.

附 录 五

The social psychological service system of Lishui Ancient Weir Painting Town

[Abstract] Report of the Nineteenth National Congress of the Communist Party of China put forward that we should strengthen the construction of social psychological service system and cultivate self – esteem, self – confidence, rational peace and positive social mentality. Lishui Ancient Weir Painting Town is an entity to practised the social psychological service system. This article gave some suggestion on improve the quality of social psychological service.

[Keywords] social psychological service system; Lishui Ancient Weir Painting Town

Introduction

Lishui Ancient Weir Painting Town is located in the southwest of Liandu District, Lishui City, Zhejiang Province, China. It is 23 kilometers away from the central urban area. The Ancient Weir Painting Towncovers an area of 15. 53 square kilometers, and the core region is 3. 91 square kilometers which including Dagangtou town, Pingdi peninsula, Yantou, Baoding and other regions. Besides, No. 50 and No. 53 provincial roads with Oujiang River run through the AWPT. The different modes of transportation promote the traffic system being convenient. And there are only six kilometers from Li – Long high – way, moreover here is famous for profound natural scenery, delicate humanistic heritage, and unique ecosystem.

To build up Ancient Weir Painting Town as "the land of art, the capital of romance, and the resort of leisure", based on the "cultural elements" such as ancient weir, painting township, landscape garden, farming water conservancy, port, revolution tourism, Ancient Weir Painting Township is planed to be an artist experiential place (micro tourism destinations) which is a collection of light luxury vacations, cultural and artistic experiences, entrepreneurial recreation and leisure, and to be a center for Lishui's global tourism and an important engine to promote the social psychology services. Therefore, the social psychology services value of the Ancient Weir Painting Town is reflected on three levels. Firstly, it establishes citizens' confidence on environment. Secondly, it is an entity reflects the history confidence of the country. Thirdly, it is helps establish the art confidence of the country. Fourth, it helps form a positive and rational peaceful social psychology.

Literature review on social psychology service system

Report of the Nineteenth National Congress of the Communist Party of China put forward that we should strengthen the construction of social psychological service system and cultivate self – esteem, self – confidence, rational peace and positive social mentality. Social psychology should serve to promote human development, the formation of a healthy society and the development of society. (Wang Junxiu, 2018)

WilliamDuvas (2011) argued that a social psychologist, divides traditional social psychology into four levels of analysis: intra – individual level, interpersonal and situational level, social position level (intra – group level), and ideological level (inter – group level).

"Mental health service is to prevent or reduce all kinds of psychological and behavioral problems, promote mental health and improve the quality of life by applying the theories and methods of psychology and medicine. It mainly includes mental health education, psychological counseling, treatment of psychological diseases, intervention of psychological crisis, etc. " (National Center for Disease Control, 2017)

Social psychological service and social psychological construction with Chinese characteristics can be simply understood as the description of public opinion, the understanding of prejudice and discrimination, the monitoring of social mentality and public opinion, and the guidance of volunteer behavior (YuGuoliang, 2017; Yu Guoliang, Xie Tian, 2018) .

The purpose of social psychological service is to provide practical wisdom and life – oriented cultural psychology which can embody the unity of value regulation and behavior strategy. (LuXiaokang, Wang Xinjian, 2016)

The four levels of social psychology services system by the Ancient Weir Painting Town

The Ancient Weir Painting Town establishes citizens' confidence on environment. The Ancient Weir Painting Town possesses incredible natural beauties. The most charming part of Ou River is in Liandu, the alluvial plain, which caused by river valley and the fertile land near the river bed provides a breeding ground for Pterocarya stenoptera, camphor trees, and ancient villages. Those elements make the Oujiang River have a nickname ' Lijiang in East China. ' Thus, the cream of AWPT attracts more attention. Over 92. 8% water section is maintaining the national class Ⅱ water standard throughout the year. The quality of air and noise meet the national Ⅰ quality standard. And the content of negative oxygen ion is 3000 per cubic centimeter or more. Additionally, AWPT reserving the complete ecological river landscapes, river rapids, island and forests as natural resources which contrast with historical human culture resources such as ancient weirs, ports, dams, and villages. Those resource promoted

AWPT become the birthplace of 'Lishui Barbizon School' and main creation base of 'Hometown of Chinese photography'.

The Ancient Weir Painting Town reflects the history confidence of the country. The Ancient Weir Painting Town has world – class cultural heritages. Those cultural heritages can be summarized as 'three world – top, six millennial history.' Tongji weir is the world's first arched dam has been built for more than 1, 500 years and is a national key cultural relics protection unit. And it was included in the first World Irrigation Project Heritage and UNESCO Heritage List. And Gushihan is the world's first water overpass has achieved three – dimensional cross drainage, which is a scientific innovation in the history of ancient water conservancy field. Moreover, Fan Chengda wrote the first scientific and useful farmland water conservancy regulation *The Regulation of Tongji Weir* which is valuable work in scientific and cultural fields. Besides, there are many other remains to explain the history of AWPT, for instance, the important shipping lane of ancient maritime silk route – – millennial ancient town Dagangtou, The Regulation of Tongji Weir derived a specific folk activity – – millennial ShuangLong fail, and the royal kiln burned during Song and Yuan dynasties – – millennial Baoding ancient kiln, the traditional ancient village – – millennial Yantou village. Also the largest scale of millennial camphor tree forest, meanwhile millennial ancient tombs attracted man tourists visit AWPT to enjoy ancient Chinese culture.

The Ancient Weir Painting Townhelps establish the art confidence of the country. In the late 1980s, a group of Lishui oil local painters living on the banks of the Oujiang River were inspired by the ideology of French Barbizon painters 'facing nature, recording nature.' to forming a unique artistic genre in Lishui. In 2015, Liandu and Barbizon city had become sister cities, and 'Lishui Barbizon School' oil paintings went abroad for the first time. The international influence was further enhanced. So far, nearly 300 art colleges and institutions have established sketching bases in AWPT, for example, Central Academy of Fine Art, Artists Association and China Academy of Art. Furthermore, over 150, 000 painters and students came to AWPT to sketch and create art each year. 'Lishui Barbizon School,' photography, sports event 'Fan Long Quan,' 'Lishui opera,' drum ballad and other folk traditions with ancient Chinese shipboard exhibit the contrastive arts of nature and manual with modern and traditional.

The Ancient Weir Painting Town helps form a positive and rational peaceful social psychology. As local government rectified the environmental chaos in the town, the town gets clean and peaceful. The Liandu District Government strongly promoted the rectification of the Dagangtou low – small loose wood products industry which will get the air polluted. It took only 43 days to dismantle and renovate 154 wood products enterprises (processing points), demolished 82, 000 square meters of illegal buildings, and cleared 225, 200 square meters of illegal land, which expanded the space for the development of the town. Rectification make the Ancient Weir Painting Town good environment to help establish the a positive social psychology. In July 2016, the action of "rectify six chaos" is started to make the Ancient Weir Painting Town achieve 5A level's spot. Standardizing the order of the tourism market and establishing a "honor and black list" system for integrity management are also the points of social psychological service system At present, two phases of "honor and black list" field inspection, scoring and publicity had been completed. Meanwhile, tourism police system is established to form a management linkage and enhance tourism security. The quality of Ancient Weir Painting Town spots improved, by comprehensively sorting out the problems and shortcomings in the current development of the scenic spot.

Suggestions

Firstly, the Ancient Weir Painting Town need Advanced Ideological Orientation to improve its component of social psychological service system. Aiming at "Art Town, Romantic Capital and Leisure Resort", we should speed up the integration and development of "culture, ecology and tourism" in scenic spots, and build a place of Oujiang art of life experience for luxurious vacation, cultural and art experience, pioneer entrepreneurship gathering, recreation and leisure. We will make it a tourist hub and an important engine to promote Liandu's tourism. Among them, the cultural and artistic experience is particularly important to ancient weir and home of painting. At present, the experience of cultural tourism resources there are not strong enough, which affects the satisfaction of tourists. In order to better achieve the effect of cultural tourism, we can increase some experience – related projects. At present, although the ancient weir and home of painting are still a 4A level scenic spot, there existing a certain distance from the 5A level's, especially the 5A level ancient town. Compared with the four famous towns in the south of the Yangtze River: Zhouzhuang, Xitang, Wuzhen and Tongli (these four ancient towns are also national 5A level scenic spots), the experience in ancient weir and home of painting is still relatively inadequate. We can develop many experience projects for rich resources, such as mountain climbing and farmland experience, fishing and water adventure, oil painting and learning painting and the experience of Lishui celadon production. In addition, we can develop some items of Lishui traditional festivals in ancient weir, for example, making tea, making rice cakes and making rice dumplings, etc. The ancient weir and home of painting have a plenty of internal resources, so as long as we can make best use of them, we will increase the degree of tourists'experience and enhance the satisfaction of them.

Secondly, the Ancient Weir Painting Town need Effective Creative Connection to improve its component of social psychological service system. Scene, activity and experiencer are the focus of tourism complex. Centering on the cultural elements of ancient weir, home of painting, landscape pastorals, farming and water conservancies, river ports, red tourism, it need a co – construction and sharing with opening and focusing. (1) focus on creating diversified core attractions for tourism. We should highlight ancient weir and home of painting, natural landscape and convenient satellite city location connected to airport which has been under constructed. (2) focus on creating a place of luxurious art life experience. Entering into new forms of industries such as "business, health, learning, leisure, affection andfancy", the town tourism will be promoted and upgraded. The construction of artistic atmosphere needs to be accelerated. Innovative art forms are beautified and upgraded, and town sketching festival, country music festival and other festivals, exhibitions, art salons and art fairs are held regularly to enrich the activities of the scenic spots. We need to innovate business forms and promote transformation. The low – grade commodity stores need to be transformed and upgraded. (3) focus on building friendly civilized tourist service scenic spots, and improve publicity, openness and international communication. (4) pay attention to building a convenient public service system for tourism.

Thirdly, the Ancient Weir Painting Town need Insufficient support of modern science and technology to improve its component of social psychological service system. Internet plus, new media, new technology and full coverage of IT exist weak capacity in attracting the majority of the youth. Family activities and facilities for the generation of post 90s are not enough. Five – star commercial and residential equipment, catering conditions also need further improvements. The ancient weir and home of painting needs to improve the infrastructure to highlight the cultural and historical characteristics. Our weiris always characterized by "culture" and "history" . To highlight this kind of culture and history, we must start to renovate the infrastructure. On one hand, the peripheral facilities need to repair including the road repairmentand improvement of the residential environment around the scenic spot and so on. On the other hand, the interior facilities of the park need to upgrade including the renovating and upgrading the exhibition hall, Barbizon oil painting exhibition hall and the landscape within the scope inside the scenic areas. Four famous towns in the south of the Yangtze River are more famous than ancient weir and home of painting. Only focus on its own characteristics of culture and history, the weir will be gradually standing out, which requires constantly exploration and fully development.

References

［1］WangJunxiu. (2018). How does social psychology respond to the construction of social psychological service system ［J］. *Psychological technology and application*, 6 (10): 579 – 589.

［2］Zhao Mi LiuBaozhong. *Interpretation Level of William Duvas's Social Psychology*. Beijing Renmin University Press

［3］National Center for Disease Control. (2017). *Guidance on Strengthening Mental Health services*, http://www.nhfpc.gov.cn/jkj/s5888/201701/6a5193c6a8c544e59735389f31c971d5.shtml

［4］Yu Guoliang. (2017). Social Transition: Social Psychological Services and Social Psychological Construction. *Psychological and Behavioral Studies*, 15 (4), 433 – 439.

［5］YuGuoliang, Xie Tian. (2018). Social Transition: Social Psychological Service and Social Psychology Cultivation. *Hebei Journal*, 2, 175 – 181.

［6］Lv Xiaokang, Wang Xinjian. (2016). Practical Wisdom: Knowledge Form of Chinese Native Psychological Theory. *Psychological Innovation*, 36 (3), 199 – 202.

后 记

时光有力量，一晃在高职院校工作又是十一年。2007年从丽水学院的本科教育到丽水职业技术学院高职教育，主要分管科研与社会服务以及农民培训。其中农民问题是2004年开始研究的，时为丽水师专党委副书记的陈国锋主持丽水市科委产学研合作项目，我参与了其中的1/3任务。2005年我们出版项目成果：《中国欠发达地区"三农"问题研究——浙西南个案分析》，我分到的是农村问题。

教育学中喜欢的是杜威的民主教育思想，做中学，学校就是社会，教育就是生长。完成浙江大学比较教育学硕士学位论文时琢磨这些话题。但中国传统教育中强调的勤奋、坚韧不拔等因素。父母给取的名字是克勤，能勤能俭是他们的期许。"一勤天下无难事"，过勤勉有价值、有尊严的生活是读大学时的志向；工作20年后修正为有品位、有温度、有趣味、有态度的读书人生活；给新建设的旅游与贸易学院提的希望是有人情、有温度、有故事、有美感的温暖如家、幸福如花的新样态学院。

"书山有路勤为径，学海无涯苦作舟。""纸上得来终觉浅，绝知此事要躬行。"想到了平时历练，坚毅是更努力的勤奋。

儿子2016年成人礼，搜到关键词，与他共勉时也是谈坚毅和努力是更重要的品格；2016年的高考冲刺正是世界读书日，与儿子分享的主题是《美丽心灵新青年》。

最熟悉与最有心得的都是"三农"问题。高中毕业后，先去了乡镇工作，印象很深的是，找村干部布置任务，得帮忙插秧，松古平原的酷暑天，傍晚才是"双抢"（抢收抢种）的好时段。

地级城市高校工作，乡村散步，农夫之乐，同事们对农事的艰辛与喜悦都有切身的体会，上溯两三代，祖上都是农民，谁让我们是农业大国呢？

工作过的单位，在 1950 年代是林业部的五所重点中专之一的浙江林业学校。2012 年我们联合丽水市农办等多部门发起成立了丽水农民学院，这是继湖州农民学院后浙江的第二家。因在学校分管社会服务与培训，兼任农民学院的副院长。我在学校倡导的科研与社会服务，"工作式"研究是第一位的。于是，研究农民学院既是提高管理水平，也是个人的学术修炼，更是本人的工作式研究。

《生态存养》是拟用的书名。我们生活的丽水市，是全国生态示范区。后改为《正心问学》，对高校教师来说这是更重要的底色。高职院校人才培养的生态指可持续发展的环境，包括新农民、高职院校以及相关的政府部门、基地等整合后的人才培养平台。存养是从存续与涵养来说，存续，生存在先，追溯其源流、历史，讨论其发展、延续等因素，有利于学院的永续发展。

我们从松阳的廖达富互助组到大木山茶园，1950 年代的合作社到现在的新型农业经营组织，是研究的起点。我们在完成《中共丽水市党史（第二卷）》的编纂任务时，梳理好了这段历史。

丽水农民学院是在学校建设浙江省示范性高职院校的过程中成立的，近年丽水农民院做得风生水起，2015 年在省评比中成绩优异，受到省农业厅的嘉奖。

2008 年开始争取浙江省哲学社会科学规划项目，走的是实证路线，口述纪实，两位青年教师也用了，他们叫田野调查。"口述纪实：浙江省高职院校产学研合作研究"2010 年获得立项，其成果是专著《正和博弈：高职院校产学研合作研究》，2012 年浙江大学出版社出版。《高职院校产学研合作的几个重要问题》在《教育研究》发表，在《教育发展研究》《中国高等教育》《中国高教研究》等一级学术刊物上发表系列文章，并被中国人民大学书报中心《高等教育》《职业技术教育》《管理科学》全文复印。

2015 年 1 月 18 日，项目观察员练彦在《丽水日报》上发文，题为《教育部、国家科研课题聚焦"云和师傅"劳务品牌》，报道本人主持完成的教育部重点项目，"云和师傅"项目首聘毛荣理、徐仙娥、练彦为项目观察员和信息采集员。与时任云和县长叶旭勇商议，共同合作研究"云和师傅"助推地方经济社会发展。叶县长被聘为特约研究员，云和成为样本区与实验基地。2014 年《柔性助推——"云和师傅"劳务品牌》在中国时代经济出版社出版。

2015 年丽水市莲都区古堰画乡被习近平总书记点赞。丽水农民学院被评为浙江省优秀农民学院，增挂浙江农民大学丽水分校牌。本人的论文被《中国社会科学文摘》全文摘编、人大复印《高等教育》全文复印。本人并被评为丽水市拔尖人才，荣获首届浙江黄炎培职业教育奖（优秀理论研究奖）。

关键词"正心问学"，是我们在画家村开展教师"夏乐雅集"研修活动周时跟老师讨论与分享的核心词。在学院下派农村工作指导员的松阳县枫坪乡沿坑岭头村，我们派出的指导员是丽水市美术家协会的副主席、"丽水油画巴比松"的代表画家李跃亮副教授，经过各方多年的努力，"沿坑岭头画家村"已颇具影响。当年准备整体搬迁的老破村庄，与时任丽职院党委书记陈国锋、浙江省社科联副巡视员周鹤鸣多次实地讨论改造方案，如今旧貌换新颜，以"柿子红了"为代表的民宿，成了中国传统名村新文化建设的示范。

我们的正心问学："夏乐雅集"教师教科研服务月活动有序推进。与老师们交流谈话，认为涵养更注目于发展，积累是一种力量；整合是一种集聚。科研促进教学、人才培养和为专业发展服务是第一个想法。

高职院校全方位社会服务体系的构建是项目组王瑞敏教授、赵青教授、潘瑶婷副教授、项春媛老师们初步的想法，报省高校人文社科重点基地（教育学一级基地）项目时，改为联合体式，外延有缩减，成员添加了徐徐副教授、李伟红副教授。省级高技能人才项目是在"生态农业高技能人才基地"结题的基础上，酝酿"五位一体"联合体式高技能农业人才培养研究。

省社科联的原秘书长、副巡视员周鹤鸣结集出版《往事沉香》，我当第一读者并提修改意见，感慨于我们共同对农村的热爱。

凡是过去，皆为序章。知为行之始，行为知之成。

进一步研究的核心问题：产业结构转型要求中国加快建设人力资源强国。先进制造业、现代服务业、战略性新兴产业是新生代农民的主战场。创新驱动发展战略迫切需要科技进步和顶尖人才。新型城镇化和农业现代化对科学教育和工程教育提出新要求。推动农业适度规模经营和区域化布局、标准化生产和社会化服务。绿色生产生活方式转型要求可持续发展教育成为国家战略。深化改革开放迫切需要人文社会科学的发展和繁荣，加快形成引领经济发展新常态的体制机制和发展方式，大力提升公共服务水平将科教文卫作为四大关键支柱。

囿于水平和精力投入有限，成果差强人意，不当之处请多批评。

在申报国家社科基金项目过程中人员时有反复，第一年没有成功，当时培育阶段参与者有刘建军与钟扬，为的是建模与数据分析。刘建军为市高层次人才项目"新型农业经营主体研究"做了些努力，后来没有进一步合作。该项目拓展组成员经济类的有雷鸣、夏风、叶伟媛，调查员张永蕾、吴洁菲，当数据采集员。当时的想法是创建高职研究所，工作人员定了吴正洋、姚昕陶、李颖，三人为建数据库、图书资料做了贡献。

选题为新型农民学院，加盟了韩敏副教授，作为项目组的秘书；还有钟扬、胡德华教授（以及刘亮、陈慧妙、曹菁菁有参与）、潘瑶婷副教授，陈洁副教授（浙江商业职院）、王瑞敏教授（金华职院）。调查表徐亮、钟扬，资料库李颖、吴正洋，比较研究项春媛、李霞微。案例写作有余江平、李既亮、陈彦的心血。

项目导师楼世洲教授为研究方案提供思路并为成果作序言。我们的研究得到了眭依凡、赵剑英、翁伟斌、吴雪萍、方展画、高宝立、王小明、宣勇、郑祥福、俞伯灵、鲁可荣等教授、专家的鼎力帮助。

新型农民学院是"四位一体"的平台，培养走向农村的新农民，包括实体存在的丽水农民学院、浙江农民大学、湖州农民学院、衢州农民学院、江苏农林学院（参与其为主的全国农业职教集团），中国农业培训协作委、政府、基地、院校，联合体式合作共同培养新农民。创意农业、新生代农人（新兴农民）是主要观测点，数据采集由杨俐、王培才、叶伟媛担任，"美途丽水"创新团队的倪慧丽、吴洁菲、吴保刚参与工作。合作社研究部分有戴雪梅、夏风。社区开放大学的陈继理、施蕾芬、尹晓提供了案例。文献梳理与研究时加盟高淮微，浙江大学博士后；洪春蓉，浙江师范大学硕士研究生。

从研究贡献看，高淮微（农民培养）、洪春蓉（绩效指标、评价方法、质量指数）、夏凤（农民合作）、叶伟媛（农民合作）、钟扬（新兴农民）、项春媛（社会服务）、孔宝根（科技群体）、潘瑶婷、姚昕陶（经营组合）、胡德华（机制讨论）等完成了相关内容。书名题字原为蓝永明。英文翻译由潘瑶婷、姚昕陶、项春媛、张丽珍负责。

第一读者为姚昕陶、韩敏、杨俐。书稿得到了纪江明、廖爱竹的大力支持，前两稿的编辑洪逸，后期是王琳具体做排版工作。

在此一并致谢！

本书是学习共同体的一起努力，师资 3.0 工程第一小组及扩大组学习会议上有多次交流，希望他们坚守问题与方法、对话与点醒的研究方式。方向和程度是学者的两大指标，坚持不懈地走下去，我们会走进学术的玫瑰园。

千里莺歌春泛绿，九州鸡唱日初红。阳光城的窗外春意盎然，生机勃勃。我们的家园是诗与远方的希望田野。

2019 年 1 月 3 日调回丽水学院工作，任中国（丽水）两山研究院院长，筹建中国（丽水）两山学院。通过合作单位中国科学院大学、中科院生态与环境中心、浙江省发展规划研究院、丽水市人民政府、丽水学院的共同努力，2019 年 3 月 6 日中国（丽水）两山学院正式成立，本人改任中国（丽水）两山学院执行院长。新岗位新使命。

刘克勤

正达阳光城

2019 年 5 月 11 日